高等学校法学系列教材·基础与应用

仲裁法律适用案例教程

朱福勇◎著

清华大学出版社

北京

内 容 简 介

本书是一部以司法审查为视角,通过解析典型案例,系统阐述仲裁法律适用理论及实践的法学教程。本书遴选的案例具有典型性、针对性、深入性、启发性和便捷性等特征,具有极强的实用性和可读性。

本书主要涉及仲裁协议的司法审查、仲裁保全的司法审查、仲裁裁决撤销的司法审查,以及仲裁裁决认可(承认)和执行的司法审查等内容,强调知识体系的完整性,注重理论、制度与个案的融合。

本书可以作为法学本科生、研究生的教科书使用,亦可供法官、仲裁员、律师等实务界人士参考。

图书在版编目(CIP)数据

仲裁法律适用案例教程 / 朱福勇著. -- 北京:清华大学出版社,2025. 2.
(高等学校法学系列教材). -- ISBN 978-7-302-68020-8

Ⅰ. D925. 705

中国国家版本馆 CIP 数据核字第 20256VM819 号

责任编辑:刘 晶
封面设计:汉风唐韵
责任校对:宋玉莲
责任印制:丛怀宇

出版发行:清华大学出版社
   网   址:https://www. tup. com. cn,https://www. wqxuetang. com
   地   址:北京清华大学学研大厦 A 座   邮 编:100084
   社 总 机:010-83470000   邮 购:010-62786544
   投稿与读者服务:010-62776969, c-service@ tup. tsinghua. edu. cn
   质量反馈:010-62772015, zhiliang@ tup. tsinghua. edu. cn
印 装 者:三河市科茂嘉荣印务有限公司
经 销:全国新华书店
开 本:185mm×260mm   印 张:11   字 数:223 千字
版 次:2025 年 2 月第 1 版   印 次:2025 年 2 月第 1 次印刷
定 价:59. 80 元

产品编号:105080-01

序

仲裁案例不仅是仲裁视域下法律规范、法律原则和民商事习惯适用与解释的鲜活载体，更是仲裁立法发展和完善的源泉活水。这些案例既为仲裁员精准把握仲裁法要义提供了实践指导，又为社会公众理解仲裁法律规范、法律原则和民商事习惯提供了丰富的学习资源。2017年5月以来，最高人民法院回应纠纷治理的现实需求，颁行了诸如《关于仲裁司法审查案件归口办理有关问题的通知》《关于仲裁司法审查案件报核问题的有关规定》《关于审理仲裁司法审查案件若干问题的规定》《关于人民法院办理仲裁裁决执行案件若干问题的规定》《关于适用〈中华人民共和国外商投资法〉若干问题的解释》《关于人民法院进一步为"一带一路"建设提供司法服务和保障的意见》和《关于人民法院为中国（上海）自由贸易试验区临港新片区建设提供司法服务和保障的意见》等一系列规范性文件，系统地规范了仲裁程序和司法审查机制，为解决仲裁纠纷提供了更为严谨和翔实的指导。本书从司法审查的视角出发，通过典型案例解析，详尽阐述了仲裁法律适用的基础原理、基本原则以及具体方法，不仅能帮助读者全面、系统地了解和掌握仲裁法律适用的概貌，更重要的是，它还具有极强的实用性和可读性。

为了把案例教程写得"好读好用"，本书坚持以下遴选标准。一是典型性。对所收集的案例进行层层筛选，汇集实践中的常见、典型情形，以指导仲裁实践。二是针对性。对仲裁实践中存在的共性问题，依据案例体现的法律原则和精神，提出规范性的裁决思路，既供仲裁机构裁决相关案件参考适用，也供仲裁司法审查裁决时有针对性地参考适用。三是深入性。紧扣实践中存在的问题，从仲裁原理和制度的体系化、逻辑化着手，注重问题的解决，避免案例研究中就案论事的简单分析评说现象，以及案例事实虚拟化、简约化和对法条的简单注释现象。四是启发性。在案例编撰中，把学理和案例融为一体，把基本制度和基本理念赋予案件事实之中，以案例阐述仲裁理论和仲裁实践，实现内容和形式的有机统一，彰显仲裁职业品性的同时，不断锻造仲裁实践的思维习惯和裁判行为模式。五是便捷性。每个案例均分为主题、学习要点、核心概念、问题导向、案情简介、法院裁判、案例解析、实践思考、拓展阅读和裁判文书等多个板块。其中，主题是对案例进行分析、研究以及对案例的处理、提炼而得出的思想结晶。它既包含案例本身的蕴含意义，也集中体现了笔者对案例的认识、理解和评价。学习要点是指导教师学生对所讲授学习内容进行分析和归纳，提取出关键性、核心性的重点，以此为中心，强调和突出本主题的内容。核心概念由单个词语、短语或词组组成，既揭示其一般性含义，也阐释其在主题中的特殊含义，通过概念界定提出笔者的见解，进一步厘清概念与概念之间的相互关系，以构建主题所要呈现的特定情境或空间。问题导向是针对仲裁实践中存在的法律适用问题，凝练主旨，明确目标，靶向发力，抽丝剥茧，条分缕析，层层深入，逐一化解。案情简介主要包括纠纷的发生、发展和终结过程。法院裁判是法院依法作出的裁判结果，其中涵盖法院裁判文书所记载理由的主要意旨，是裁判的精华及理由所在。案例解析是结合案情，就仲裁理论和实践发展的典型问题作出的专业判断，便于在学习和研究中通过关键词的查询与检索，了解和掌握仲裁案件的实际审理和裁决情况。

本书在体例上除设置上述若干板块外，还提供了配套的教学指导资源，包括教学目标、教学内容、实践思考和教学安排等内容。这或许是本书创新之处，能否达至既定的教学实效，有待于实践检验。当然，仲裁法律规范内涵丰富，本书难免存在不足或错漏，所述观点和所提建议还有待仲裁实践的检验和法学理论的探讨。在此，我们恳请使用本书的高校师生和读者提出宝贵意见和建议，以便作者修改、完善。需要说明的是，判决原文引用旧法的，保持原文，法律有修订的分析部分，以新法为主。

清华大学出版社为本书的出版给予了大力支持，在此谨表谢忱，并希望通过共同努力，不断探索编辑案例书籍、挖掘案例价值的新路径，更好地服务于教学，服务于研究仲裁的读者，服务于仲裁实践，为仲裁法律体系和仲裁治理能力现代化贡献智慧。

作　者

目　录

第一章　仲裁协议的司法审查

仲裁协议的独立性[*]

【学习要点】了解和掌握仲裁协议的独立性含义，担保合同、从合同等是否对仲裁协议之独立性构成影响，仲裁条款的约定是否排除人民法院管辖，仲裁协议无法律约束力的主要情形，仲裁协议无效、失效后的法律后果，以及仲裁协议独立性司法审查方式等基本知识。重点围绕仲裁协议独立性判定这一主题，理解仲裁协议与主合同之间是可分且互相独立的。仲裁条款被视为独立于主合同或基础合同的独立协议。主合同或者基础合同被认为无效，仲裁协议或者合同中的仲裁条款仍然可以独立存在。在没有主合同或者基础合同的情况下，仲裁协议或者合同中的仲裁条款仍然有效。

【核心概念】仲裁协议；主合同；独立性；审查判定

【问题导向】什么是仲裁协议的独立性？如何判断仲裁协议的独立性？担保合同、从合同等是否对仲裁协议之独立性构成影响？仲裁条款的约定是否排除人民法院管辖？仲裁协议无法律约束力的情形有哪些？仲裁协议无效、失效后有哪些法律后果？以仲裁协议独立性为由申请仲裁裁决撤销，人民法院应当如何审查？

【案情简介】申请人北京城建物业管理有限责任公司；被申请人北京市崇文区（现东城区）怡龙别墅业主委员会。

北京城建物业管理有限责任公司（以下简称城建物业公司）与北京市崇文区怡龙别墅业主委员会（以下简称怡龙别墅业委会）签订的《怡龙别墅社区物业服务合同》（以下简称《物业服务合同》）于 2015 年 3 月 25 日失效，物业服务公司在属地街道及相关政府部门的指导下，于同年 5 月 15 日至 16 日召开临时业主大会，通过投票表决的方式，形成有效的《业主大会会议决议》，确定城建物业公司继续为小区提供物业服务。城建物业公司与怡龙别墅业委会未签订新的物业服务合同，其依照《业主大会会议决议》继续为该小区提供物业服务，但处于无合同事实服务的状态。2018 年 2 月 7 日，怡龙别墅业委会根据 2012 年 3 月 26 日签订的《物业服务合同》中的仲裁条款，向北京仲裁委员会申请仲裁。经审理，该仲裁庭作出如下裁决：（1）城建物业公司向怡龙别墅业委会履行物业交接义务并撤离怡龙别墅业委会所属小区；（2）怡龙别墅业

---

[*] 本案来源于中国裁判文书网（https://wenshu.court.gov.cn），案号：（2018）京 04 民特 135 号。

委会与城建物业公司之间的服务关系已于 2018 年 1 月 31 日解除，城建物业公司无权再实施服务并收费；（3）仲裁费用 205 550 元（已由怡龙别墅业委会全额预付），全部由城建物业公司承担。城建物业公司认为，经小区全体业主认可，该公司按照《业主大会会议决议》为该小区提供物业服务，而不是履行 2015 年 3 月 25 日已过期的合同。另在仲裁期间，城建物业公司提出了管辖异议，仲裁机构却置之不理，且该仲裁机构不具备管辖权，该仲裁裁决属于无效仲裁，存在我国《仲裁法》第 58 条规定的应当撤销的情形，故申请撤销该仲裁裁决。怡龙别墅业委会认为，第一，物业服务合同到期后继续履行，仲裁条款继续适用。合同到期后，双方未签订新的《物业服务合同》，但城建物业公司按照原合同约定的内容继续为怡龙别墅业委会提供物业服务，应视为原《物业服务合同》的自动延续，仲裁条款应继续适用。第二，仲裁条款约定明确，仲裁前置条件均已满足。第三，仲裁裁决合法有效，有事实依据，符合法律规定。第四，怡龙别墅业委会主体适格。业主大会会议依法选举产生怡龙别墅业委会，并依法到街道办事处办理了备案登记手续。故请求法院驳回城建物业公司撤销仲裁裁决的申请。

【法院裁判】裁决事项：怡龙别墅业委会与城建物业公司之间就争议事项存在仲裁协议。

裁决理由：一审法院根据查明的事实，依据最高人民法院《关于仲裁司法审查案件报核问题的有关规定》第 2 条第 2 款之规定，经报请审核，怡龙别墅业委会与城建物业公司签订的《物业服务合同》于 2015 年 3 月 25 日到期后，双方虽然未签订新的物业服务合同，但是城建物业公司经怡龙别墅业委会认可，继续对小区的物业实行实际的管理，城建物业公司亦未提出任何异议，双方之间仍依原物业合同继续履行，原《物业服务合同》仲裁条款约定明确、有效。

裁决结果：依法驳回申请人城建物业公司撤销仲裁裁决的申请。

【案例解析】仲裁协议具有独立性，其生效条件应作独立判断。仲裁协议可以以书面形式表现，包括仲裁条款、仲裁协议书和其它提交仲裁的文件。无论以何种形式存在，作为基础合同的一部分的仲裁条款，根据仲裁协议独立性原则，这些条款的有效性与整个基础合同也是相互独立的。仲裁协议的达成是当事人意思自治的体现，对于仲裁协议的成立，以及效力的分析同样适用我国《民法典》合同编关于要约、承诺以及效力的规定。在合同未续签的情形下，虽然双方当事人之间的基础合同已到期，到期后未续签合同，但是双方当事人实际仍按照原基础合同履行双方的权利义务，并未对前一段的基础合同进行变更，更未对仲裁协议单独作出变更的意思表示，从权利义务的履行角度来看，仍是连续的。在此种情况下，即使基础合同未续签，只要仲裁协议本身不存在无效事由，同样可继续约束当事人。该案中审查判断的关键仍是仲裁协议本身，而非基础合同。

1. 仲裁协议独立性的内涵界定及其判定

仲裁协议的独立性，又称仲裁条款的可分性或自治性，是指仲裁协议在成立后，独立存在于基础合同之外，不受基础合同的无效、撤销、终止或解除的影响。实践中，对仲裁协议独立性的判定，有两种不同观点。一种观点认为，仲裁协议的独立性是一种绝对的独立，即仲裁协议的效力不受主合同的有效性或成立与否的影响；另一种观点主张，仲裁协议的独立性是相对的，在主合同未成立的情况下，除非当事人明确作出意思表示而订立仲裁协议，否则以主合同中仲裁条款形式出现的仲裁协议不宜认定为有效。对此，有学者认为仲裁协议独立性原则不当然适用于主合同依法未成立的情形，但是，笔者主张，在主合同未成立的情况下，应当分别从当事人对仲裁协议的文本内容是否达成一致，以及当事人是否有在主合同不成立的情况下，仍愿单独达成仲裁协议的合意两个方面考察后，作出当事人是否达成仲裁协议的判断。随着仲裁制度的发展，尤其是意思自治原则的广泛适用，仲裁条款的独立性原则已为包括我国在内的仲裁法律和国际仲裁机构的仲裁规则所确认。

2. 担保合同、从合同等对仲裁协议之独立性所构成的影响

当事人于其所签订之主合同中约定，当发生争议提交仲裁时，尽管在担保合同中未就此作出约定，但是在担保合同中约定的解决争议方式与主合同一致的，或者担保合同当事人在主合同中明确约定仲裁，有选择仲裁的意思表示的，主合同约定的仲裁协议效力及于担保合同。担保合同当事人知晓主合同约定仲裁，而无任何选择仲裁的意思表示的，则属于另外情形。主合同、从合同、附件，以及从合同、附件解决争议方式与主合同意思表示一致，且在从合同和附件中，当事人明确知晓或者认可的，主合同约定的仲裁协议效力及于从合同和附件。

3. 仲裁条款的约定对人民法院管辖的排除

仲裁条款的约定是否排除人民法院的管辖取决于当事人的明确意愿。仲裁是一种独立的争议解决方式，具有自己的规则和程序，与诉讼不同。如果合同中清晰地约定了仲裁事项，包括仲裁机构和程序，那么人民法院通常会尊重这一约定，认可仲裁协议的效力。即使在某些情况下，仲裁条款可能没有在合同中直接约定，但明确其与合同存在关联性，当事人也可据此仲裁条款申请仲裁。

4. 仲裁协议无法律约束力的主要情形

仲裁协议无效或失效均表明该协议不能产生法律效力。前者主要包括口头仲裁协议、仲裁事项不符合法定仲裁范围、无/限制民事行为能力人签署的仲裁协议、受到胁迫签署的仲裁协议或者仲裁协议对仲裁事项或者仲裁机构没有明确约定，当事人未达成补充仲裁协议的情形。后者主要包括仲裁事项已经得以解决、仲裁协议被放弃、仲裁期限届满或者基于仲裁协议的仲裁裁决被人民法院撤销或不予执行。上述情形均可导致仲裁协议无法律约束力。

5. 仲裁协议无效、失效后的法律后果

仲裁协议无效、失效后的法律后果主要涉及当事人、人民法院和仲裁机构三个层面。其中，对当事人来说，可以选择提起诉讼或重新达成仲裁协议；对人民法院来说，

其就当事人之间的纠纷具有管辖权；对仲裁机构来说，不能受理当事人之间的纠纷进而作出裁决。

6. 以仲裁协议独立性为由，申请撤销仲裁裁决，人民法院的审查路径

申请撤销仲裁裁决，是指在仲裁裁决已产生并生效后，符合法定条件的当事人或者相关利益方有权向人民法院提出，请求撤销该仲裁裁决，以保护其合法权益。通常情况下，申请撤销仲裁裁决的当事人需要提供证据，证明裁决存在以下情况之一：缺乏有效的仲裁协议、裁决涉及超出仲裁协议范围的事项或者仲裁委员会无权裁决的事项、仲裁的程序违反法律规定、仲裁所依据的证据为当事人伪造的、对方当事人故意隐瞒可能对公正裁决造成不利影响的证据、仲裁员有受贿行为或其他不当行为，或者裁决违反了社会公共利益。在本案中，城建物业公司申请撤销仲裁裁决，但人民法院认为其请求缺乏事实依据，因此驳回其申请。

实践思考：

1. 若本案例发生于《民法典》生效之后，原物业服务合同及合同中所约定的仲裁条款效力如何认定？

2. 城建物业公司拟向人民法院申请撤销仲裁裁决，应当向哪个法院提起，提交哪些材料，人民法院应当如何审查？司法审查的期限如何把握？

3. 假设你是城建物业公司的委托代理人，请代其撰写一份《撤销仲裁裁决申请书》。

4. 假设你是本案主审法官，根据我国《仲裁法》《民事诉讼法》和《关于仲裁司法审查案件报核问题的有关规定》的相关规定，请结合本案情况，撰写一份《民事裁定书》。

【拓展阅读】

1. 毛晓飞：《仲裁的司法边界——基于中国仲裁司法审查规范与实践的考察》，北京，中国市场出版社 2020 年版；

2. 刘晓红：《仲裁一裁终局制度之困境及本位回归》，北京，法律出版社 2016 年版；

3. 李广辉、林泰松：《仲裁法学》，北京，中国法制出版社 2019 年版；

4. 江伟、肖建国：《仲裁法》，北京，中国人民大学出版社 2016 年版；

5. 张卫平：《仲裁裁决撤销程序的法理分析》，《比较法研究》2018 年第 6 期；

6. 季境：《仲裁协议效力认定及解释原则》，《人民司法》2019 年第 26 期；

7. 刘建红：《仲裁条款独立性与合同转让中仲裁条款效力研究》，《人民司法》2007 年第 1 期；

8. 李鹏：《仲裁协议独立性之实证主义分析》，《东南大学学报》（哲学社会科学版）2006 年第 8 期。

仲裁协议的效力 *

【学习要点】 了解和掌握仲裁协议的构成要素对仲裁协议效力产生的影响；对仲裁协议效力的审查是否聚焦于仲裁协议的成立；同一当事人能否同时或先后向人民法院、仲裁机构申请确认仲裁协议的效力；对"先仲裁，后诉讼"的约定的审查处理方式；仲裁裁决作出后，当事人能否在申请撤销仲裁裁决或不予执行时，再次对仲裁协议效力提出异议；以及我国《企业破产法》第21条规定的具体适用等基本知识。重点围绕仲裁协议效力判定这一主题，理解仲裁协议约定将纠纷提交仲裁机构仲裁，但同时约定如果仲裁调解不成，可由合同签订地人民法院解决，即未将仲裁约定为纠纷的最终解决方式时，应判定该仲裁条款无效的法理。明确人民法院受理破产申请后，有关债务人的民事诉讼，只能向受理破产申请的人民法院提起的核心要义。

【核心概念】 仲裁协议；协议效力；仲裁管辖；司法审查

【问题导向】 仲裁协议的构成要素对仲裁协议的效力有哪些影响？对仲裁协议效力的审查，是否聚焦于仲裁协议的成立？同一当事人能否同时或先后向人民法院、仲裁机构申请确认仲裁协议效力？"先仲裁，后诉讼"约定应当如何审查处理？仲裁裁决作出后，当事人能否在申请撤销仲裁裁决或不予执行时，再次对仲裁协议效力提出异议？我国《企业破产法》第21条规定，人民法院受理破产申请后，有关债务人民事诉讼，只能向受理破产申请的人民法院提起。该规定是否适用于当事人之间订有仲裁协议的情形？

【案情简介】 上诉人江苏金厦建设集团有限公司；被上诉人山西谊融房地产开发有限公司。

江苏金厦建设集团有限公司（以下简称江苏金厦公司）与山西谊融房地产开发有限公司（以下简称山西谊融公司）于2016年4月16日签订《晋中市建设工程施工合同书》。该合同约定，由江苏金厦公司承建山西谊融公司榆次数码电影汇展中心工程项目。该合同在第15条"违约、索赔和争议"中明确，"本合同在履行过程中发生的争议，由双方当事人协商解决，协商不成的提交晋中仲裁委员会仲裁"。2017年3月23日，江苏金厦公司与山西谊融公司签订《数码电影汇展中心项目建设工程施工补充合同》，该补充合同第15条其他相关条款约定："甲乙双方在执行本协议过程中，如发生分歧，可协商解决，协商达不成一致时，均可申请相关部门调解，调解不成，向晋中仲裁委员会提起仲裁，如仲裁调解不成，可由合同签订地人民法院诉讼解决。""原签订的文本合同作为备案依据。本补充合同是甲乙双方协商达成一致意见后签订的补充协议，补充协议和本协议具有同等法律效力。"双方签订合同后，在实际施工中发生了

---

* 本案来源于中国裁判文书网（https://wenshu.court.gov.cn），案号：（2019）最高法民终279号。

争议，并导致停工。次年 4 月 27 日，山西谊融公司向晋中仲裁委员会申请仲裁，请求依法裁决江苏金厦公司立即将自有机械设备撤出施工场地。晋中仲裁委员会于 2018 年 4 月 28 日受理该申请，向江苏金厦公司送达了仲裁通知。江苏金厦公司于 2018 年 5 月 15 日向晋中市中级人民法院提起了诉讼，请求确认双方签订的《晋中市建设工程施工合同书》及《数码电影汇展中心项目建设工程施工补充合同》中的仲裁条款无效。同年 6 月 19 日，晋中市中级人民法院作出（2018）晋 07 民特 9 号民事裁定认为，江苏金厦公司的申请缺乏法律和事实依据，故驳回江苏金厦公司的申请。同年 7 月 16 日，晋中仲裁委员会作出（2018）晋仲裁字第 33 号仲裁裁决：江苏金厦公司在裁决书生效之日起十日内将自有机械设备撤出施工场地。江苏金厦公司收到仲裁裁决书后，向晋中市中级人民法院提起了撤销仲裁诉讼，晋中市中级人民法院受理了该案。

山西省高级人民法院审理认为，我国《仲裁法》第 16 条规定，仲裁协议包括合同中订立的仲裁条款和以其他书面方式在纠纷发生前或者纠纷发生后达成的请求仲裁的协议。本案中，双方签订的《晋中市建设工程施工合同书》和《数码电影汇展中心项目建设工程施工补充合同》约定了仲裁条款。经审查，晋中仲裁委员会仅对山西谊融公司提交的依法裁决江苏金厦公司立即将自有机械设备撤出施工场地的请求进行仲裁，并未对双方的工程结算纠纷进行仲裁，在生效裁决已确认仲裁协议有效的情况下，双方的工程结算纠纷应当向仲裁机构申请仲裁。故对江苏金厦公司的该项主张，不予支持。为此，江苏金厦公司提出上诉，其上诉请求：（1）撤销山西省高级人民法院（2018）晋民初 515 号民事裁定；（2）裁定指令山西省高级人民法院对本案继续进行审理。事实与理由如下。

第一，一审法院片面采纳本案关键证据，导致一审裁定认定案件事实明显错误。山西省晋中市中级人民法院作出（2018）晋 07 民特 9 号民事裁定，驳回江苏金厦公司申请的主要理由是：（1）双方约定的"仲裁调解"事项未超出"仲裁范围"；（2）双方约定的争议解决方式为"先仲裁，后诉讼"。一审人民法院直接采纳上述民事裁定的裁判结果，而未对作出该裁判结果的事实和理由进行充分考量，亦未对案涉仲裁条款的有效仅限于"调解"进行充分的理解与把握，导致其片面采纳了本案的关键证据。

第二，一审法院裁定驳回江苏金厦公司的起诉，属变相用公权力将本该由当事人自行决定的仲裁事项，强制交由仲裁委仲裁，剥夺了江苏金厦公司的意思自治权利。对当事人未交由仲裁委仲裁的争议事项，仲裁委无权作出裁决，人民法院也无权将其归为仲裁事项范围。仲裁机构能否仲裁以及仲裁何种事项，完全取决于双方当事人的意思表示。本案双方当事人仅将争议的"调解"事项交由仲裁委，在江苏金厦公司不同意调解的情况下，除调解之外的其他事项，应由人民法院进行审理，仲裁委无权仲裁。

第三，一审法院根据我国《仲裁法》第 26 条的规定，驳回江苏金厦公司的起诉，属于适用法律错误。根据《仲裁法》第 26 条的规定，双方虽然有仲裁协议，但是若该仲裁协议无效，则人民法院应当继续审理本案。江苏金厦公司与山西谊融公司之间虽有仲裁协议，但该仲裁协议仅约定了"仲裁调解"，未将争议的处分权交由仲裁委。一审法院在江苏金厦公司不同意调解，并将争议直接交由人民法院审理的情况下，应直接受理并继续审理本案。

【法院裁判】 裁决事项：上诉人请求撤销山西省高级人民法院（2018）晋民初 515 号民事裁定。

裁决理由：双方当事人先后签订《晋中市建设工程施工合同书》和《数码电影汇展中心项目建设工程施工补充合同》，该两份合同就争议解决方式约定不一致的，应以《数码电影汇展中心项目建设工程施工补充合同》为准。在《数码电影汇展中心项目建设工程施工补充合同》中，虽然约定将纠纷提交仲裁机构仲裁，但同时约定如仲裁调解不成，可由合同签订地人民法院诉讼解决，并未将仲裁作为纠纷的最终解决方式。故《数码电影汇展中心项目建设工程施工补充合同》约定的仲裁条款无效。

裁决结果：撤销山西省高级人民法院（2018）晋民初 515 号民事裁定；本案指令山西省高级人民法院审理。

【案例解析】 有效的仲裁协议既是确保当事人提起仲裁，使仲裁机构获得管辖权，并确保仲裁裁决能够得到司法确认的前提条件，也是界分人民法院和仲裁机构管辖权、排除司法管辖的基础。仲裁的主要特点是充分尊重当事人的意愿和自主选择。合同当事人是仲裁条款的签署方和仲裁程序的参与者，因此，在确定仲裁条款的有效性时，不能仅仅机械地依照法律规定或字面意思，而应该尽量探究当事人真实的意愿，充分尊重他们选择争议解决方式的自由。根据最高人民法院《关于适用〈中华人民共和国仲裁法〉若干问题的解释》（以下简称《仲裁法解释》），第 7 条的规定，当事人约定争议可以向仲裁机构申请仲裁，也可以向人民法院起诉的，仲裁协议视为无效。在实践中，如何理解这种选择性关系呢？对"先仲裁，后诉讼"的约定是否应归结为"或裁或审"的条款，存在不同的观点。有人认为，尽管当事人在签署仲裁协议时，并没有终局地约定如何解决合同争议，但仲裁显然是他们的选择之一。一旦争议发生，并且一方当事人提起仲裁，就应视为当事人之间已通过行为方式选择了仲裁，因此合同中的仲裁条款对合同当事人有约束力，其他方不能再提起诉讼。也有人认为，合同规定在争议发生时，应首先通过仲裁解决，但仲裁不成功或没有结果，可以另行提起诉讼，则这种约定应视为有效。这是因为当事人并未将仲裁和诉讼并列为争议解决方式，而是明确表示在仲裁不成功时才选择诉讼，因此应视为当事人已选择了仲裁。本案中，最高人民法院的终审判决最优化体现了对当事人意思自治的尊重。

1. 仲裁协议的构成要素对仲裁协议效力的影响

一般来说，仲裁协议的各要素均可能对其效力产生影响，如协议的形式、当事人以及可能存在的意思表示上的瑕疵等因素。根据我国《仲裁法》第 16 条的规定，仲裁协议应当包括以下要素：请求仲裁的意思表示、仲裁事项，以及选定的仲裁委员会。其中，"请求仲裁的意思表示"是仲裁协议的必要要素之一。这个意思表示必须是终局性的，也就是说，它必须足以排除通过诉讼解决争议的可能性。根据《仲裁法解释》第 7 条的规定，如果当事人约定争议可以向仲裁机构申请仲裁，同时也可以向人民法院提起诉讼，那么这个仲裁协议将被视为无效。

2. 协议成立问题纳入确认仲裁协议效力的审查范围

多数观点认为，仲裁协议成立与否属于事实判断，而仲裁协议效力属于法律判断；仲裁协议成立问题由仲裁机构审查，而非向人民法院提出；仲裁协议有无是法定申请撤销或不予执行的事由，确认协议效力阶段不对仲裁协议是否成立进行审查不会导致权利无法获得救济，故仲裁协议是否成立不属于仲裁协议效力的审查范围。例如，北京市第四中级人民法院（2018）京 04 民特 344 号北京飞流九天科技有限公司与南通金信灏跃投资中心（有限合伙）申请确认仲裁协议效力一案。少数观点认为，判断仲裁协议的效力应该将仲裁协议的成立问题纳入审查范围，因为仲裁协议的存在与否是评判其效力的前提。例如，昆明市中级人民法院（2017）云 01 民特 147 号王某与云南腾达运通置业有限公司申请确认仲裁协议效力一案。对此，笔者认为，从实际情况看，由于我国法律未明确规定仲裁机构具有完全的自由裁量权，因此应将协议成立问题纳入确认仲裁协议效力案件的审查范围。这是因为协议是否存在是评判协议效力的前提条件。这种观点强调人民法院具有首要审查权，如果人民法院拒绝审查仲裁协议是否存在，将不符合人民法院和仲裁机构审查权限的配置。在实践中，如果人民法院拒绝审查仲裁协议是否成立，将无法判断仲裁协议的效力，这可能损及争议解决的效率，增加当事人解决纷争的成本。此外，这在一定程度上也反映了人民法院不断强化对仲裁的支持力度。从立法方面来看，吸纳国际通行的仲裁机构具有自裁权的原则可能是解决争议、以事后审查为核心的司法审查制度中一个应该探讨的方向。

3. 同一当事人同时或先后向人民法院、仲裁机构申请确认仲裁协议效力的处理

多数观点认为，同一当事人只能择一选择。例如，在广州市中级人民法院（2018）粤 01 民特 50 号付丽彬与章建州申请确认仲裁协议效力一案中，人民法院认为，当事人只能选择其中一种方式，意味着排除另一种方式的适用；也有观点主张，根据我国《仲裁法》第 20 条第 1 款的规定，当事人对仲裁协议的效力有异议时，既可以选择向仲裁委员会提出仲裁请求，也可以选择向人民法院提出审判请求。这一规定并未禁止同一当事人同时向人民法院和仲裁机构提出申请。然而，有些仲裁机构可能会受理当事人的异议请求但不予处理，与此同时禁止该当事人再向人民法院寻求救济，这与确认仲裁协议效力制度的目的相矛盾。对此，笔者认为，当事人同时或先后向人民法院和仲裁机构提出确认仲裁协议效力的申请时，人民法院应该具有优先权，但仲裁机构先于人民法院作出决定的除外。

4. "先仲裁，后诉讼"约定的审查处理

一种观点认为，"先仲裁，后诉讼"的约定构成"或裁或诉"，属于无效仲裁协议。例如，在（2018）湘01民辖终645号路港公司与淇励公司买卖合同纠纷管辖一案中，长沙市中级人民法院认为，该条款既约定了仲裁管辖，又约定了诉讼管辖，根据《仲裁法解释》第7条的规定，该仲裁条款属于无效；另一种观点认为，该约定实质上是仲裁优先，不符合"或裁或诉"的特征，不影响仲裁约定的效力。例如，在（2017）皖01民特317号安徽省高速公路实验检测科研中心有限公司与安徽新雨其木业有限公司申请确认仲裁协议效力纠纷一案中，合肥市中级人民法院认为，该约定具有仲裁优先的意思表示，并非或仲裁或诉讼的选择性约定，不能以此认定仲裁协议无效；在（2018）豫01民特12号中铁七局集团有限公司与华南物资集团有限公司怀化分公司申请确认仲裁协议效力一案中，郑州市中级人民法院同样认为，双方就仲裁与诉讼的选择有先后顺序，并不违反"一裁终局"的基本原则。就此问题，有必要指出，在评估"仲裁不成，可向法院起诉"条款的效力时，仅仅依赖是否违反"一裁终局"原则来判断其有效性，从逻辑上看并非自恰，而较为合理的方法是根据立法的初衷来考量。"或裁或诉"条款之所以通常被认为无效，是因为仲裁和诉讼不能同时进行。这意味着当事人必须选择一种争议解决方式，二者不能并存。然而，"先仲裁，后诉讼"条款为仲裁和诉讼的选择提供了一种顺位安排，体现了当事人更倾向于仲裁的意愿。因此，应当尊重当事人的自主意愿和本着支持仲裁的原则，根据条款的文义解释，可以得出当事人首选将争议提交仲裁，并非否定仲裁协议的效力。这种解释有助于平衡仲裁和诉讼两种争议解决方式，并确保当事人的选择得到尊重。本案例中，双方当事人约定的仲裁与诉讼之间并非选择性的关系，而是先后顺序关系。仲裁不成的才诉讼，且有关"如仲裁调解不成，可由合同签订地人民法院诉讼解决"的约定已无实际意义。

5. 仲裁裁决作出后，当事人在申请撤销或不予执行仲裁裁决时，再次对仲裁协议效力提出异议的处理

有法院认为，仲裁机构初步认定仲裁协议有效并不影响当事人在仲裁裁决作出后，以仲裁协议无效为理由，提出撤销或不予执行仲裁裁决的申请。例如，江苏省高级人民法院（2018）苏民终1240号张为民、索东兰、张傲虎与常州雍康置业有限公司申请确认仲裁协议效力纠纷一案。也有法院认为，根据《仲裁法解释》第13条第2款的规定，仲裁机构在仲裁程序中，对仲裁协议效力作出决定或认定其有效后，当事人不能再以仲裁协议无效为由，提出撤销或不予执行的申请。例如，湖北十堰市中级人民法院（2018）鄂08民特31号武汉定盘星文化传播有限公司申请撤销荆门仲裁委员会荆裁（2018）34号裁决一案。对此，笔者认为，当事人在仲裁程序中，对仲裁协议效力提出异议后，如果仲裁机构或仲裁庭决定或裁决认定仲裁协议有效，当事人仍然可以再次提出仲裁协议无效的异议，人民法院根据我国《仲裁法》第 58 条、《民事诉讼法》第 237 条、第 274 条等相关法律规定进行审查。仲裁机构或仲裁庭的决定只是排除人民法院在仲裁程序中的干涉，但并未排除人民法院在仲裁裁决作出后进行事后监督的权力。根据最高人民法院《关于审理仲裁司法审查案件若干问题的规定》第 20 条的规定，人民法院在确认仲裁协议效力的过程中，认定仲裁协议有效的裁定属于生效裁定。基于生效裁判的既判力，人民法院原则上不能在撤销或者不予执行阶段认定仲裁协议无效，若无其他认定撤销或不予执行的事由，应当驳回当事人的申请。

6. 我国《企业破产法》第 21 条规定，人民法院受理破产申请后，有关债务人的民事诉讼，只能向受理破产申请的人民法院提起的适用

一种观点认为，我国《企业破产法》第 21 条属于强制性规范，人民法院和当事人应该遵守该规范，因此当事人之间的仲裁协议在破产程序中不能适用。例如（2014）甘民二终字第 22 号兰州电机有限责任公司破产清算组与被告浙江浙大网新机电工程有限公司买卖合同纠纷一案；另一种观点认为，我国《企业破产法》第 21 条仅仅是针对民事诉讼的集中管辖规定，并没有否定仲裁协议的效力，因此不应该影响当事人提起仲裁的权利。对此，笔者认为，《最高人民法院关于适用〈企业破产法〉若干问题的规定（三）》第 8 条明确了破产债权确认纠纷仍应按照当事人事先订立的仲裁协议提交仲裁。因此，破产债权确认纠纷应该继续适用事先订立的仲裁协议，而不受破产程序的影响。

实践思考：

1. 对仲裁协议效力的审查是否考量仲裁协议的成立？

2. 同一当事人能否同时或先后向人民法院、仲裁机构申请确认仲裁协议的效力？

3. 在仲裁庭作出裁决之后，当事人能否在申请撤销或不予执行仲裁裁决时，再次对仲裁协议效力提出异议？

4. 我国《企业破产法》第 21 条规定，人民法院受理破产申请后，有关债务人的民事诉讼，只能向受理破产申请的人民法院提起。该规定是否适用于当事人之间订立的仲裁协议？

【拓展阅读】

1. 李乾贵、胡弘、吕振宝：《现代仲裁法学研究》，北京，中国政法大学出版社 2018 年版；

2. 乔欣：《仲裁法学（第三版）》，北京，清华大学出版社 2020 年版；

3. 江伟、肖建国：《仲裁法》，北京，中国人民大学出版社 2016 年版；

4. 刘敏、陈爱武：《现代仲裁制度》，北京，中国人民公安大学出版社 2002 年版；

5. 马占军：《我国仲裁协议效力认定研究》，《环球法律评论》2008 年第 5 期；

6. 王兰：《仲裁协议法律适用的基本理论及立法诠释》，《甘肃理论学刊》2013 年第 5 期；

7. 杨玲：《论"或仲或裁"条款中仲裁条款的效力——以海峡两岸司法实践为视角》，《西北大学学报》（哲学社会科学版）2014 年第 4 期；

8. 于喜富：《论争议可仲裁性司法审查之启动程序》，《法学评论》2016 年第 3 期；

9. 李昌超：《仲裁协议合意不当及其救济》，《社会科学家》2018 年第 1 期。

协议无效的确认*

【学习要点】了解和掌握当事人对仲裁协议效力有异议时，申请人民法院审查与确认的程序。明确申请确认仲裁协议效力，应提交哪些材料，以及人民法院受理后，应当如何处理。掌握人民法院认定仲裁协议有效、无效的情形，以及仲裁机构的确定与选定等基本知识。重点围绕协议无效确认这一主题，理解除了双方当事人有请求仲裁的意思表示和仲裁事项以外，根据我国《仲裁法》的规定，仲裁协议就仲裁机构的约定应当明确。当事人双方签订的仲裁协议内容不属于我国《仲裁法》第 18 条规定的仲裁协议无效的情形，无事实及法律依据的，人民法院不予支持。

【核心概念】仲裁协议；协议无效；事实理由；司法审查

【问题导向】当事人对仲裁协议效力有异议，如何申请人民法院审查与确认？申请确认仲裁协议效力，应提交哪些材料？人民法院受理后，应当如何处理？人民法院应当认定哪些仲裁协议有效，哪些仲裁协议无效？如何确定与选定仲裁机构？

【案情简介】申请人中兆海山建筑装饰工程有限公司北京分公司；被申请人上海依盛装饰材料有限公司。

中兆海山建筑装饰工程有限公司北京分公司（以下简称中兆公司）与上海依盛装饰材料有限公司（以下简称依盛公司）签订了《采购合同》。《采购合同》第 14 条约定，合同自双方签字、盖章并由双方代表签字后生效。据此，《采购合同》生效需同时具备两个条件：一是加盖单位公章；二是由授权代表签字。中兆公司称，由于《采购合同》上仅有申请人、被申请人单位公章，并未有双方代表签字，根据《采购合同》第 14 条，该合同未生效。根据我国《仲裁法》第 16 条第 1 款的规定，仲裁协议需以书面形式达成。由于申请人与被申请人未达成《采购合同》，更未达成仲裁协议，被申请人不能依据《采购合同》第 12 条的约定，向北京市仲裁委员会提请仲裁。北京市有三家仲裁委员会，因此，双方在合同中约定，由北京市仲裁委员会仲裁属于仲裁机构约定不明。依据《仲裁法》及其司法解释的规定，申请确认《采购合同》中的仲裁条款无效。依盛公司不同意申请人确认仲裁协议无效的申请。理由如下：仲裁协议独立存在，与合同变更、解除、终止或者无效没有关系。采购合同已经实际履行，且中兆公司已向依盛公司支付了部分合同款项，合同合法有效。"北京市仲裁委员会"即"北京仲裁委员会"，且"北京仲裁委员会"官网中明确载明，在司法实践中均认定约定"北京市仲裁委员会"即"北京仲裁委员会"，属于仲裁机构约定明确。依盛公司以中兆公司为被申请人，向北京仲裁委员会申请仲裁。该仲裁委受理了该案后，中兆公司向北京市第四中级人民法院申请确认仲裁协议无效。中兆公司提交《采购合同》等证

---

* 本案来源于中国裁判文书网（https：//wenshu.court.gov.cn），案号：（2019）京 04 民特 400 号。

据材料以证明其主张。《采购合同》需方为中兆公司、供方为依盛公司，该合同第 12 条有"由于本合同履行过程中发生的或与之有关的任何争议或请求，均提交由北京市仲裁委员会解决"的约定，合同落款处有中兆公司及依盛公司盖章。

【法院裁判】裁决事项：申请人中兆公司向北京市第四中级人民法院申请确认仲裁协议无效。

裁决理由：《采购合同》中仲裁条款的约定符合我国《仲裁法》第 16 条的规定，应为有效。双方签订的仲裁协议的内容不属于我国《仲裁法》第 18 条规定的仲裁协议无效的情形，中兆公司请求确认仲裁协议无效的理由，没有事实及法律依据，故不予支持。

裁决结果：依法驳回申请人中兆公司的申请。

【案例解析】根据我国《仲裁法》第 16 条第 2 款的规定，本案例主要涉及第（1）项请求仲裁的意思表示和第（3）项选定仲裁委员会的判断。当事人请求仲裁的意思表示需要以一定的形式作出。虽然涉案《采购合同》约定，"双方签字、盖章并由双方代表签字后生效"，但仲裁协议具有独立性，其生效条件应作独立判断。根据我国《仲裁法》第 19 条第 1 款的规定，案涉《采购合同》对生效方式作出了专门约定，但人民法院认为，本案仲裁协议系双方当事人盖章，应认定提交仲裁解决争议的意思表示明确，并强调"案涉合同的实体认定与处理均不属于仲裁司法审查案件的审查范围"。在（2019）京 04 民特 398 号民事裁定书中，北京市第四中级人民法院认为，关于创毅公司所称"应在争议发生后 60 天内将争议提交仲裁"的事由，本案系确认仲裁协议效力纠纷，创毅公司与赛伯乐基金公司的实体争议的产生原因及时间均属于仲裁庭的审查范围，并不属于本案的审查范围。这一立场亦与最高人民法院（2017）最高法民他 36 号答复的观点一致，即"在判断仲裁条款约束力时，应当避免对合同约束力提前作出判断，避免在管辖权争议阶段涉及案件实体处理"。根据我国《仲裁法》第 18 条的规定，仲裁协议有关仲裁委员会的约定应当是明确的。本案例中，仲裁协议约定的"北京市仲裁委员会"是不是"北京仲裁委员会"？在（2015）安中民一初字第 97 号民事裁定书中，安阳市中级人民法院认定，"北京市仲裁委员会"仲裁协议无效后，最高人民法院作出（2016）最高法民监 106 号民事裁定书，指出"（2015）安中民一初字第 97 号民事裁定，已发生法律效力。本院审判委员会讨论认为，安阳市中级人民法院所作上述裁定确有错误，应予再审"。此即以个案形式表明了最高人民法院的态度。当然，也有个别例外情况，例如，在（2018）吉民辖终第 39 号民事裁定书中，吉林省高级人民法院认为："北京市有北京仲裁委员会、中国国际经济贸易仲裁委员会及中国海事仲裁委员会等多家仲裁机构，并不存在本案当事人双方约定的仲裁机构。故本案中双方约定的北京市仲裁委员会应认定为约定的仲裁机构不明确……应认定上述仲裁协议无效。"

1. 当事人对仲裁协议效力有异议，申请人民法院审查与确认的路径

当事人对仲裁协议效力有异议，经申请，由人民法院对其效力进行审查与确认。仲裁协议包括合同中订立的仲裁条款和以其他书面方式在纠纷发生前或者纠纷发生后达成的请求仲裁的协议。申请确认仲裁协议效力的案件，由仲裁协议约定的仲裁机构所在地、仲裁协议签订地、申请人或者被申请人住所地的中级人民法院管辖。申请人向两个以上有管辖权的人民法院提出申请的，由最先立案的人民法院管辖。

2. 当事人申请确认仲裁协议效力应提交的材料，以及人民法院受理后的处理方式

申请确认内地仲裁协议效力的，应当提交申请书及仲裁协议正本或者经证明无误的副本。申请书应当载明下列事项：（1）申请人或者被申请人为自然人的，应当载明其姓名、性别、出生日期、国籍及住所、身份证号码或者护照号码；法人或者其他组织，应当载明其名称、住所以及法定代表人或者代表人的姓名和职务，统一社会信用代码或者其他身份信息号码；（2）仲裁协议的内容；（3）具体的请求和理由。申请确认港澳台地区和外国仲裁协议效力的，应当向人民法院提交下列材料：（1）申请书；（2）申请人主体资格的证明及授权委托书等；（3）仲裁协议；（4）必要的证据。当事人提交的外文申请书、仲裁协议及其他文件，应当附有中文译本。对相关材料的公证、认证或者其他证明手续、翻译等，适用我国《民事诉讼法》及相关司法解释的规定。

申请人提交的文件不符合上述规定的，经释明后提交的文件仍不符合规定的，人民法院应当裁定不予受理。申请人向不具有管辖权的人民法院提出申请的，人民法院应当告知其向有管辖权的人民法院提出申请，申请人仍不变更申请的，人民法院应当裁定不予受理。人民法院受理当事人确认仲裁协议效力的请求之后，发现仲裁机构已经受理相关争议的，应当告知相关的仲裁机构；对仲裁协议效力作出裁定后，应当将裁定书送达相关的仲裁机构。

当事人约定仲裁不成，向人民法院起诉为其真实意思表示，人民法院不宜否定该仲裁协议的效力。对当事人签字或者盖章的鉴定意见，不足以判断当事人在行为时的真实意思表示，人民法院不宜认可其法律效力。当事人签订的仲裁协议独立存在，合同未成立以及合同的变更、解除、终止或者无效，均不影响仲裁协议的效力。当事人提出申请鉴定仲裁协议成立的，人民法院原则上应当准许。仲裁协议签署为印章等其他形式的，人民法院应当对仲裁协议是否系当事人真实意思表示进行审查判断。当事人对仲裁协议的效力有异议的，可以请求人民法院作出确认仲裁协议无效的裁定，异议应当在仲裁庭首次开庭前提出。当事人在仲裁庭首次开庭前没有对仲裁协议的效力提出异议的，而后向人民法院申请确认仲裁协议无效的，人民法院裁定不予受理。

仲裁庭首次开庭前，仲裁机构对仲裁协议的效力作出决定后，当事人向人民法院申请确认仲裁协议效力的，人民法院应当裁定不予受理。已经受理的，人民法院应当裁定驳回申请。当事人同时或先后向人民法院、仲裁机构申请确认仲裁协议效力的，人民法院对仲裁协议效力的认定具有优先性，但仲裁机构先于人民法院作出决定的除外。仲裁机构对仲裁协议效力作出决定后，当事人向人民法院申请确认仲裁协议效力或者以此为由申请撤销仲裁裁决的，人民法院应当裁定不予受理。

因对仲裁协议存在争议，一方当事人申请确认仲裁协议效力或者另一方当事人申请确认仲裁协议无效的，人民法院应当受理。当事人达成仲裁协议，又向人民法院起诉的，人民法院应当裁定不予受理，但仲裁协议无效的除外。一方当事人向人民法院起诉时，未声明有仲裁协议，人民法院受理后，另一方当事人在首次开庭前提交仲裁协议的，人民法院应当裁定驳回起诉，但仲裁协议无效的除外；另一方当事人在首次开庭前，未对人民法院受理该案提出异议的，视为放弃仲裁协议，人民法院应当继续审理。

当事人概括约定仲裁事项为合同争议的，基于合同成立、效力、变更、转让、履行、违约责任、解释、解除等产生的纠纷可以认定为仲裁事项。在侵权与违约竞合时，当事人选择侵权之诉的，人民法院应当裁定不予受理。在多份合同中，签订在先的合同未含有仲裁条款，签订在后的合同含有仲裁条款，且前后合同主要权利义务基本一致的，该合同仲裁条款的效力及于其他合同。

约定选择诉讼、仲裁或者选择不同的仲裁机构，仲裁条款约定明确，且以该合同或仲裁条款请求仲裁的意思表示明确的，人民法院应当认定仲裁协议的效力。因对仲裁条款的约定或者理解的不同，一方当事人申请确认仲裁协议无效，其他协议中的仲裁有效且仲裁机构已经受理的，人民法院应当裁决驳回仲裁协议无效的请求。当事人对其中一份合同没有直接约定仲裁条款，但能够认定仲裁协议条款中援引或指向其他合同中的仲裁条款，当事人应当按照该仲裁条款申请仲裁。

当事人以所签订的合同或者仲裁协议不属于仲裁机构受理的争议事项范围，主张仲裁协议无效，人民法院认为存在有效的仲裁协议，应当裁定驳回仲裁协议无效之请求。当事人签订的主合同约定仲裁，担保合同未约定，但担保合同约定解决争议方式与主合同一致的，或者担保合同当事人在主合同中明确约定仲裁，有选择仲裁的意思表示的，主合同约定的仲裁协议效力及于担保合同。但担保合同当事人知晓主合同约定仲裁，而无任何选择仲裁的意思表示的除外。

主合同、从合同、附件，以及从合同、附件解决争议方式与主合同意思表示一致，且从合同和附件当事人明确知晓或者认可的，主合同约定的仲裁协议效力及于从合同和附件。当事人之间存在明确的仲裁意思表示，但在仲裁事项的约定和仲裁机构的选择上存在瑕疵，人民法院应当适用文义、体系等解释方法，确认仲裁协议的效力。在仲裁协议中，因对仲裁事项和仲裁机构没有约定或约定不明的，当事人可以补充约定，人民法院可以根据当事人的补充约定予以判定；因对仲裁机构所在地或者仲裁机构名称组成的约定不明的，可以由人民法院解释后确认。

3. 人民法院认定仲裁协议有效、无效的具体情形

仲裁协议是当事人将争议提交仲裁解决的意思表示，也是仲裁机构受理和裁决的前提与基础。每一个仲裁协议均至少包含以下三个构成要素：当事人申请仲裁的意向、

仲裁事项的约定和仲裁委员会的明确选定。

仲裁协议具有独立性，故其生效条件应作独立判断。我国《仲裁法》第 19 条第 1 款规定，"仲裁协议独立存在，合同的变更、解除、终止或者无效，不影响仲裁协议的效力"。其中，仲裁意思表示充分体现当事人意思自治原则。具体表现为当事人可选择仲裁机构或仲裁的组织形式和地点、审理案件的仲裁员、仲裁程序和仲裁适用的法律。具言之，人民法院应确认下列仲裁协议有效：（1）当事人协商一致达成书面的仲裁协议，或者虽然当事人在仲裁协议中未约定或者未明确约定仲裁事项、仲裁机构，但当事人补充约定的；（2）仲裁协议约定的仲裁机构名称不准确，但可以确定具体仲裁机构的；（3）仲裁协议仅约定了争议适用的仲裁规则，但当事人协商一致补充仲裁机构的，可以协议确定，也可以按照约定的仲裁规则确定；（4）当事人在仲裁协议中约定了两个以上仲裁机构，选择其中一个申请仲裁的；（5）仲裁协议约定由一个仲裁机构仲裁，而该仲裁机构所在地只有一个仲裁机构的；（6）因合同的订立、效力、变更、转让、履行、违约责任、解释、解除等发生的争议；（7）因合同的订立、效力、变更、转让、履行、违约责任、解释、解除等引起的争议，应由仲裁机构确定仲裁，不可仲裁的事项除外；（8）人民法院应当认定仲裁协议效力的其他情形。我国香港、澳门、台湾地区与外国之间的仲裁协议为当事人约定了两个以上仲裁机构，但只存在其中一个仲裁机构的，人民法院应当认定该仲裁协议有效。

按照我国《仲裁法》的规定，人民法院应确认下列仲裁协议无效：（1）当事人约定的仲裁事项超过法律规定的仲裁范围；（2）无民事行为能力或者限制民事行为能力人订立的仲裁协议；（3）8 周岁以上的未成年人、不能完全辨认自己行为的成年人订立仲裁协议未经其法定代理人同意、追认；（4）不能完全辨认自己行为的成年人或者不满 8 周岁的未成年人，以及一方采取胁迫手段，迫使对方订立仲裁协议。

当事人在仲裁协议中对仲裁事项、仲裁机构没有约定或者约定不明确，同时又无法达成补充协议的，人民法院应当认定仲裁协议无效。仲裁协议约定了两个以上仲裁机构或者约定的地方有两个以上仲裁机构，当事人不能就仲裁机构的选定达成协议，或者当事人就争议达成协议，既可以向仲裁机构申请仲裁，也可以向人民法院提起诉讼的，人民法院应当确认仲裁协议无效。但是，当事人一方向仲裁机构申请仲裁，另一方当事人在仲裁庭首次开庭前未提出异议的除外。

4. 仲裁机构的确定与选定

仲裁机构的选择应当充分尊重当事人的意思自治，当事人可以共同协商选择仲裁机构或者仲裁地点，同时在选择仲裁机构或者仲裁地时，应当保证仲裁机构的明确性和唯一性，约定含糊不清或者在文字上产生歧义，均可能导致仲裁协议无效。我国《仲裁法》规定，仲裁委员会不实行级别管辖和地域管辖，仲裁委员会应当由当事人自愿协商选定。也就是说，自愿将争议提交仲裁的当事人双方对仲裁委员会和仲裁地点可以自由选择。当事人约定由一名仲裁员组成仲裁庭的，应当共同选定仲裁员。当事人约定由三名仲裁员组成仲裁庭的，应当各自选定一名仲裁员。

实践思考：

1. 结合本案，分析当事人仲裁意思表示、仲裁协议独立性与仲裁机构的确定与选定对仲裁裁决结果的影响。

2. 分析仲裁意思表示、仲裁协议独立性与仲裁机构的确定与选定标准及其法律后果。

3. 假设你是本案申请人的委托代理人，请代申请人撰写一份以仲裁协议无效为由，撤销或者不予执行仲裁裁决的申请书。

4. 假设你是本案主审法官，应当如何审查申请人以仲裁协议无效为由，撤销或者不予执行仲裁裁决的申请书？结合本案审查情况撰写一份裁定书。

【拓展阅读】

1. 张卫平：《民事诉讼法》，北京，法律出版社 2019 年版；

2. 江伟、肖建国：《仲裁法》，北京，中国人民大学出版社 2016 年版；

3. 杜焕芳、李贤森：《国际商事仲裁当事人程序自治边界冲突与平衡》，《法学评论》2020 年第 2 期；

4. 胡思博：《论民事裁判的不可再审性》，《中国政法大学学报》2014 年第 4 期；

5. 李燕：《试论我国仲裁监督体制的完善》，《学术界》2009 年第 5 期。

驳回起诉的适用*

【学习要点】了解和掌握重复仲裁的认定与处理，以及依据同一份仲裁协议再次向人民法院申请确认该仲裁协议无效是否构成重复起诉等基本知识。重点围绕驳回起诉的司法适用这一主题，理解对当事人构成重复起诉的，裁定不予受理；已经受理的，裁定驳回起诉，但法律、司法解释另有规定的除外，以体现一事不再理的原则，符合既判力的法理要求。深刻把握重复仲裁的认定与处理，特别是依据同一份仲裁协议再次向人民法院申请确认该仲裁协议无效，已构成重复起诉，不符合仲裁司法审查案件的受理条件。

【核心概念】重复仲裁；司法审查；驳回起诉；既判力

【问题导向】如何认定与处理重复仲裁？依据同一份仲裁协议再次向人民法院申请确认该仲裁协议无效是否构成重复起诉？

【案情简介】申请人广州侠聚网络科技有限公司；被申请人张某某。

张某某据《投融资居间服务协议》约定的仲裁条款，以广州侠聚网络科技有限公司（以下简称侠聚公司）为被申请人，向北京仲裁委员会提起仲裁申请，该仲裁委受理了该案，案号为（2019）京仲案字第 2607 号。仲裁庭开庭前，侠聚公司向广州市中级人民法院申请确认上述《投融资居间服务协议》中的仲裁条款无效。广州市中级人民法院于 2019 年 9 月 5 日作出（2019）粤 01 民特 982 号民事裁定书，裁定驳回侠聚公司的上述申请。2019 年 9 月 16 日，侠聚公司持《投融资居间服务协议》向北京市第四中级人民法院申请确认该协议中的仲裁条款无效，该院受理了此案。

【法院裁判】裁决事项：申请人侠聚公司请求依法确认《投融资居间服务协议》中仲裁协议无效。

裁决理由：申请人侠聚公司据同一份仲裁协议再次向人民法院申请确认该仲裁协议无效，已构成重复起诉。根据我国《民事诉讼法》第 154 条、最高人民法院《关于适用〈中华人民共和国民事诉讼法〉的解释》第 247 条之规定，对申请人的请求不予支持。

裁决结果：依法驳回申请人侠聚公司的申请。

【案例解析】根据最高人民法院《关于审理仲裁司法审查案件若干问题的规定》第 8 条的规定，本案有关"现侠聚公司依据同一份仲裁协议再次向人民法院申请确认该仲裁协议无效，已构成重复起诉"的内容表明，该申请不符合受理条件。也正如此，人民法院最终依据最高人民法院《关于适用〈中华人民共和国民事诉讼法〉的解释》第 247 条的规定，裁定驳回侠聚公司的申请。本案中，人民法院适用的法律依据本身

---

* 本案来源于中国裁判文书网（https://wenshu.court.gov.cn），案号：（2019）京 04 民特 492 号。

似乎有进一步的讨论空间。此外，根据《人民法院民事裁判文书制作规范》的规定，人民法院裁定驳回申请的应在裁定书尾部写明救济途径。例如，在（2019）京04民特469号民事裁定书中就有所体现，其载明"如不服本裁定，中石化化工销售（香港）有限公司可以在裁定书送达之日起三十日内，中国铁路物资天津有限公司可以在裁定书送达之日起十日内，向本院递交上诉状，并按对方当事人或者代表人的人数提出副本，上诉于北京市高级人民法院"。

1. 重复仲裁的认定与处理方式

实践中，人民法院对重复仲裁的审查，通常参照适用最高人民法院《关于适用〈中华人民共和国民事诉讼法〉的解释》第247条中"重复起诉"的判断标准，即依据前后仲裁程序中的当事人、仲裁标的与仲裁请求是否相同，判断前后两程序中是否存在重复仲裁的问题。但是，对于执行和解协议中约定的事项，当事人是否可以再次申请仲裁未予明确。当事人就执行和解协议产生纠纷并重新申请仲裁的，新的仲裁裁决是否构成重复仲裁？在（2018）吉05民初27号通化旭日房地产开发有限公司与张文馨申请撤销仲裁裁决一案中，吉林通化市中级人民法院认为，当事人就执行和解协议再次申请仲裁属于重复申请，构成程序违法而裁定撤销仲裁裁决。那么，债务人不履行和解协议的，是否应当通过恢复执行程序实现债权？当事人根据执行和解协议再次申请仲裁的，裁决是否应予撤销？执行和解协议订立了仲裁条款的，或者后续争议事项应否受原仲裁协议的约束？对于当事人放弃仲裁协议，提起诉讼后又申请仲裁，尽管仲裁庭最终作出裁决的情形比较少见，但该情形是否构成重复仲裁呢？一种观点认为，后案仲裁与前案诉讼在主体、标的和诉请上同一，则应认定构成重复仲裁，违反"一事不再理"原则，并应认定属于违反法定程序的情形；另一种观点则认为，双方当事人已放弃仲裁协议，对争议管辖重新作出了提交诉讼解决的安排，在此之后再申请仲裁，应视为"没有仲裁协议"的情形，适用我国《仲裁法》第58条第（1）项之规定，撤销仲裁裁决。然而，无论如何，当事人构成重复仲裁的，人民法院应裁定不予受理；已受理的，应裁定驳回起诉；但法律、司法解释另有规定的除外。

2. 依据同一份仲裁协议再次向人民法院申请确认该仲裁协议无效构成重复起诉

既判力是指人民法院作出的判决生效后，判决内容对当事人和人民法院均产生约束力。当事人在以后的诉讼中不得提出与生效的判决文书相反的主张，人民法院在以后的诉讼程序中也不得作出与该生效判决相反的判决。一般意义而言，对实体问题作出处理的裁定是有既判力的。本案中，人民法院认为，"人民法院依法审查并作出裁定，现侠聚公司依据同一份仲裁协议再次向人民法院申请确认该仲裁协议无效，已构成重复起诉"，就体现了这一点。在（2019）京04民特469号民事裁定书亦有所体现，北京市第四中级人民法院认为，"中石化香港公司已于2015年11月5日就撤销上述裁决向本院提起仲裁司法审查申请，本院也已就上述申请作出生效裁定。现中石化香港公司提起的本案仲裁司法审查申请属于重复提起的申请，不符合仲裁司法审查案件的受理条件"。

实践思考:

1. 结合本案,分析重复仲裁的判定标准,对于当事人重复仲裁的情形应当如何处理?

2. 驳回起诉的法律后果是什么?当事人如何寻求救济?

3. 假设你是本案申请人的委托代理人,请代申请人撰写一份以重复仲裁为由,撤销或者不予执行仲裁裁决的申请书。

4. 假设你是本案主审法官,应当如何审查申请人以重复仲裁为由,撤销或者不予执行仲裁裁决的申请书?请结合本案审查情况撰写一份裁定书。

【拓展阅读】

1. 张卫平:《民事诉讼法》,北京,法律出版社 2019 年版;

2. 李广辉、林泰松:《仲裁法学》,北京,中国法制出版社 2019 年版;

3. 陈可:《民事诉讼中的禁止重复起诉制度研究》,《湖北经济学院学报》(人文社会科学版)2021 年第 9 期;

4. 陈巍:《重复起诉认定标准之重构》,《中外法学》2020 年第 6 期;

5. 熊跃敏、郭家珍:《禁止重复起诉与禁止另行起诉的区分与适用》,《国家检察官学院学报》2020 年第 5 期;

6. 袁琳:《民事重复起诉的识别路径》,《法学》2019 年第 9 期。

PPP 仲裁裁决[*]

【学习要点】 了解和掌握 PPP 仲裁和 PPP 协议的内涵与外延，PPP 协议具有的可仲裁性，PPP 仲裁条款效力的判定以及司法审查的重点等基本知识。重点围绕 PPP 仲裁裁决的司法审查这一主题，理解由于 PPP 协议既涉及行政法律关系，又与民商事法律关系相牵连，导致司法审查对 PPP 仲裁协议的性质、协议的可仲裁性，以及该协议是否构成对社会公共利益违反等判定方面存在差异。深刻把握除了明确请求仲裁的意思表示、仲裁机构约定以外，需要从协议主体、协议目的、协议内容和意思表示等方面，考量 PPP 协议的可仲裁性，并从情势变更、法律、行政规章和地方性法规的视角，审查 PPP 可仲裁协议是否构成对社会公共利益的违反。

【核心概念】 PPP 仲裁协议；可仲裁性；社会公共利益；司法审查

【问题导向】 什么是 PPP 仲裁？PPP 协议是否具有可仲裁性？PPP 协议中仲裁条款的效力如何判定？如何认定 PPP 可仲裁协议是否构成对社会公共利益的违反？

【案情简介】 申请人天颂建设集团有限公司；被申请人诸暨市人民政府大唐街道办事处。

2017 年 11 月 7 日，诸暨市人民政府审批通过《诸暨袜艺小镇综合配套 PPP 采购项目实施方案》，同意该项目实施方案并授权诸暨市大唐镇人民政府作为项目实施机构，具体负责本项目的准备、采购、签约、监管等其他相关工作。2018 年 1 月 3 日，诸暨市大唐镇人民政府发布《诸暨袜艺小镇综合配套 PPP 采购项目的招标公告》。同月 23 日，天颂建设集团有限公司（以下简称天颂公司）与中新房东方有限公司作为联合体投标并中标。同年 2 月 7 日，诸暨市大唐镇人民政府作为甲方，中新房东方有限公司、天颂公司作为乙方签订《诸暨袜艺小镇综合配套 PPP 采购项目投资协议》。该协议第 5 条"争议的解决"约定：本协议在履行过程中发生的争议，各方本着友好、互利的原则协商解决；协商或调解不成的，任一方有权向绍兴仲裁委员会诸暨分会提交仲裁。次年 6 月 21 日，诸暨市人民政府发布《关于部分行政区划调整的通知》，撤销原大唐镇建制，组建大唐街道。同年 12 月 20 日，诸暨市大唐街道办事处（以下简称街道办）向绍兴仲裁委员会诸暨分会申请仲裁，请求仲裁庭裁决：（1）中新房东方有限公司、天颂公司承担未按约履行出资义务违约金 6 900 万元；（2）中新房东方有限公司、天颂公司承担未与实施机构正式签订 PPP 项目协议的违约金 4 200 万元；（3）确认中新房东方有限公司、天颂公司缴纳的 1 000 万元投标保证金不予返还；（4）确认对中新房东方有限公司、天颂公司缴纳的 2 000 万元履约保证金不予退还；（5）中新房东方有限公司、天颂公司赔偿经济损失 1 000 万元；（6）中新房东方有限

---

[*] 本案来源于中国裁判文书网（https://wenshu.court.gov.cn），案号：（2020）浙 06 民特 4 号。

公司、天颂公司承担街道办律师代理费 100 万元；（7）中新房东方有限公司、天颂公司承担本案全部仲裁费用。绍兴仲裁委员会诸暨分会受理了街道办的仲裁申请，尚未开庭审理。天颂公司申请称，其与被申请人于 2018 年 2 月 7 日《诸暨袜艺小镇综合配套 PPP 采购项目投资协议》中约定的仲裁协议（条款）无效，申请费用由被申请人承担。理由在于，申请人与被申请人签署的《PPP 项目投资协议》系行政协议，相关纠纷属于行政争议，受行政诉讼法调整，不具有仲裁性，《PPP 项目投资协议》中的仲裁条款系无效约定。街道办答辩称，从涉案《PPP 项目投资协议》的内容来看，有关双方的权利义务和违约赔偿等约定中充分体现了意思自治，是当事人协商一致的结果，本案协议性质是平等主体之间的民商事协议，而非行政协议。从被申请人向仲裁委员会提出的仲裁请求来看，是关于股东出资、违约责任、争议解决等平等主体之间的民事纠纷，与行政机关的具体行政行为无关，未涉及被申请人行政法上的权利义务，双方当事人处于平等的法律地位，可以通过仲裁解决。故本案争议具有可仲裁性。故请求驳回申请人的申请，裁定仲裁条款有效。

【法院裁判】裁决事项：天颂公司申请确认《诸暨袜艺小镇综合配套 PPP 采购项目投资协议》中约定的仲裁协议（条款）无效。

裁决理由：案涉项目虽然与行政机关实现行政管理目标、履行公共管理职责有一定的关联，但该项目并非诸暨市大唐街道办事处完全无偿地、单一地向社会公众提供的公共服务。从合同订立及合同内容确定的情况来看，虽然合同的一方当事人是街道办，但案涉协议内容不能充分表明行政机关在订立合同、监督和指挥合同的履行、变更或者解除合同等方面均享有单方的优越和主导地位。合同相对人天颂公司、中新房东方有限公司在订立合同及决定合同内容等方面仍享有充分的意思自治，并不受单方行政行为强制。从合同内容来看，本案合同并未就行政审批、行政许可等行政法上权利义务内容进行约定，合同系为了约定设立项目公司后签署《PPP 项目协议》，实施项目的设计、投融资、建设、运营管理及维护等事宜而签订。合同约定的具体的权利义务及违约责任，均体现了双方当事人的平等协商一致的合意。从街道办的仲裁请求来看，其涉及的是案涉《PPP 项目投资协议》的履行问题，纠纷并不涉及具体的行政行为。故本案争议具有可仲裁性，不属于依法应当由行政机关处理的行政争议。

裁决结果：依法驳回天颂公司要求确认《诸暨袜艺小镇综合配套 PPP 采购项目投资协议》中约定的仲裁协议（条款）无效的申请。

【案例解析】PPP 项目是政府通过竞争性方式择优选择具有投资、运营管理能力的社会资本，双方根据平等协商原则订立合同。人民法院就该类案件的审查主要有两种裁判模式：一种是依据协议的具体内容和当事人的争议事项，以及仲裁请求进行判断。例如本案，绍兴市中级人民法院认为，案涉 PPP 协议内容既不属于行政机关为实现公共利益或者行政管理目标，也不属于在法定职责范围内与公民、法人或者其他组织订立的具有行政法上权利义务内容的行政协议。双方当事人处于平等的法律地位，可以提起仲裁解决；另一种是通过对案件事实的分析，回避 PPP 协议的性质认定。例如，在沈阳水务集团有限公司诉沈阳圣源水务有限公司申请确认仲裁协议效力一案中，北京市第二中级人民法院以涉案特许经营协议属于行政合同性质，与本案审查涉案净水采购协议无直接关联为由不作评断。本案典型意义在于，对 PPP 协议的可仲裁性和仲裁条款效力的判定。PPP 仲裁协议中具有民事合同属性。在判断一份 PPP 仲裁协议争议能否仲裁时，应该从协议内容要素、主体要素、意愿表达要素、目的要素、职务要素等多方面来考量，而不是仅考虑导致该纠纷的协议性质。仲裁条款包含了请求仲裁的意思表示、仲裁事项、选定的仲裁委员会，且仲裁事项及仲裁委员会约定明确，满足我国《仲裁法》第 16 条规定的仲裁协议有效的要件，并且不存在无效情形的，仲裁协议应当有效。

1. PPP 仲裁内涵的界定及 PPP 协议性质的厘定

PPP 仲裁是政府与私人之间基于提供产品与服务而达成仲裁协议，以形成"利益共享、风险共担、全程合作"伙伴关系。在德国，其称为行政契约，分为对等契约和隶属契约两种。前者是指由两个行政机关所缔结的契约，后者是指行政机关与行政相对人之间签订的契约。法国称之为行政合同，将其分为公法人与私人间、公法人间，以及私人间缔结的具有公法属性的三种合同类型。我国早在 1984 年发布了《基本建设项目投资包干责任制办法》，这是一种以协议形式固定的基础项目投资。次年，印发了《关于进一步活跃农村经济的十项政策》，把统购的粮食、棉花改为合同订购，成为行政协议的一种。1990 年颁行的《城镇国有土地出让和转让暂行条例》，开启了自然资源领域的行政协议。为了落实"允许社会资本通过特许经营等方式，参与城市基础设施投资和运营"的改革措施，自 2013 年伊始，财政部就 PPP 模式推广工作进行部署，相继推出涉及传统基础设施、信息基础设施、清洁能源、油气、煤化工、石化产业等 80 个鼓励社会资本参与建设营运的示范项目。

对 PPP 协议的性质界定，学界主要有两种截然不同的观点。其中，行政法学派认为，行政协议的根本属性在于行政性，协议前提是行政行为的客观存在。而民法学派认为，行政协议的根本属性在于协议，行政协议与民事合同一样，均需要遵守民事契约中的平等、自由和诚实信用原则。笔者认为，上述观点均值得商榷。因为前者关注 PPP 协议中行政权运行的事实，并认为双方当事人地位并非完全平等，其中行政主体既是合同一方当事人，又是合同的监管者，仅以一纸协议即实现对行政主体的约束，的确言过其实，而将其纳入行政合同的范畴，则有望实现对行政权的有效制约，并达至对私主体权益的保护。但是，在 PPP 协议中，合同当事人原则上应当按照合同约定履行其义务，否则，该协议有何存在的价值？后者虽然聚焦 PPP 协议的签订和履行，双方当事人具有地位平等、自愿、合意等本质特征，但是对 PPP 协议中行政权问题却熟视无睹，难以对私主体权益形成有效保护，尤其是行政主体基于特定的原因变更甚至撤销协议时，不可避免地会对私主体的权益造成损伤。由此可见，与一般意义上的行政行为与合同行为不同的是，PPP 协议兼具行政性与契约性的双重属性，进而试图将 PPP 协议单纯界定为民事合同或者行政合同显然是徒劳且不客观的。据此，笔者主张，PPP 仲裁协议中具有商事合同的属性，理由如下：

第一，PPP 协议核心是社会资本的参与。在我国当下，PPP 协议是由社会资本承担设计、建设、运营、维护基础设施的大部分工作，并通过使用者付费及必要的政府付费获取合理投资回报，政府部分负责基础设施及公共服务的价格和质量监督，以保证公共利益最大化。从本质上说，行政协议虽然是合同的一种，但是基于行政法所产生的权利义务。换言之，行政主体与私主体所签订的协议涉及行政法上的权利或义务，则应认定为行政协议。从最高人民法院《关于审理行政协议案件若干问题的规定》第2条规定来看，政府特许经营的 PPP 协议为行政协议。《基础设施和公用事业特许经营管理办法》第3条规定，特许经营是由政府采用竞争方式，依法授权我国境内外的法人或者其他组织，通过协议明确权利义务和风险分担，约定其在一定期限和范围内，投资建设运营基础设施和公用事业并获得收益，提供公共产品或者公共服务。可见，除上述特许经营之外，不直接关涉行政法上的权利义务处分的 PPP 协议、PPP 协议的从协议和相关协议均具有商事合同属性。从最高人民法院《关于审理行政协议案件若干问题的规定》的内容来看，PPP 协议的核心要素在于社会资本参与公共项目或者公共事业，诸如 TOT、ROT 等协议并非必然涉及作为行政主体一方的行政法上的权利义务。我国《行政诉讼法》及相关司法解释把行政协议的外延界定为，政府特许经营协议、土地、房屋等征收征用补偿协议、矿业权等国有自然资源使用权出让协议、政府投资的保障性住房的租赁、买卖等协议，政府与社会资本合作协议以及其他行政协议等六类。尽管有学者建议把行政合同作为一类特殊合同对待，但在通常情形下，具备相关专业知识和能力的商事主体在残酷竞争环境中脱颖而出，所签订 PPP 主协议以及与此相关的诸如项目设计、建设工程实施、货物采购等协议，并非因其与特许经营相关。

第二，PPP 协议中商事合同的特质。国家发展改革委早在 2019 年发布的《关于依法依规加强 PPP 项目投资和建设管理的通知》中指出，政府依法依规履行承诺，不得擅自变更合同约定的政府责任和义务；国家财政部颁布的《PPP 项目合同指南（试行）》和《政府和社会资本合作项目通用合同指南（2014 年版）》均指出，政府与社会资本方的民事平等主体地位，合同各方均是平等主体，以市场机制为基础建立互惠合作关系，约定合同条款并保障其权利与义务。《PPP 项目合同指南（试行）》强调，PPP 从行为性质上属于政府向社会资本采购公共服务的民事法律行为，构成民事主体之间的民事法律关系，并将仲裁列为争议解决的方式之一。可见，我国现行规范性文件已就 PPP 协议中民事合同属性予以明定。事实上，PPP 协议与一般的行政合同或民事合同有着很大的区别，它的内容庞杂且履行周期较长，如果把它简单地定义成单一性的民事或行政合同，都有所偏颇。在司法实践中，部分法院认定 PPP 协议既能促使政府和社会资本合作共同提升公共服务水平，又能使社会资本得到合理的收益，双方实现双赢的合作基础，这其中行政与民事法律关系的权利和义务相互交织。在这当中，有关政府对于项目的立项审批和监督管理等问题，属于公法的范畴。而双方当事人经过平等协商，达成一致的有关项目的名称、内容、项目公司的经营范围、注册资本数额及股东出资、违约责任、合同的解除以及争议解决、仲裁条款等问题，都是属于私法的范畴。因此，PPP 协议的纠纷可根据请求标的所属的不同范畴而进行区分。也就是说，对于属于公法领域的争议，可通过行政诉讼来救济，而对于仅涉及民事合同纠纷或侵权纠纷无关行政权力的纠纷，则可以采用民事诉讼或仲裁的方式来救济。

第三，PPP 协议国外实践的借鉴。多数国家把 PPP 协议作为民事合同对待，如在英美法系国家，政府合同争议的审理适用民事诉讼程序规则。法院是否采取司法审查的态度，取决于政府合同的公法因素。就政府合同而言，因其具有较强的公法因素，法院予以司法审查。自 20 世纪 90 年代以来，美国将 ADR（Alternative Dispute Resolution）引入行政程序领域，国会先后制定了《行政争议解决法》《协商立法法》和《替代性纠纷解决法》等予以确认，成效显著。英国在行政协议的具体运作中，因政府合同而引起的纠纷，多由政府和当事人以非正式谈判或者仲裁方式予以解决，较少诉诸法院。法国行政协议呈现出明显的合同化趋势，公法合同完全受制于一套单独的法律规范体系之中，强调赋予包括享有单方变更、解除协议，甚至对相对人实施处罚在内的行政优益权，并明确该权力行使以协议约定为限，以维护协议的安定性。经过多年改革，该国已允许 PPP 协议各方选择仲裁解决纷争。随着共建"一带一路"不断推进，投资仲裁和国际商事仲裁在 PPP 项目争议解决机制中的适用，一些国家仍坚持 PPP 项目仅能适用当地仲裁机构予以仲裁。

2. PPP 协议可仲裁性的解析

我国《仲裁法》第 2 条、第 3 条和第 16 条第 2 款规定，平等主体之间发生的合同纠纷和其他财产权益纠纷，可仲裁。仲裁事项是仲裁协议的内容之一，而仲裁事项本身应当具备可仲裁性。本案中，案涉纠纷是否具备可仲裁性，主要在于《PPP 项目投资协议》的法律性质。该性质问题存在争议，申请人天颂公司称案涉协议属于行政协议，不具有可仲裁性；被申请人街道办认为本案属于平等主体之间的民事纠纷，与行政机关的具体行政行为无关，未涉及行政法上的权利义务，具有可仲裁性。根据我国《行政诉讼法》第 12 条、最高人民法院《关于适用〈中华人民共和国行政诉讼法〉的解释》第 68 条的规定，行政协议本身并不具备可仲裁性。对于案涉协议是否是行政协议，最高人民法院《关于审理行政协议案件若干问题的规定》第 1 条规定，行政机关为实现行政管理或者公共服务目标，与公民、法人或者其他组织协商订立的具有行政法上权利义务内容的协议，属于我国《行政诉讼法》第 12 条第 1 款第（11）项规定的行政协议，故浙江省绍兴市中级人民法院认定行政协议从主体、目的、内容和意思四个要素进行分析。首先，案涉项目虽然与行政机关实现行政管理目标，履行公共管理职责有一定的关联，但该项目并非被申请人诸暨市大唐街道办事处完全无偿、单一地向社会公众提供的公共服务。其次，从合同订立及合同内容确定情况来看，案涉协议内容不能充分表明行政机关在订立、变更、履行和解除合同方面享有单方优越权和主导地位，申请人天颂公司和中新房东方有限公司仍享有充分的意思自治，不受单方强制。最后，从合同内容来看，协议未对具体的行政行为进行约定，不涉及行政法上权利义务内容，合同约定的具体权利义务和违约责任具有明显的民商事法律关系性质，应定性为民商事合同，而不是行政协议。笔者主张，判断一项纠纷是否可仲裁，不应该仅仅考虑引发纠纷的协议性质，还应该考虑协议的内容、主体、意愿表达、目的、职务等多方面要素。

3. PPP 协议中仲裁条款效力的判定

根据我国《仲裁法》第 16 条、第 17 条和第 18 条的规定，本案中，双方当事人在《PPP 项目投资协议》中约定，本协议在履行过程中发生的争议，各方本着友好、互利的原则协商解决；协商或调解不成的，任一方有权向绍兴仲裁委员会诸暨分会提交仲裁。该仲裁条款包含了请求仲裁的意思表示、仲裁事项、选定的仲裁委员会，且仲裁事项及仲裁委员会约定明确，符合我国《仲裁法》第 16 条的规定，不存在无效情形。因此本案仲裁协议有效。对于一方当事人向仲裁委员会申请，另一方当事人向人民法院申请的情形，依据我国《仲裁法》第 20 条的规定，由人民法院裁定，当事人对仲裁协议的效力有异议，应当在仲裁庭首次开庭前提出。绍兴仲裁委员会诸暨分会受理该案后尚未开庭，因此申请人天颂公司在收到绍兴仲裁委员会诸暨分会的《答辩通知书》后，申请人民法院确认仲裁协议的效力，符合规定。审查此类确认仲裁协议效力的纠纷，首先应判断案涉纠纷的法律性质，明确是否是可仲裁事项，若争议为行政协议，参照上述思路进行判断，然后再判断仲裁协议是否具备有效要件。

4. PPP 仲裁协议构成对社会公共利益违反的判定

由于私人资本主体参与 PPP 项目旨在分担地方政府的财政负担，并获取一定利益，这就难免存在私主体在 PPP 项目运行中，为了逐利而导致对社会公共利益的损害的情形，加之，我国《仲裁法》及其司法解释对社会公共利益的界定不明，导致对 PPP 仲裁协议司法审查时的尺度把握不一。一般意义而言，社会公共利益是指一个国家的重大利益、重大社会利益、基本法律原则或基本道德规则。社会公共利益应当超越个体与某一具体群体，以不确定的多数人为特征的集合体，在地域上应当涉及该行政机关管辖的范围，具有开放的共享性。这种利益既不会刻意将某一主体拒之门外，也不会被某特定一主体所专享；且是一种不可分割的整体性利益，具有价值上的正当性。通过对社会公共利益内涵和外延的界定，一方面，可以更好地规范私主体在 PPP 项目履行中的行为，避免损及社会公共利益的情形出现；另一方面，规制法官裁量权，统一 PPP 仲裁协议中可仲裁性的司法审查尺度，提升仲裁权威和公信力，以适应党的十九届五中全会提出构建全民共建共享的社会治理格局的客观需要。由于 PPP 项目的特殊性，且我国仲裁立法和实践发展较为迟缓，远未达至成熟的阶段，人民法院在依职权重点审查社会、公共的解释，仲裁裁决所涉及内容不得违背公共秩序与善良风俗、全体社会成员共同的利益，以及我国法律的基本制度与原理，经济社会生活的基本原则等事项的同时，尚需重点关注以下问题：

第一，法律法规和规章的影响。按照我国《民法典》第153条的规定，只有法律、行政法规才是认定合同有效性的依据，行政规章和政策的禁止性或者强制性规定不能作为认定合同效力的依据。换言之，一般情况下，法律和法规才是认定合同有效性的依据。但是，实践中很多PPP仲裁协议是根据当地的政府规章或者根据上级领导的指示、会议纪要、政府颁布的地方性文件等精神与私主体签订，故私主体在签订PPP仲裁协议时，往往会将这些当地的规范性文件的内容加进去。而上述规范性文件有时存在不完备、效力层级低的缺陷，且国家对于公共项目采用新型融资模式进行建设已渐成规模并纵深发展。那么，这些与会议纪要、地方政府规章等结合在一起的条款的有效性又该如何认定？是否可能构成对社会公共利益的违反呢？笔者认为，根据我国《立法法》的规定，如果地方政府规章、会议纪要等内容违反了上位法即法律、行政法规的规定，则这些地方政府规章、会议纪要等内容是无效的，那么以这些规章、纪要为基础的PPP仲裁协议条款当然无效；对于某些协议条款，虽然法律、行政法规并没有对其效力作禁止性规定，但是，国务院部门以及省、自治区、市和较大的市的人民政府或其主管部门对于具体应用法律法规或规章作出的解释；县级以上人民政府及其主管部门制定发布的具有普遍约束力的决定、命令或其他规范性文件等涉及社会公共利益保护，对该条款作了禁止性规定，应当判定其构成对社会公共利益的违反。对违反我国有关对外担保的法律规定和国家外汇管理政策的情形，但非导致对我国法律基本原则的违背、侵犯我国国家主权、危害国家社会公共安全、违反善良风俗等危及我国根本社会公共利益的情形，则不构成对社会公共利益的违反；在同一法域针对相同事实作出截然相反的司法判断，有违于法律价值观念的统一，不应当被排除在社会公共利益范围之外。对于一方在境外依据仲裁条款提起仲裁，而另一方在我国国内起诉请求确认仲裁条款无效，基于请求确认仲裁条款效力的冲突规范则存在对域外仲裁裁决的申请承认与执行，而我国法律确认仲裁条款无效裁定已生效的情形，从维护司法主权及生效裁判既判力的角度出发，应当认定其违反社会公共利益。

第二，情势变更的影响。在PPP仲裁协议中，由于协议基础或者环境因素在客观上发生的异常变动或者变更，该变动或者变更既可以是法律规范的修改、国家政策的变动，通货膨胀、货币贬值等经济因素的变化，也可以是非经济因素的变动，如战争导致的封锁、禁运等。行政主体在PPP仲裁协议订立后，出于社会公共利益的需要，应当变更或解除时，才能行使单方变更、解除权。此时，仲裁机构在仲裁裁决时，不应认定行政主体是一方违约。人民法院在审查时也要作出与此前较为一致的判定。当然，情势变更的适用应当满足如下要件：有情势变更的事实，即 PPP 协议赖以存在的客观情况确实发生变化；为当事人订立 PPP 仲裁协议时所无法预见，且不可归责于双方当事人，即由除了不可抗力的其他意外事件所引起，变更的事实发生于合同成立之后和履行完毕之前，情势变更使履行原 PPP 协议显失公平或者不能实现 PPP 协议的目的。可见，上述事实是否构成情势变更，应以是否导致 PPP 仲裁协议成立的基础丧失，是否导致当事人目的不能实现，以及是否造成对价关系障碍为判断标准。因此，司法审查时，应当重点关注是否可以预见、是否属于商业风险两个方面。

在 PPP 仲裁的协议中，由于社会资本参与公共项目，涉案标的额较大，且在行政主体签订协议之前，均经过招投标程序，应当推定双方在签订协议时可以合理预见的风险，不足以构成签订协议时无法预见的风险。商业风险是在商业活动中，基于一些不确定因素的影响，给商事主体带来的获利或者损失的机会或者可能性的一种客观经济现象。物价的降浮、币值汇率的涨落、市场的兴衰等均可能成为商业风险于切实变更之原因。由于无法预料的自然环境变化的影响导致合同目的无法实现，若继续履行合同则必然造成一方当事人取得全部合同利益，而另一方当事人承担全部投资损失，则可以构成情势变更。在 PPP 协议中，笔者认为，该种情形同样可以适用。对政策变化所构成的情势变更问题，需要从政策的目的进行判断。例如，本案中，大唐街道办事处若未能对诸暨袜艺小镇综合配套作出明确判断，导致《PPP 项目投资协议》无法履行的风险，仍属于商业风险。反之，如果东方公司和天颂公司在《PPP 项目投资协议》中遭遇自然灾害，导致协议无法履行，则构成情势变更之事由。对一方义务履行完毕的情形，则无法再依据情势变更原则，主张变更或者解除合同。

实践思考：

1. 结合本案，准确界定 PPP 协议的内涵和外延，并分析 PPP 协议的性质对仲裁裁决的影响。

2. PPP 协议可仲裁性的判断标准。

3. 当事人申请撤销或不予执行 PPP 协议的仲裁裁决，向哪个人民法院提出，以及提交哪些材料？人民法院如何审查和处理？

4. 假设你是申请撤销或不予执行 PPP 协议的仲裁裁决申请人的委托代理人，请代申请人撰写一份申请撤销或不予执行 PPP 协议的仲裁裁决的申请书。

5. 假设你是本案主审法官，应当如何审查申请人撤销或不予执行 PPP 协议的仲裁裁决的申请？结合本案审查情况撰写一份裁定书。

【拓展阅读】

1. 张青波：《行政协议规定下 PPP 协议的司法审查》，《法律适用》2021 年第 11 期；

2. 谭红、王锦鹏：《论行政协议中仲裁条款的效力》，《法律适用》2020 年第 14 期；

3. 王春业：《行政协议司法解释对 PPP 合作之影响分析》，《法学杂志》2020 年第 6 期；

4. 杨彬权、王周户：《论我国 PPP 协议行政法规制框架之建构》，《河北法学》2018 年第 3 期；

5. 江国华：《PPP 模式中的公共利益保护》，《政法论丛》2018 年第 6 期。

第二章　仲裁案件保全的审查

仲裁案件的保全[*]

【学习要点】了解和掌握仲裁案件保全的类型、仲裁保全申请的时间、向谁申请、当事人申请保全提交的材料、对当事人申请保全后的处理方式，以及人民法院对仲裁保全的审查路径等基本知识。重点围绕仲裁保全的审查与处理这一主题，理解仲裁保全及其具体运用。明确应当事人的请求采取证据保全和财产保全或其他临时措施，财产保全是生效仲裁裁决顺利执行的保障，证据保全是仲裁机构依法对争议案件及时作出仲裁裁决的保障，执行仲裁裁决是仲裁裁决所确定的实体权利实现的重要手段。在仲裁裁决作出后，对一方当事人不履行仲裁裁决的，对方当事人只能申请人民法院强制执行。

【核心概念】仲裁程序；仲裁保全；权利救济；司法审查

【问题导向】仲裁保全主要包括哪些类型？仲裁保全何时申请？向谁申请？当事人申请保全应当提交哪些材料？当事人申请保全的，人民法院如何处理？人民法院对仲裁保全应当如何审查？

【案情简介】申请人海南亨廷顿医院管理咨询有限公司；被申请人慈铭博鳌国际医院有限公司。

申请人海南亨廷顿医院管理咨询有限公司（以下简称亨廷顿公司）于2019年8月14日向中国国际经济贸易仲裁委员会申请行为保全，请求如下：（1）裁定被申请人慈铭博鳌国际医院有限公司（以下简称慈铭医院）允许申请人进入慈铭博鳌国际医院生殖健康及不孕不育部，使申请人可以搬离其放置于体外受精（以下简称IVF）中心的申请人所有的医疗装置、设备和物品（以下合称"申请人物品"），或将该等物品交付贵院指定的第三方保管；（2）裁定被申请人停止清点、使用、转移、出售或以其他方式处置申请人物品；（3）裁定被申请人妥善保管申请人物品，使其不得受损或灭失，直至申请人将申请人物品从IVF中心搬离；（4）裁定被申请人暂停IVF中心的所有营业活动，直至申请人将申请人物品从IVF中心搬离。担保人中国人民财产保险股份有限公司海南省分公司为申请人海南亨廷顿医院管理咨询有限公司提供担保，保险金额

* 本案来源于中国裁判文书网（https：//wenshu.court.gov.cn），案号：（2019）琼96行保1号。

为人民币 143 310 295.08 元。2019 年 9 月 6 日，中国国际经济贸易仲裁委员会将行为保全申请书提交人民法院。

【法院裁判】 裁决事项：申请人亨廷顿公司申请行为保全。

裁决理由：在仲裁案中，申请人请求医疗设备属于申请人所有，亨廷顿公司请求保全的医疗设备属于涉案标的物，且 IVF 中心是独立的科室，停止使用对慈铭医院的其他活动影响不大。有初步证据显示，申请人亨廷顿公司的合法权益有受到被申请人慈铭医院侵害的紧迫危险，如不采取仲裁行为保全措施，将会给申请人亨廷顿公司的合法权益造成损害或者使其损害扩大。根据我国《民事诉讼法》（2017 版）第 100 条的规定，因当事人或者其他原因导致判决难以执行，或者有可能给当事人造成其他损害时，人民法院可以依据另一方当事人的申请作出财产保全或行为保全的裁定。申请人亨廷顿公司请求慈铭医院停止使用 IVF 中心的医疗设备，有事实根据和法律依据，人民法院予以支持。鉴于慈铭医院已接收需要辅助生殖治疗的患者，为了保护患者的利益，除了为保存已提取的精卵、培育胚胎需要使用 IVF 中心的医疗设备外，被申请人慈铭医院不得再使用 IVF 中心的医疗设备，被申请人慈铭医院 IVF 中心不得再接受新的患者。故对申请人亨廷顿公司请求将设备搬离等其他行为保全申请不符合法律规定，人民法院不予支持。

裁决结果：法院依法裁定驳回申请人亨廷顿公司其他行为保全的申请。

【案例解析】 在证据可能灭失或者以后难以取得的情况下，当事人可以申请证据保全。当事人申请保全的，可以向人民法院申请，也可以向仲裁机构申请。当事人向仲裁机构申请的，仲裁机构应当对当事人的申请进行审查后，依法移送有管辖权的人民法院。最高人民法院《关于人民法院办理财产保全案件若干问题的规定》第 3 条指出，仲裁中申请财产保全应当提交的材料包括申请书和仲裁案件受理通知书，申请材料应当先向仲裁机构提交再由仲裁机构向人民法院转交。仲裁中的临时措施，通常包括证据保全、财产保全和行为保全。仲裁临时措施的发布权限，有人民法院专属和人民法院与仲裁庭权力并存两种立法模式，且后者居多数。根据我国《仲裁法》和《民事诉讼法》的相关规定，我国属于前一种立法模式。实践中，仲裁机构施行的仲裁规则在司法实践中不断发展，体现出与时俱进的变通性，增加了临时措施的境外执行的便捷度。例如，北京仲裁委员会《仲裁规则》（2019 版）第 62 条第 1 款规定，仲裁庭采取临时措施应当由当事人的申请启动，作出决定的方式包括仲裁庭决定、中间裁决以及有关法律认可的其他方式，"紧急仲裁员应当于指定之日起 15 日内作出相关决定、指令或裁决"。2017 年年末，北京仲裁委员会受理了内地第一件采用紧急仲裁员程序的案件，申请人以申请紧急仲裁员发布的临时措施，在我国香港地区顺利获得了高等法院原讼法庭的执行命令，该案最终以和解方式结案。

1. 仲裁案件申请保全的范围及保全申请的提起

仲裁案件保全既包括内地仲裁案件的保全，也包括我国港澳台地区和外国仲裁案件的保全。在仲裁中，发生了因一方当事人的行为或者其他因素，致使裁决不能履行或者有履行困难的情况，对方可以对该风险下的财产进行相应的财产保全。在可能造成证据丢失或者在一定时间内无法取得的情况下，当事人可以请求仲裁机构对其进行保全。我国《仲裁法》第28条、第46条和第68条规定了财产保全和证据保全的内容。其中，财产保全的前提是因另一方当事人或者其他原因导致裁决无法被执行或者执行难度显著加大；证据保全的前提是证据有毁灭或者无法取得的风险。当事人申请保全的，既可以在仲裁受理前，也可以在仲裁程序进行中。当事人申请保全的，既可以向人民法院申请，也可以向仲裁机构申请。当事人向仲裁机构申请的，仲裁机构应当对当事人的申请进行审查后，依法移送有管辖权的人民法院。申请港澳台地区和外国仲裁保全的案件，当事人只能向仲裁机构申请，由仲裁机构将当事人的申请及相关材料，依照有关规定提交有管辖权的人民法院。当事人直接向人民法院申请保全的，人民法院应当告知其向仲裁机构提交申请，当事人坚持向人民法院申请保全的，人民法院受理后裁定驳回其申请。当事人申请财产保全的，由财产所在地的中级人民法院依法办理。当事人申请证据保全的，由证据所在地的基层人民法院管辖。申请港澳台地区和外国仲裁保全的，由被申请人住所地、财产所在地或者证据所在地的中级人民法院管辖。当事人提出保全申请，人民法院依法采取保全措施的，可以要求其提供担保。当事人在仲裁申请前提出保全申请的，应当提供担保；申请保全人不提供担保的，人民法院应当裁定驳回其申请。申请人在港澳台地区和外国仲裁中申请保全的，人民法院可以责令其提供担保，申请人不提供担保的，人民法院应当裁定驳回其申请。对仲裁申请前申请保全的，申请保全人应当提供担保，申请保全人不提供担保的，人民法院应当裁定驳回其申请。

2. 当事人申请保全应提交的材料

当事人申请财产保全应当提交下列材料：（1）财产保全申请书。应当列明财产保全申请人、被申请人的姓名或名称、有效住址和联系方式、事实及理由、被保全财产的性质、金额或数量、所在地点；管辖人民法院的名称。（2）仲裁机构出具的仲裁申请受理通知书（仲裁受理前申请的除外）。（3）与被保全财产价值相当的财产担保或保证。（4）申请人的身份证明材料。（5）需要提交的其他材料。当事人在港澳台地区和外国仲裁中申请保全的，应当通过仲裁机构向人民法院提交下列材料：（1）保全申请书，应当写明请求事项及事实理由、请求保全数额或者争议标的、保全的具体内容及被保全标的信息、线索等。（2）申请人主体资格的证明及授权委托书等。（3）仲裁案件受理通知书。（4）必要的证据。在港澳台地区和外国仲裁受理前，申请人申请保全的，可直接向人民法院提交前述第（1）（2）（4）项材料。当事人申请证据保全应当提供下列材料：（1）证据保全申请书，应当列明证据保全申请人、被申请人的姓名或名称、有效住址和联系方式、事实及理由、被保全证据的形式、所在地点和证据持有人、管辖人民法院的名称。（2）仲裁机构出具的仲裁申请受理通知书（仲裁受理前申请的除外）。（3）申请人的身份证明材料。（4）需要提交的其他材料。

3. 当事人申请保全的，人民法院的处理方式

当事人申请保全的，人民法院应当受理。人民法院受理后，应当在 5 日内决定是否准予采取保全措施，并将保全情况书面通知仲裁机构及案件当事人。情况紧急且符合法律规定的保全条件的，人民法院应当在 48 小时内作出裁定，并移交采取保全措施。当事人申请继续保全，情况紧急的，可以向有管辖权的人民法院提出，并通过仲裁机构转交有关文件。采取保全措施的人民法院与执行仲裁裁决的人民法院不一致的，采取保全措施的人民法院应当在 5 日内将保全卷宗移送至执行仲裁裁决的人民法院。人民法院在仲裁申请前采取保全措施后的 30 日内，申请人不依法申请仲裁的，应当及时向采取保全措施的人民法院提出解除保全申请。被保全人也可以向采取保全措施的人民法院提出解除保全申请。在港澳台地区和外国仲裁中采取保全措施后，仲裁机构准许撤回仲裁申请或者按照撤回仲裁裁决申请处理的，申请人应当及时向仲裁机构提出解除保全申请，并由仲裁机构将解除保全申请提交采取保全措施的人民法院。被保全人也可向仲裁机构提出解除保全申请，并由仲裁机构将解除保全申请提交采取保全措施的人民法院。仲裁机构在作出准许撤回仲裁申请或者按照撤回仲裁申请处理的决定之日起 7 日内，将决定书函告采取保全措施的人民法院，人民法院应当依据仲裁机构的决定书作出解除保全的裁定。申请人或者被保全人直接向人民法院提出解除保全申请的，人民法院应当告知其向仲裁机构提交申请。

4. 仲裁保全司法审查路径的完善

（1）完善仲裁机构的初步审查。在仲裁过程中，当事人提出财产保全或者证据保全申请的，由于仲裁机构已初步接触案件，了解案情和双方当事人争议焦点，能够大致判断保全是否必要，故应当明确由仲裁机构对当事人的保全申请进行初步审查，对是否应当采取财产保全、证据保全提出初步意见。人民法院在综合当事人的申请及仲裁庭意见的基础上，作出是否同意保全的裁定。因此，笔者建议，司法解释应当明确仲裁机构对当事人财产或证据保全申请进行初步审核的权责，即"仲裁中，当事人根据《仲裁法》第 28 条的规定申请财产保全，或者根据《仲裁法》第 46 条的规定申请证据保全的，仲裁机构应当对申请人的申请进行初步审核，并向财产所在地或者证据所在地人民法院提交审核的书面意见"。（2）保全时间与执行的有效衔接。我国《仲裁法》及其司法解释中与仲裁程序有关的规定，涵盖了仲裁程序的证据保全和财产保全，但尚停留在原则性规定上，而对于保全程序中的许多时间节点未予关注，影响了实际操作效果。例如，申请人向仲裁机构提出保全申请的，仲裁机构应当在收到申请后几日内决定是否移交法院；法庭在收到申请后的多久之内作出批准；作出裁决并将其告知仲裁机构的期限是多久；批准对证据进行保全的，应在批准后多久将所保存的证据转交给仲裁机关等。时间节点规定的缺失，导致仲裁保全的操作随意性较大，时间拖延，影响了保全的质量和效果。保全的目的或是防止对方当事人隐瞒不利证据，使己方当事人得以行使充分举证的权利；或是确保权益最终得以实现。故笔者建议，参照我国《民事诉讼法》及司法解释中关于诉讼保全的相关规定，即"人民法院应当在受理后 5 日内决定是否准许采取证据保全措施，并通知仲裁机构。准予采取证据保全措施的，应当在采取保全措施后 5 日内将保全的证据移交仲裁机构。仲裁机构收到人民法院移交的证据后，应当出具接收清单。""人民法院受理后，除情况紧急必须在 48 小时内作出裁定外，应当在 5 日内决定是否准予采取财产保全措施，并通知仲裁机构。准予采取财产保全措施的，应当在采取保全措施后 5 日内将财产保全情况书面通知仲裁机构。"从便于当事人尽快实现财产权益的角度出发，对采取财产保全措施的法院与执行仲裁裁决法院不一致的情形，笔者认为，采取保全措施的人民法院应当根据执行仲裁裁决的人民法院的请求，在 5 日内移送保全卷宗材料。（3）完善仲裁前的保全规定。关于"是否应当赋予当事人在仲裁开始前，申请财产或证据保全权利"的问题，目前理论界和实务界存在较大争议。有的人民法院认为，应当建立仲裁前的财产保全制度，但要设定限制条件，即情况紧急并且确实有必要，财产转移流失在即，又没有其他防范措施，当事人申请财产保全的，人民法院可以在仲裁开始前裁定采取措施保全财产。笔者认为，虽然我国《民事诉讼法》第 104 条已赋予了当事人在特殊、紧急情况下，在仲裁前申请人民法院保全的权利，但从比较法视野来看，国际上的通行做法是，除了英国之外，其他各国均持谨慎态度。此外，在仲裁机构尚未明确是否受理仲裁申请的情况下，人民法院贸然受理当事人的保全申请风险较大。因此，对于能否在仲裁前申请保全，应该区分下列情形对待：仲裁协议约定由国内仲裁机构进行仲裁的，人民法院可以依据我国《民事诉讼法》的相关规定，在仲裁程序开始前采取保全措施；对仲裁协议中约定临时仲裁或者由外国仲裁机构仲裁的，则应当与国际通行做法接轨，对仲裁程序前的保全申请不予准许。但当事人向法院申请承认与执行外国仲裁裁决时申请保全措施的，应当予以准许。对国外允许仲裁机构作出临时保全措施的决定、紧急仲裁员作出的决定纳入司法审查范围。人民法院对港澳台地区和外国商事仲裁采取保全措施后，仲裁机构准许撤回仲裁申请或者按撤回仲裁申请处理的，申请保全人应当及时向仲裁机构提出解除保全申请，并由仲裁机构将解除保全申请提交采取保全措施的人民法院。被保全人也可向仲裁机构提出解除保全申请，并由仲裁机构将解除保全申请及时提交到采取保全措施的人民法院。仲裁机构在作出准许撤回仲裁申请或者按撤回仲裁申请处理的决定之日起 7 日内，将决定书函告采取保全措施的人民法院，人民法院应当依据仲裁机构的决定书作出解除保全的裁定。申请保全人、被保全人直接向人民法院提出解除保全申请的，人民法院应当告知其向仲裁机构提交申请。

实践思考：

1. 结合本案，分析仲裁中保全对于仲裁审理、裁决，以及执行有何影响？

2. 仲裁中保全需要向哪个人民法院提出，应提交哪些材料？人民法院如何审查和处理?

3. 假设你是保全申请人的委托代理人，请代申请人撰写一份保全申请书。

4. 假设你是本案主审法官，应当如何审查申请人的保全申请? 结合本案审查情况撰写一份保全裁定书。

【拓展阅读】

1. 张卫平：《民事诉讼法》，北京，法律出版社 2019 年版；

2. 郭小冬：《诉讼保全的实体法视角及其展开》，《北方法学》2021 年第 1 期；

3. 李龙、李一鑫：《民事行为保全的功能定位与制度重塑》，《江西社会科学》2020 年第 1 期；

4. 李曼：《我国行为保全制度借鉴模式探讨》，《国家检察官学院学报》2016 年第 5 期。

第三章 仲裁裁决撤销的司法审查

仲裁司法审查范围[*]

【学习要点】 了解和掌握仲裁司法审查案件的主要类型、仲裁司法审查的依据、当事人未约定的仲裁事项是否属于仲裁裁决的范畴，我国《仲裁法》第 58 条中撤销仲裁裁决规定的理解与适用，以及仲裁裁决司法审查的限度等基本知识。重点围绕仲裁司法审查范围这一主题，理解仲裁协议应当包括申请仲裁的意思表示、明确的仲裁事项和选定的仲裁机构，以及明确约定仲裁的范围。明确仲裁作为一种独立的纠纷解决方式，充分彰显当事人的意思自治，仲裁协议约定事项对仲裁裁决产生重大影响。裁决所涉及的合同效力和案件事实的判定等，属于仲裁庭实体审理范畴。

【核心概念】 仲裁裁决；实体审理；申请事由；审查边界

【问题导向】 仲裁司法审查案件有哪些类型？仲裁司法审查的依据何在？当事人未约定的仲裁事项是否属于仲裁裁决的范畴？如何理解我国《仲裁法》第 58 条关于撤销仲裁裁决的规定？仲裁裁决司法审查的边界何在？

【案情简介】 申请人深圳黑金能源有限公司；被申请人上海盈方微电子技术有限公司。

深圳黑金能源有限公司（以下简称黑金能源公司）请求人民法院撤销中国国际经济贸易仲裁委员会作出的仲裁裁决。其理由如下：在仲裁裁决中，将涉案 1 000 万元认定为源于上海盈方微电子技术有限公司（以下简称盈方微电子公司）安排赵小平支付给郭秋辉的 1 000 万元的结论，已超出仲裁协议的范围，依法应予以撤销。黑金能源公司未就合同效力提请仲裁，但仲裁庭对合同效力进行裁决超越仲裁协议范围，且不属于裁决范围，裁决依法应予撤销。仲裁裁决指出，"开庭审理至今，黑金能源公司并未提供证据证明海派基金转账 1 000 万元过程中自有现金流的情况"与事实不符，事实是黑金能源公司已于当庭提交证据证明海派基金的自有现金流情况。仲裁庭认定属于程序错误，依法应撤销。仲裁裁决既认可黑金能源公司的主张，又认为意向转让协议是双方虚假的意思表示，该仲裁裁决存在明显矛盾。故仲裁裁决认为，黑金能源公司收受定金的 1 000 万元源自盈方微电子公司安排赵小平支付给郭秋辉的 1 000 万元存在明显错

---

[*] 本案来源于中国裁判文书网（https://wenshu.court.gov.cn），案号：（2020）京 04 民特 656 号。

误,并据此错误事实驳回黑金能源公司要求盈方微电子公司支付双倍定金人民币2 000万元的请求是错误的。盈方微电子公司不认可黑金能源公司的撤销仲裁裁决的申请。

【法院裁判】裁决事项:申请人黑金能源公司请求撤销该仲裁裁决。

裁决理由:本案中《意向协议书》约定仲裁条款,黑金能源公司据此将其与盈方微电子公司之间《意向协议书》所约定定金支付及返还争议提交中国国际经济贸易仲裁委员会仲裁,符合法律及《仲裁规则》(2015版)的规定。根据仲裁裁决,仲裁庭仅认定了黑金能源公司与盈方微电子公司所争议《意向协议书》的1 000万元定金来源于《委托收款协议》的事实,并未对《委托收款协议》项下争议进行审理,且黑金能源公司与盈方微电子公司、潘鹏程之间的委托收款法律关系,与仲裁案涉《意向协议书》并非同一法律关系。因此,黑金能源公司以《委托收款协议》主张《意向协议书》存在超裁,理由不能成立,法院不予支持。黑金能源公司提出的仲裁请求之一为解除《意向协议书》,该请求所涉争议属于仲裁协议约定"因执行本意向协议所发生的或与本意向协议有关的任何争议"的范围内,且判断该仲裁请求是否应予支持的前提是确定合同效力,合同合法有效是解除的前提,根据我国《仲裁法》第19条第2款的规定,仲裁庭有权确认合同效力。仲裁庭基于审理的仲裁请求,对合同效力作出判断,符合法律及仲裁规则的规定。黑金能源公司主张裁决超出仲裁协议范围,无事实和法律依据,法院不予支持。黑金能源公司所提出的裁决认定其未提供证据证明海派基金转账1 000万元过程中自有现金流的情况与事实不符,裁决既认可黑金能源公司陈述的事实,又认定《意向转让协议》为双方虚假意思表示存在矛盾,以及裁决认定黑金能源公司收受定金的1 000万元源于盈方微电子公司安排赵小平支付给郭秋辉的1 000万元存在事实认定错误等异议,均系对仲裁案的事实查明以及实体处理,不属于人民法院审查范围。

裁决结果:本案不属仲裁司法审查范畴,人民法院不予审查。

【案例解析】根据我国《仲裁法》第58条和最高人民法院《关于人民法院办理仲裁裁决执行案件若干问题的规定》第13条的规定,本案中,尽管申请人黑金能源公司并未请求确认合同的效力,但我国《仲裁法》第19条第2款明确规定"仲裁庭有权确认合同的效力",仲裁庭在必要时有权对合同的效力进行审查。通常认为,确认合同效力属于仲裁庭的实体审理权限,不属于仲裁司法审查的范围。我国《仲裁法》第16条规定,仲裁协议包括申请仲裁的意向表达、明确的仲裁事项以及选定的仲裁机构。同时,约定仲裁范围也是必备的要件。因为它是对仲裁庭审理案件范围的限定,仲裁庭不能超越此限定审理案件。实践中,不少仲裁协议因仲裁范围不明或者约定仲裁范围太小,以至于仲裁庭审理案件时,因范围的局限而无法一次审结案件,使案件难以得到全面解决。仲裁事项的范围如何界定?一是确认合同中是否约定了发生纠纷时适用,且只适用仲裁解决,确定申请主体是否适格。二是在确认仲裁事项符合法律规定的情况下,确定合同中约定仲裁条款的仲裁范围。仲裁的核心是由双方当事人达成协议,将争议交由仲裁机构进行评判和裁决，以确定争议的正误。故司法更关注当事人双方对仲裁范围的约定，确定仲裁协议的范围至关重要。

1. 仲裁司法审查案件的主要类型及其审查依据

根据最高人民法院《关于审理仲裁司法审查案件若干问题的规定》，仲裁司法审查案件分为以下几种类型：确认仲裁协议效力案件，执行国内仲裁机构的仲裁裁决案件，撤销国内仲裁机构的仲裁裁决案件，认可和执行香港特别行政区、澳门特别行政区、台湾地区仲裁裁决案件，承认和执行外国仲裁裁决案件，以及其他仲裁司法审查案件。当事人向人民法院申请仲裁司法审查时，应当按照法定程序提供相关证据。人民法院受理仲裁司法审查案件时，应当遵循法律规定的范围，对当事人超出法定范围的申请，人民法院依法裁定不予受理。人民法院依据我国法律及其司法解释，以及当事人选定的仲裁机构之仲裁规则或者当事人约定并经仲裁机构同意的仲裁规则规定对案件进行司法审查，根据事实，依照法律规定，遵循公平合理的原则，保障仲裁依法独立进行和一裁终局制度的落实。人民法院应当以当事人选择的仲裁规则作为认定仲裁是否违反法定程序的依据。当事人主张仲裁机构、仲裁庭依照法律或者仲裁规则的任意性、授权性规定所作出的裁决违反法定程序，申请撤销或者不予执行仲裁裁决的，人民法院应当裁定不予支持。但该规范另有规定的除外。

2. 仲裁协议约定事项对仲裁裁决所产生的影响

仲裁协议表明双方当事人同意将其争议提交给第三方进行裁决。这份协议明确定义了仲裁裁决的适用范围。因此，在确认仲裁事项合法的情况下，明确合同中仲裁协议的范围尤为重要。在实际操作中，许多仲裁协议由于仲裁范围不清晰或者过于狭窄，导致仲裁庭在审理案件时受限，着实影响了仲裁裁决的效果。

3. 当事人申请撤销仲裁裁决的法定事由及应向人民法院提交的材料

当事人提供证据证明仲裁裁决存在没有仲裁协议、裁决的事项不在仲裁协议的范围内，或者仲裁委员会无权处理这些事项、仲裁庭的组成或程序违反了法定程序、裁决所依据的证据是伪造的、对方当事人隐瞒了足以影响公正裁决的证据、仲裁员在处理案件时有受贿、徇私舞弊或滥用职权的行为，可以向仲裁委员会所在地的中级人民法院申请撤销裁决。人民法院经过合议庭审查核实裁决存在上述情形之一，将会裁定撤销。人民法院认定裁决违背了社会公共利益，同样会裁定撤销。申请人向人民法院申请撤销仲裁裁决，提供申请书以及裁决书的正本或已经证明无误的副本。申请书应包括以下信息：（1）申请人或被申请人是自然人的，必须提供姓名、性别、出生日期、国籍和住址。申请人或被申请人是法人或其他组织的，需要提供名称、地址，以及法定代表人或代表人的姓名和职务。（2）提供裁决书的主要内容以及生效日期。（3）明确具体的申请请求和陈述申请的理由。当事人提供的外文文件，必须附上中文译本。申请人提交的文件不符合上述规定的，经过人民法院释明后再次提交仍然不符合规定的，人民法院将裁定不予受理。

4. 人民法院审查撤销仲裁裁决申请的边界

人民法院应当依法对当事人所申请撤销的仲裁裁决的事由和提交的证据进行审查，申请人未主张的事由，人民法院不予审查。但仲裁裁决违反社会公共利益的除外。当事人以不属于我国《仲裁法》第 58 条、《民事诉讼法》第 237 条、第 274 条所规定的事由，或者以仲裁裁决中举证责任分配、证据的认证、事实的认定等实体裁决事项错误为由，申请撤销仲裁裁决的，人民法院不予支持。本案中，关于合同效力认定和案件事实不清等意见，均为仲裁庭实体审理范围，人民法院应不予审查。

实践思考：

1. 仲裁协议约定不明，是否会对仲裁裁决结果的作出产生影响？

2. 仲裁裁决司法审查的边界何在？

3. 本案裁决存在的合同效力认定和案件事实不清等问题，当事人应当如何寻求救济？

4. 假设你是本案申请人黑金能源公司的委托代理人，请代为撰写一份《撤销仲裁裁决申请书》。

5. 假设你是本案被申请人盈方微电子公司的委托代理人，请针对申请人的《撤销仲裁裁决申请书》，代为撰写一份答辩意见。

6. 假设你是本案主审法官，请针对上述申请书和答辩意见，根据我国《仲裁法》《民事诉讼法》及相关法律的规定，结合本案实际，撰写一份《民事裁定书》。

【拓展阅读】

1. 张圣翠：《仲裁司法审查机制研究》，上海，复旦大学出版社 2020 年版；

2. 李广辉，林泰松：《仲裁法学》，北京，中国法制出版社 2019 年版；

3. 毛晓飞：《仲裁的司法边界——基于中国仲裁司法审查规范与实践的考察》，北京，中国市场出版社 2020 年版；

4. 江伟、肖建国：《仲裁法》，北京，中国人民大学出版社 2016 年版；

5. 沈伟：《我国仲裁司法审查制度的规范分析：缘起、演进、机理和缺陷》，《法学论坛》2019 年第 1 期；

6. 张卫平：《仲裁裁决撤销程序的法理分析》，《比较法研究》2018 年第 6 期；

7. 李红建：《仲裁司法审查的困境及其应对》，《法律适用》2021 年第 8 期。

仲裁庭组庭不当[*]

【学习要点】 了解和掌握仲裁庭的组成、仲裁庭组庭不当的情形、仲裁庭组庭不当的判断与处理等基本知识。重点围绕仲裁庭组庭不当这一主题，理解仲裁庭的组成是仲裁程序得以顺利进行的关键前提，其不仅影响着争议双方的成败，而且对于仲裁程序合法性及声誉同样至关重要。明确仲裁庭的组成应当遵循我国法律和仲裁规则的规定，特别是仲裁员的选任与回避。鉴于仲裁庭的重要性和专业性，故将"仲裁庭的组成违反法定程序"，可能影响案件的正确裁决的，作为撤销或者不予执行仲裁裁决的事由之一。

【核心概念】 仲裁程序；仲裁庭组成；仲裁规则；司法审查

【问题导向】 仲裁庭应当如何组成？如何认识当事人就仲裁庭组成所达成的合意？如何看待仲裁过程中仲裁员选定的往来函件？如何理解和认识仲裁程序推进中的当事人异议权？仲裁庭组庭不当的主要情形有哪些？人民法院审查的重点何在？当事人对此应该如何寻求救济？

【案情简介】 申请人张某、盛兰控股集团（BVI）有限公司；被申请人甜蜜生活美食集团控股有限公司。

申请人张某、盛兰控股集团（BVI）有限公司（以下简称盛兰公司）（以下简称二撤裁申请人或二仲裁被申请人）请求撤销中国国际经济贸易仲裁委员会作出的〔2019〕中国贸仲京裁（部）字第 0592 号仲裁裁决，事实和理由如下：（1）仲裁庭的组成与仲裁规则不符。各方当事人于 2013 年 12 月 13 日签订《股份买卖协议》（以下简称《买卖协议》）。《买卖协议》第 10.2 条约定了仲裁庭的组成方式。甜蜜生活美食集团控股有限公司（以下简称甜蜜生活集团公司）根据仲裁条款就相关纠纷向中国国际经济贸易仲裁委员会申请仲裁，仲裁被申请人为二撤裁申请人。因《买卖协议》适用香港特别行政区法律及仲裁员人选的法律执业资格等因素，作为多方当事人的仲裁被申请人一方无法就仲裁员人选达成一致。2012 年 5 月 1 日起施行的《中国国际经济贸易仲裁委员会仲裁规则》（以下简称《2012 贸仲仲裁规则》）第 27.3 条规定，申请人方及/或被申请人方未能在收到仲裁通知后 15 天内，各方共同选定或各方共同委托仲裁委员会主任指定一名仲裁员，由仲裁委员会主任指定仲裁庭三名仲裁员，并从中确定一人担任首席仲裁员。《买卖协议》第 10.2 条明确将《2012 贸仲仲裁规则》以引述的方式纳入仲裁条款，当事人亦未排除该仲裁规则第 27.3 条的适用。本仲裁案属于多方当事人仲裁案件，《买卖协议》涉及四个合同主体。仲裁条款采用了"申请人""被申请人"的措辞，但并未就"申请人"与"被申请人"对应的合同主体范围作出界定，也

---

* 本案来源于中国裁判文书网（https：//wenshu.court.gov.cn），案号：（2019）最高法民特 5 号。

没有对主体的划分方式作出约定。对于仲裁案出现仲裁庭组成僵局，中国国际经济贸易仲裁委员会应该按照 2012 年制定的《中国国际经济贸易仲裁委员会仲裁规则》（以下简称《2012 贸仲仲裁规则》）第 27.3 条的规定组成仲裁庭，仲裁庭三名仲裁员均应由仲裁委员会主任指定。中国国际经济贸易仲裁委员会向当事人发出，关于指定仲裁员的仲裁通知中专门提示"鉴于本案存在两个被申请人，因此，请你方注意《仲裁规则》第 27.3 条的相关规定"。可见，中国国际经济贸易仲裁委员会亦认同在出现当事人特别约定无法实施的除外情形时，应当适用《2012 贸仲仲裁规则》第 27.3 条的规定。中国国际经济贸易仲裁委员会在通知中提出的组庭要求完全背离了仲裁程序中的平等对待原则。二撤裁申请人为避免仲裁程序权利遭受更大损害，在声明保留异议的前提下不得不共同指定了一名仲裁员。最终，中国国际经济贸易仲裁委员会以错误的方式组成了仲裁庭。对此，二撤裁申请人从未放弃异议权利。（2）中国国际经济贸易仲裁委员会的组庭要求背离了平等对待原则，损害了程序公正，违背了社会公共利益。法国最高法院在撤销国际商会仲裁院（ICC）仲裁裁决的 Siemens A. G & BKMI Industrienlagen GmbH v. Dutco Constr. Co. 案（以下简称 Dutco 案）中认为，平等选定仲裁员的权利属于一项公共政策，一方只能在争议发生之后才能放弃该权利。本案作为申请撤销涉外仲裁案件，理应比较研究国际仲裁及仲裁司法实践活动。法国最高法院对于平等选择仲裁员的权利作出了诠释，该项权利属于社会公共利益的范畴，是仲裁程序公平正义的核心原则。（3）甜蜜生活集团公司关于二撤裁申请人利益一致，张某的意思表示可以视为盛兰公司意思表示的观点毫无依据。盛兰公司系根据英属维尔京群岛法律设立的公司，具有独立的法人人格并能够做出独立的意思表示。张某仅为该公司的唯一股东，该公司有另外人员担任董事并负责经营管理事务。故张某的意思表示不同于盛兰公司的意思表示。《2012 贸仲仲裁规则》第 27.3 条应平等适用于多方当事人中的各方，不存在例外情形，亦不必考虑多方当事人之间的关系。仲裁多方当事人在需共同选定仲裁员时相互间的关系，并非人民法院审查的因素。诸多国内和国际仲裁机构均制定了类似《2012 贸仲仲裁规则》第 27.3 条的仲裁规则。对于仲裁规则的修订、漏洞填补或解释适用，属于各仲裁机构自治范围，不宜通过仲裁司法审查的方式干预。综上，请求依据我国《仲裁法》第 70 条、《民事诉讼法》第 274 条的规定撤销本案所涉仲裁裁决。甜蜜生活集团公司答辩事实和理由如下：（1）案涉仲裁条款对仲裁庭组成程序的特别约定非常明确，已变更和排除了《2012 贸仲仲裁规则》的组庭规则。本案双方当事人提交的所有案例均证明案涉仲裁条款约定了特别组庭程序，且该约定已经变更和排除了《2012 贸仲仲裁规则》第 27.3 条。①根据案涉仲裁裁决查明的事实，张某全资持有盛兰公司。二仲裁被申请人实为协同行动、利益一致的一个整体。盛兰公司由张某控制，二仲裁被申请人在仲裁中行事、文书、策略完全一致。因此，尽管买卖协议有四个合同主体，但根据其中的权利义务设置及各方的利益关系，买卖协议实际上只有两方当事人，即买方（CVC 基金控制的投资公司）和卖方（张某及其持有的原控股公司）。买卖协议除 CVC 基金和张某外，没有其他利益方。案涉仲裁条款项下的"申请人"与"被申请人"对应的合同主体范围十分明确，只能是 CVC 基金代表的买方和张某代表的卖方，不存在第三方。即便以二撤裁申请人主张的变更仲裁规则的标准，案涉仲裁条款也已变更和排除了《2012 贸仲仲裁规则》第 27.3 条。②案涉仲裁条款没有约定允许中国国际经济贸易仲裁委员会替已指定仲裁员的一方指定仲裁员，对于已指定仲裁员的一方，其指定仲裁员的权利不因另一方未指定而受影响。只有对于未能完成指定仲裁员的一方，中国国际经济贸易仲裁委员会为了推进程序才可以履行相应的管理职责，代该方指定仲裁员。仲裁案如果直接适用《2012 贸仲仲裁规则》第 27.3 条，将直接剥夺仲裁条款约定的已指定仲裁员一方指定仲裁员的权利，也直接与首席仲裁员的指定程序相冲突，而二撤裁申请人从未对首席仲裁员的指定程序提出异议。案涉仲裁条款不存在任何无法实施或与仲裁强制性规定相抵触的情形。根据《2012 贸仲仲裁规则》第 4.3 条的规定，案涉仲裁条款应优先适用。③二撤裁申请人均由张某控制，不存在任何无法指定仲裁员的客观理由和事实。张某恶意不行使或履行案涉仲裁条款项下的权利或义务的行为不会使得案涉仲裁条款无法实施，且二撤裁申请人最终经张某指示共同指定了仲裁员。在仲裁案中，尽管二撤裁申请人多次变更代理人，意图制造利益不一致的假象，但代理人授权文件均由张某签署。组庭完成后，案件进入实体审理阶段后，张某、盛兰公司又均由段和段律师事务所及高嘉力律师事务所代理。张某完全能够也应当根据案涉仲裁条款决定二撤裁申请人指定的仲裁员人选。因此，所谓的无法指定仲裁员是有意而为，通过故意不指定仲裁员来恶意拖延和阻碍仲裁程序。该种恶意阻却仲裁庭组庭的行为不会使得案涉仲裁条款无法实施。（2）中国国际经济贸易仲裁委员会在组庭时应考虑诚信原则，中国国际经济贸易仲裁委员会也给予了双方当事人充分发表意见并获得平等选定仲裁员的机会和权利。仲裁案件的组庭程序完全符合诚信原则以及当事人的利益关系。《2012 贸仲仲裁规则》第 9 条规定了诚信原则，该原则适用于整个仲裁程序。二撤裁申请人拒不指定仲裁员的行为实际上是恶意阻止仲裁庭组成的条件达成，违反了诚信原则。仲裁案件中，中国国际经济贸易仲裁委员会根据《2012 贸仲仲裁规则》第 4.3 条优先适用案涉仲裁条款约定的特别组庭程序，双方当事人充分发表了意见并获得了平等选定仲裁员的机会和权利，完全符合仲裁规则。（3）人民法院在考虑是否应撤销案涉仲裁裁决时，应考虑案件公正裁决是否受到影响的问题。即便二撤裁申请人所主张的案涉仲裁案件组庭程序存在错误，案涉仲裁案件的公正裁决也未受影响，人民法院也不应据此撤销该仲裁裁决。且 Dutco 案与本案不同，该案判决为法国判决亦不适用于中国，没有任何参考价值。综上，请求法院驳回二撤裁申请人的撤裁申请。2013 年 12 月 13 日，各方当事人张某、盛兰公司、甜蜜生活集团公司、甜蜜生活美食控股有限公司（以下简称甜蜜生活控股公司）为买卖俏江南投资有限公司 86.2% 的有效权益签署了买卖协议。买卖协议指出，张某、盛兰公司统称"卖方"，甜蜜生活集团公司为"买方"。该协议第

10.2条对仲裁庭的组成方式约定如下："因本协议、或本协议的违约、终止或无效而引发或与之有关任何争议、争端或索赔（无论是合同、先合同或是非合同性的），均应当提交中国国际经济贸易仲裁委员会依据本协议签署之日有效的贸仲仲裁规则进行具有约束力的仲裁，该规则应被视为以引述的方式纳入本条，并可由本条其他规定予以修订。仲裁地应为北京。仲裁员应为三名。申请人应指定一名仲裁员，被申请人应指定一名仲裁员。第三名仲裁员（担任首席仲裁员）应按照下列程序指定：10.2.1 贸仲秘书处应向各当事方提供一份相同的名单，其中包含至少三名候选人，并均（i）具有香港律师执业资格，且（ii）非中国公民；10.2.2 各当事方应删除名单中其反对的人选、对其余人选按照其倾向性排序，并在收到名单的15日内将其返还于中国国际经济贸易仲裁委员会秘书处（由最倾向排列至最不倾向的顺序）；10.2.3 上述期限届满后，中国国际经济贸易仲裁委员会应在各当事方批准的相同人选姓名中按照各当事方的倾向性顺序指定首席仲裁员；以及10.2.4 如果基于任何原因无法按照上述程序进行指定，中国国际经济贸易仲裁委员会主席应行使其酌情决定权，从中国国际经济贸易仲裁委员会仲裁员名册中指定一名符合以上第10.2.1款的资格及国籍要求的首席仲裁员，在此说明，各方同意可以选择中国国际经济贸易仲裁委员会仲裁员名册以外的仲裁员，但应经中国国际经济贸易仲裁委员会主席确认。"《买卖协议》签署之日有效的仲裁规则是2012年5月1日起施行的《2012贸仲仲裁规则》。该规则第27条规定，多方当事人仲裁庭的组成：（1）仲裁案件有两个或两个以上申请人及/或被申请人时，申请人方及/或被申请人方应各自协商，各方共同选定或共同委托仲裁委员会主任指定一名仲裁员。（2）首席仲裁员或独任仲裁员应按照本规则第25条第2至第4款规定的程序选定或指定。申请人方及/或被申请人方按照本规则第25条第3款的规定选择首席仲裁员或独任仲裁员时，应当相互协商，并提交双方共同选定的候选人名单。（3）申请人方及/或被申请人方未能在收到仲裁通知后15天内各方共同选定或各方共同委托仲裁委员会主任指定一名仲裁员，由仲裁委员会主任指定仲裁庭三名仲裁员，并从中确定一人担任首席仲裁员。2015年5月26日，中国国际经济贸易仲裁委员会受理仲裁案，申请人为甜蜜生活集团公司，被申请人为张某、盛兰公司。中国国际经济贸易仲裁委员会向双方当事人发出了第一份通知（2015）中国贸仲京字第017438/017439号《S20150474号股份买卖协议争议案仲裁通知》。该通知确定仲裁程序适用《2012贸仲仲裁规则》，并告知双方当事人，"请你方按照本案仲裁条款所约定的仲裁员资格要求指定一名仲裁员，并在收到本通知之日后15天内将你方指定仲裁员姓名以书面方式告知本会；若你方未能在上述期限内指定仲裁员，本会主任将代为你方指定一名仲裁员"。甜蜜生活集团公司于2015年6月8日提交函件，在期限内指定莫某为仲裁员。二仲裁被申请人分别于2015年7月9日、2015年7月15日及2015年8月24日先后致函中国国际经济贸易仲裁委员会表示，该方未能在规定时间内共同指定一名仲裁员，请求中国国际经济贸易仲裁委员会根据《2012贸仲仲裁规则》指定三名仲裁员。鉴于二仲裁被申请人无法指定共同的仲裁员，中国国际经济贸易仲裁委员会于2015年12月24日向二仲裁被申请人发出了第二份通知（2015）中国贸仲京字第046797号《关于S20150474号股份买卖协议争议案》。该通知明确了中国国际经济贸易仲裁委员会的立场，称"鉴于双方当事人约定适用本会《仲裁规则》并约定可对《仲裁规则》有关内容进行变更，根据《仲裁规则》第4条第3款的规定，除非当事人在本案仲裁条款中的约定无法实施或与本案仲裁程序适用法强制性规定相抵触，本案仲裁程序应当按照双方当事人在仲裁条款中的约定进行"。中国国际经济贸易仲裁委员会在通知中决定，"请被申请人方共同选定一名仲裁员，并在收到本通知之日后15天内将共同选定的仲裁员姓名以书面方式告知本会。若被申请人方未能在上述期限内共同选定一名仲裁员，本会主任将代被申请人方指定一名仲裁员。首席仲裁员将按照双方当事人在仲裁条款中的约定产生"。二仲裁被申请人在第二份通知规定的期限内未作答复，中国国际经济贸易仲裁委员会又于2016年1月8日向二仲裁被申请人发出第三份通知（2016）中国贸仲京字第000693号《关于S20150474号股份买卖协议争议案》。该通知告知二仲裁被申请人，"考虑到本案的实际情况，请被申请人方于2016年1月25日之前共同选定一名仲裁员，并在上述期限内将共同选定的仲裁员姓名以书面方式告知本会。若被申请人方未能在上述期限内共同选定一名仲裁员，本会主任将代被申请人方指定一名仲裁员"。张某于2016年1月22日向中国国际经济贸易仲裁委员会发函，表示为避免仲裁程序权利遭受更大损害（即被剥夺选定仲裁员的机会），在声明保留异议的前提下指定周某民先生为仲裁员。同日，盛兰公司向中国国际经济贸易仲裁委员会发函，表示为避免仲裁程序权利遭受更大损害，在声明保留异议的前提下，同意张某指定的周某民先生作为该方指定的仲裁员。此后，二仲裁被申请人仍于2016年2月7日、2016年7月11日向中国国际经济贸易仲裁委员会发函，就仲裁庭的组成方式提出异议。因二仲裁被申请人已选定仲裁员，中国国际经济贸易仲裁委员会于2016年9月27日向该方发出第四份通知（2016）中国贸仲京字第037259号《S20150474号股份买卖协议争议案组庭通知》，正式确定仲裁庭组成成员。该通知称，"申请人选定莫某博士担任本案仲裁员。被申请人方共同选定周某民先生担任本案仲裁员。由于苏某聪博士为双方当事人在本会秘书局根据仲裁条款的约定所提供的首席仲裁员候选人名单中批准的唯一相同人选，根据仲裁条款的约定，本会指定苏绍某博士担任本案首席仲裁员。上述三位仲裁员已于今日（2016年9月27日）组成仲裁庭，共同审理本案"。2019年4月28日，中国国际经济贸易仲裁委员会作出［2019］中国贸仲京裁（部）字第0592号裁决书。仲裁庭组庭时，张某是盛兰公司的唯一股东和唯一董事。甜蜜生活集团公司持有甜蜜生活控股公司82.7%的股份。甜蜜生活集团公司的多数股份由CVC基金持有控制。收购工作由CVC基金员工代表进行。在买卖协议的签署页，张某、盛兰公司签字处均由张某签名。甜蜜生活集团公司、甜蜜生活控股公司签字处均由同一人签名。

【法院裁判】裁决事项：张某、盛兰公司请求撤销［2019］中国贸仲京裁（部）

字第 0592 号仲裁裁决。

　　裁决理由：案涉《买卖协议》第 10.2 条对仲裁庭的组成方式，特别是当事人指定仲裁员的程序作出了明确约定。当事人选择适用的《2012 贸仲仲裁规则》第 27 条对多方仲裁的组庭方式作出了规定，并于第 27.3 条就多方不能选定仲裁员时的处理方式进行了规定。

　　在这种情况下，如何理解案涉仲裁条款再次就各方选定仲裁员作出书面约定，但未就多方不能选定仲裁员的情况予以约定？第一种理解是，该约定只是简单重复仲裁规则；第二种理解是，该约定在于强调各方有选择仲裁员的权利。人民法院认为，解释合同条款，应当尽可能赋予其有效性，而不应使其成为冗余或毫无意义的条款。如果没有其他更强有力的理由，案涉仲裁条款不应理解为是对《2012 贸仲仲裁规则》第 27 条的简单重复，否则仲裁条款的约定将变得毫无意义。该条款应理解为，双方当事人根据约定分别获得了选择一名仲裁员的权利。当仲裁一方当事人因某种原因无法行使该权利时，不能因此影响另一方当事人的权利。在当事人约定各方均有选定一名仲裁员的权利的前提下，仲裁机构仅在一方当事人无法选定仲裁员时，即剥夺另一方当事人选定仲裁员的权利，将违反当事人意思自治原则。仲裁庭的权力来源于当事人的合意授权，仲裁程序的契约性特征决定了这种争端解决方式最为核心的内容是各方的意愿能够尽可能体现在仲裁的整个程序中，当然也包括仲裁庭的组成程序。

　　因此，在仲裁条款明确赋予双方当事人享有指定仲裁员权利的前提下，中国国际经济贸易仲裁委员会应尊重双方当事人依约定享有的指定一名仲裁员的权利，而非直接适用《2012 贸仲仲裁规则》第 27.3 条同时为仲裁双方当事人各指定一名仲裁员。《2012 贸仲仲裁规则》第 4.3 条规定，"当事人约定将争议提交仲裁委员会仲裁但对本规则有关内容进行变更或约定适用其他仲裁规则的，从其约定，但其约定无法实施或与仲裁程序适用法强制性规定相抵触者除外。当事人约定适用其他仲裁规则的，由仲裁委员会履行相应的管理职责"。案涉仲裁条款特别强调了仲裁双方当事人各自指定一名仲裁员的权利，该约定并非无法实施或与仲裁程序法强制性规定相抵触，因此应当予以尊重。中国国际经济贸易仲裁委员会受理仲裁案后，先后四次就仲裁员的选定等问题向双方当事人发出通知，征求意见。中国国际经济贸易仲裁委员会在通知中向二仲裁被申请人详细阐述了其立场及依据，中国国际经济贸易仲裁委员会选择组成仲裁庭的方式依据充分，并已向二仲裁被申请人释明。应二仲裁被申请人的请求，中国国际经济贸易仲裁委员会多次允许该方当事人延期选定仲裁员。从中国国际经济贸易仲裁委员会发出第一份通知告知二仲裁被申请人要确定仲裁员起至中国国际经济贸易仲裁委员会发出第四份通知确认仲裁庭的组成历时一年四个月，已给予了二仲裁被申请人充分考虑时间指定仲裁员。

　　本案中，仲裁被申请人方虽然有两个主体，但张某是盛兰公司的唯一股东和唯一董事，均被界定为协议卖方，属于利益一致的仲裁一方当事人。案涉仲裁条款赋予该方当事人共同指定一名仲裁员的权利，该约定事实上并无无法实施的障碍。二撤裁申请人以无法就仲裁员人选达成一致为由，多次拒绝共同指定一名仲裁员，有违诚实信用原则，该行为不应鼓励。虽然二撤裁申请人声明保留异议，但其还是共同指定周某民先生为仲裁员，并非未共同指定一名仲裁员。当事人将在仲裁程序中声明保留异议作为最终仲裁裁决结果对其不利后申请撤销仲裁裁决的砝码的伺机行为，不应得到鼓励。

裁决结果：依法驳回申请人张某、盛兰公司请求撤销［2019］中国贸仲京裁（部）字第 0592 号仲裁裁决的申请。

【案例解析】通常而言，当事人以选定"仲裁机构"的方式，间接地选择了可适用的仲裁规则，确立组庭程序。出于其重要性，许多当事人会选择在合同项下，对组庭程序进行特别约定，包括一切特殊要求，如本案中有关"具有香港律师职业资格、非中国公民"等要求，均应当遵照执行。从组庭方式角度来看，当事人双方各指定一名仲裁员，第三名仲裁员由当事双方共同选定，或由仲裁委员会指定。而实践中，由于现实利益纠纷的存在，当事人双方很难就仲裁庭的选择达成一致，在此种情况下，为保障仲裁程序的顺利进行，以及仲裁权的正当行使，第三名仲裁员往往由仲裁委员会主任指定。正如我国《仲裁法》第 32 条所规定的，当事人未在仲裁规则规定的期限内，约定仲裁庭的组成方式或者选定仲裁员的，由仲裁委员会主任指定。仲裁的质量取决于仲裁员。仲裁庭的组成是仲裁程序得以顺利进行的关键前提，其不仅影响着公正仲裁结果的作出，对于仲裁程序自身的合法性及仲裁庭声誉同样至关重要。选择仲裁员是当事人选择仲裁的一项根本性考虑和核心权利，因而当事人均对仲裁员的确定给予高度关注。本案中，由于存在多方当事人及涉案合同对组庭程序的特别约定，仲裁机构、当事人就仲裁庭的组成问题经历了多轮函件往来，最终在一方当事人保留异议的前提下完成了组庭，仲裁程序方能继续推进。而后二仲裁被申请人又以"仲裁庭的组成与仲裁规则不符"为由，向最高人民法院提出了撤裁申请，但最终招致驳回。

1. 仲裁庭依法组成以及当事人就仲裁庭组成所达成合意的理解

人民法院通常是根据法律规定和仲裁规则审查仲裁庭的组成，特别是仲裁员的选任与回避。我国《仲裁法》第 30 条至第 32 条规定，仲裁庭可以由三名仲裁员或者一名仲裁员组成。当事人同意由三名仲裁员组庭的，应当各自选定或者委托仲裁委员会主任指定一名仲裁员。第三名仲裁员由当事人共同选定或者由仲裁委员会主任指定，第三名仲裁员为首席仲裁员。当事人约定由一名仲裁员组成仲裁庭的，应当共同推举或者委托仲裁委员会主任指定仲裁员。当事人在仲裁规则规定的期限内，未就仲裁庭的组成或者选定仲裁员达成一致的，由仲裁委员会主任指定。上述规定明确了仲裁员的选择规则。本案中，当事人不仅就仲裁庭组庭程序进行了明确约定，而且以引述方式，将《2012 年贸仲仲裁规则》纳入于合同项下，就"多方不能选定仲裁员的情形"进行了特别约定，所引述的《2012 年贸仲仲裁规则》第 27 条亦有明确规定。就此，人民法院认为，"解释合同条款，应当尽可能赋予其有效性，而不应使其成为冗余或毫无意义的条款""仲裁庭的权力来源于当事人的合意授权，仲裁程序的契约性特征决定了这种争端解决方式最为核心的内容，是各方的意愿能够尽可能体现在仲裁的整个程序中，当然也包括仲裁庭的组成程序"。这一思路与国际法项下的"有效性原则"一致，《维也纳公约条约解释法》第 32 条亦明确要求，对条约的解释应当避免使其含义"模糊不清"或"明显的荒谬或不合理"。从近年来英国、新加坡、我国香港特别行政区等实践来看，适用有利于仲裁协议有效的有效性原则，已成为仲裁协议法律适用的最基本原则。最高人民法院在本案中将有效性原则运用于当事人对于"仲裁程序"约定的解释之中，是符合国际趋势的创新性尝试。同时，也提醒仲裁员、仲裁当事人的委托代理人应审慎解释涉案合同项下的每一条文，尊重当事人的真实合意。

2. 仲裁员的选定与当事人的异议

在本案中，就仲裁员选定问题，中国国际经济贸易仲裁委员会给予了双方充分的时间发表意见，先后四次向双方当事人发出通知，征求意见。这一做法既体现了仲裁机构对当事人的尊重，也表明了仲裁机构在致力于推进仲裁程序的同时，给予了当事人双方变更合意的充分空间。最终，基于涉案合同和当事人双方在组庭程序中的往来函件完成了组庭。实务中，仲裁与诉讼较为不同的一点在于，仲裁当事人就程序问题享有充分表达意见的机会，本案亦是如此。同时，在仲裁过程中，因当事人双方的合作关系、约定事项均早已时过境迁，双方处于利益冲突之中，很难就仲裁员的选定问题达成共识。即便如此，当事人一方仍然在保留异议的前提下，就首席仲裁员的选定达成了一致意见，中国国际经济贸易仲裁委员会据此推进仲裁程序，尊重仲裁协议的约定，体现了当事人意思自治原则，值得推崇。二撤裁申请人均在往来函件中声明了保留异议，这是正当行使权利的行为。不管是本案所适用的《2012 年贸仲仲裁规则》，还是现行贸仲规则，均有关于"不及时、明示提出异议则视为放弃"的相关规定。在当事人双方就组庭程序争执不休的情况下，对于其认为不符合仲裁协议约定的行为，保留提出异议的权利，具有合情合理性。

3. 仲裁庭组庭不当的主要表现、人民法院审查的重点，以及当事人寻求救济的方式

仲裁庭组庭不当主要表现在仲裁庭的组成、仲裁员选任、送达、披露、回避、通知、答辩及合理答辩期、举证质证、出示证据、调查取证、鉴定、开庭、中止申请、陈述与辩论、仲裁员意见陈述等方面。对此，人民法院应重点审查仲裁委是否提供仲裁员名册、发送仲裁通知，仲裁庭的组成情况书面通知，以及按照仲裁规则规定给予的选定、委托、指定仲裁员的时间；仲裁员组成、人数、首席仲裁员设定是否有违反当事人约定或者仲裁规则规定的情形；仲裁员组成仲裁庭时，当事人共同选定或者共同委托主任指定仲裁员、首席仲裁员，当事人推荐仲裁员、仲裁机构提供候选仲裁员、主任指定仲裁员、重新选任仲裁员的程序是否违反仲裁法、仲裁规则以及当事人选任仲裁员的权利是否得到合理保障；仲裁机构对当事人未约定仲裁庭的组成方式或者选定仲裁员情形的认定，以及指定仲裁庭组成方式、程序是否合法。对仲裁庭组庭不当的情形，可能影响案件正确裁决的，人民法院应当撤销、不予认可（承认）和执行仲裁裁决。

实践思考：

1. 结合本案，分析仲裁庭组庭不当与仲裁裁决之间的关系，以及对案件裁决结果的影响。

2. 当事人认为仲裁庭组庭不当，应当如何寻求救济？

3. 假设你是本案申请人的委托代理人，请代申请人撰写一份以仲裁庭组庭不当为由，撤销或者不予执行仲裁裁决的申请书。

4. 假设你是本案主审法官，应当如何审查申请人以仲裁庭组庭不当为由，撤销或者不予执行仲裁裁决的申请书？结合本案审查情况撰写一份裁定书。

拓展阅读：

1. 乔欣：《仲裁法学》（第三版），北京，清华大学出版社 2020 年版；

2. 毛晓飞：《仲裁的司法边界——基于中国仲裁司法审查规范与实践的考察》，北京，中国市场出版社 2020 年版；

3. 张圣翠：《仲裁司法审查机制研究》，上海，复旦大学出版社 2020 年版；

4. 杜焕芳、李贤森：《仲裁员选任困境与解决路径——仲裁员与当事人法律关系的视角》，《武大国际法评论》2020 年第 2 期；

5. 王峥、曹伊清：《仲裁与诉讼衔接机制研究》，《南通大学学报》（社会科学版）2016 年第 6 期；

6. 宋连斌、颜杰雄：《申请撤销仲裁裁决：现状·问题·建言》，《法学评论》2013 年第 6 期。

证据调取的申请*

【**学习要点**】了解和掌握当事人如何申请证据调取，仲裁庭决定证据调取的标准与运行程序，以及仲裁机构调取的证据在庭审中质证的具体规定等基本知识。重点围绕证据调取的申请与审查处理这一主题，理解当事人可以向仲裁庭提交调查取证申请，但是否同意当事人的申请取决于仲裁庭的决定。明确仲裁庭有权自行调查和收集证据，经其转交给双方当事人，并提供当事人发表意见的机会。

【**核心概念**】仲裁规则；证据调取申请；仲裁庭；审查决定

【**问题导向**】当事人应如何申请证据调取？从仲裁规则来看，当事人提出的调查取证申请，大多以"有必要"为前提，仲裁庭决定证据调取的标准有哪些？证据调取应遵循什么程序？仲裁机构调取的证据应否在庭审中进行质证？

【**案情简介**】申请人北京易驾卓阳科技有限公司；被申请人致导科技（北京）有限公司。

申请人北京易驾卓阳科技有限公司（以下简称易驾公司）请求人民法院依法撤销北京仲裁委员会于2018年11月30日作出的（2018）京仲裁字第2468号仲裁裁决书。理由如下：本案没有合法有效的仲裁协议，违反我国《仲裁法》第58条第1款第（1）项的规定。根据我国《仲裁法》第17条的规定，双方签订的仲裁条款应属无效。北京仲裁委员会罔顾事实，以协议和两份合同是否无效或者胁迫不属于当事人请求范围为由，拒绝了申请人的多项正当请求。在此基础上，作出了既无合法仲裁协议基础，又与基本事实严重相悖的不公裁决，该裁决应当予以撤销。本案被申请人一方选定的仲裁员与被申请人的代理律师可能存在导致当事人对仲裁员独立性、公正性产生合理怀疑的情形，北京仲裁委员会未予书面披露，仲裁程序违法。被申请人代理律师与该仲裁员属于师生关系，影响仲裁裁决的公正性和独立性。北京仲裁委员会未准许申请人关于提请到财政部国库司调查民航华北七地区管理局及中国民航科学技术研究院购置事故调查处置和应急装备项目的有关真实情况的调查取证申请，仲裁程序违法。被申请人致导科技（北京）有限公司（以下简称致导公司）在仲裁程序中隐瞒了足以影响公正裁决的证据。本案仲裁员在仲裁本案时可能有索贿受贿、徇私舞弊、枉法裁决的行为。致导公司称：申请人易驾公司与被申请人致导公司签订的涉案《协议》是合法有效的，不存在因胁迫和以合法形式掩盖非法目的的情况。申请人易驾公司与被申请人致导公司有合法有效的仲裁协议存在，约定了争议解决方式，符合我国《仲裁法》第16条和《北京仲裁委员会仲裁规则》第4条的规定，双方在涉案协议中明确约定了请求仲裁的意思表示。本案申请人易驾公司在仲裁程序中提交答辩状，以及在仲裁审

---

* 本案来源于中国裁判文书网（https://wenshu.court.gov.cn），案号：（2018）京04民特532号。

理的过程中，从未对涉案的仲裁协议是否有效提出过任何异议。本案仲裁员是按照《北京仲裁委员会仲裁规则》合法选定和指定的，不存在申请人主张的可能导致独立性、公正性产生合理怀疑的情形，更不存在申请人主张的仲裁员有索贿受贿、徇私舞弊、枉法裁决的行为。

【法院裁判】裁决事项：申请人易驾公司请求撤销（2018）京仲裁字第2468号仲裁裁决书。

裁决理由：人民法院对国内仲裁案件进行司法审查，应以我国《仲裁法》第58条规定的事项作为撤销仲裁裁决的法定事由。申请人易驾公司在仲裁庭首次开庭前，未提出针对仲裁协议效力的异议，在仲裁裁决作出后，向本院申请认定仲裁协议无效，不符合我国《仲裁法》第20条第2款的规定，故对申请人该项申请撤销仲裁裁决的理由不予支持；关于仲裁庭的组成违反法定程序的情形，申请人本能够在仲裁程序中提出回避申请但并未提出，存在怠于行使权利的情形，不予支持；在仲裁程序中，是否同意当事人的调取证据申请决定权在仲裁庭，故对其申请认定仲裁程序违法的请求不予支持；申请人易驾公司未能提出证据证明该案存在"被隐瞒的证据"，故根据民事诉讼举证规则，易驾公司应承担举证不能的法律后果，故对其认定隐瞒证据的情形的请求不予支持；易驾公司提出仲裁员有索贿受贿、徇私舞弊、枉法裁判行为，证据不足，故对申请人申请撤销仲裁裁决的理由，本院不予支持。

裁决结果：申请人易驾公司提出的申请不予支持。

【案例解析】在仲裁程序中，当事人向仲裁庭申请调取证据的情形较为常见。按照仲裁规则的规定，是否准许调取一般由仲裁庭自行决定。例如，在本案中，《仲裁规则》第33条有关"当事人申请且仲裁庭认为必要，或者当事人虽然未申请，但是仲裁庭根据案件审理情况认为必要时，仲裁庭可以自行调查事实、收集证据"的规定；再如，中国国际经济贸易仲裁委员会《仲裁规则》第43条有关"仲裁庭认为必要时，可以调查事实，收集证据"的规定。相较而言，仲裁庭准许证据调取申请的情形较为少见，更多的是仲裁庭不予同意当事人证据调取申请的情形。实践中，即便仲裁庭准许当事人的证据调取申请，仲裁庭最终能否实际调取到证据也具有不确定性。例如，（2018）粤01民特691号认定，李某杰提出向广州市公安局天河区分局天河南派出所的调查取证申请，仲裁庭已发出《协助调查函》但未获书面回复；再如，（2017）京02民特171号认定，仲裁庭在审理该案时，亦对山西豫隆公司的调取证据申请进行了回应，裁决书亦写明检验机构拒绝提供检验报告。仲裁庭在不予同意当事人证据调取申请的情形下，或单独就不予调取证据作出一项书面决定，或在裁决书中一并就不予调取证据作出说明。实践中，申请人常常会以仲裁庭不予同意证据调取申请、违反法定程序为由，申请撤销或不予执行仲裁裁决。对此，人民法院一致认为，是否准予证据调取属于仲裁庭的审理权限，通常不予干预。例如，在（2018）辽02民特229号裁定书中，人民法院指出，"至于其权衡考量后作出的不予调取证据的决定是否适当，法院并无权干预"。与当事人申请调取证据相关联的一项撤销或不予执行仲裁裁决的事由，是"对方当事人隐瞒了足以影响公正裁决的证据"。根据最高人民法院《关于人民法院办理仲裁裁决执行案件若干问题的规定》第 16 条第（3）项规定，申请人必须在仲裁中要求对方出示或者请求仲裁庭责令对方提交该证据。这也就意味着向仲裁庭申请调取证据在一定程度上成为申请人后续主张对方隐瞒证据的前置要求。根据我国《仲裁法》第 58 条的规定，申请人提出证据证明仲裁裁决存在没有仲裁协议情形的，人民法院应将该仲裁裁决予以撤销。《仲裁法解释》第 18 条进一步规定，"没有仲裁协议"是指当事人没有达成仲裁协议。我国《仲裁法》第 20 条规定，当事人对仲裁协议的效力有异议，应当在仲裁庭首次开庭前提出。实务中，有观点认为，当事人申请确认没有仲裁协议并不属于申请确认仲裁协议效力的审查范围。例如，在（2018）京 04 民特 276 号裁定中，人民法院认为，"建工公司的主张实质上属于当事人对于本案有无仲裁协议之争，并不属于仲裁协议效力之争"。按照我国《仲裁法》第 20 条中有关仲裁协议效力的异议的规定，并不包含"没有仲裁协议"的内容，即便申请人未在仲裁庭首次开庭前对仲裁协议的效力提出异议，这也不会妨碍其在后续的申请撤销仲裁裁决或不予执行仲裁裁决环节中提出没有仲裁协议的主张。当然，当事人很少会有意识地对没有仲裁协议和仲裁协议效力异议进行区别使用。在此情形下，人民法院进行必要的释明或许更为恰当。本案例中，申请人提出"没有仲裁协议"的撤销仲裁裁决事由的同时，也围绕仲裁协议的效力进行了阐述。本案裁定显示，申请人主张"本案没有合法有效的仲裁协议，违反我国《仲裁法》第 58 条第 1 款第（1）项的规定"，人民法院却认为"本案申请人……在仲裁裁决作出后，向本院申请认定仲裁协议无效"，两项内容是否等同，值得我们进一步去思考。

1. 仲裁庭大多以"有必要"作为决定证据调取的标准，以及证据调取遵循的程序

通常情况下，仲裁规则会规定当事人应在收到仲裁通知书之日起，在规定期限内完成举证；当事人在举证期内，因故不能举证者，经书面申请并经仲裁委员会准许，可延期举证；延期届满，仍不能举证者，视为举证不能。当事人申请仲裁机构调取证据的，应提交申请书，申请书需要载明请求事项、事实与理由。我国《仲裁法》第 43 条第 2 款"仲裁庭认为有必要收集的证据，可以自行收集"的规定，赋予了仲裁庭调查取证的权利。从各仲裁机构的仲裁规则来看，仲裁庭进行调查取证的条件大多以"仲裁庭认为有必要"为前提。

仲裁庭结合案件实际，考量诸如申请人的主张是否成立、申请人是否承担举证责任、申请调取的证据对申请人事实主张或法律主张成立的影响程度和案件处理结果的影响程度、申请调取的证据是否存在、对方当事人是否持有该证据、申请人调取证据的能力、申请调查取证的时间，以及申请人败诉的可能性等因素，就是否启动调取程序作出决定。

通常情况下，仲裁庭主要以出具协助调查函或者委托办案秘书调查事实、收集证据作为调查取证的主要方式。然而，仲裁的民间性决定了仲裁庭的行为并不代表国家公权力，仲裁庭出具的协助调查函并无强制力，更多是请求性质，有关单位和个人如不配合仲裁庭的调查取证，往往会影响调查取证的效果。

2. 仲裁机构调取的证据应当质证及质证的方式

仲裁庭自行调查和收集证据的，应将所调取、收集到的证据送达双方当事人，便于当事人充分发表质证意见，当事人的质证应当围绕证据能力和证明力进行。

实践思考：

1. 仲裁庭调查取证大多以"仲裁庭认为有必要"为前提，何为"有必要"？如何判断"有必要"？

2. 对仲裁庭作出不予调取证据的决定，当事人如何寻求救济？

3. 假设你是本案申请人易驾公司的委托代理人，请代申请人易驾公司撰写一份《调取证据申请书》。

4. 假设你是本案主审法官，请根据我国《仲裁法》《民事诉讼法》和《最高人民法院关于民事诉讼证据的若干规定》的相关规定，结合本案实际，撰写一份《不予调取证据的决定书》。

【拓展阅读】

1. 江伟、肖建国：《仲裁法》，北京，中国人民大学出版社 2016 年版；

2. 李乾贵、胡弘、吕振宝：《现代仲裁法学研究》，北京，中国政法大学出版社 2018 年版；

3. 张卫平：《民事诉讼法》，北京，法律出版社 2019 年版；

4. 最高人民法院民事审判庭第一庭：《〈最高人民法院关于民事诉讼证据的若干规定〉适用手册》，北京，法律出版社 2019 年版；

5. 田有赫：《国内仲裁法律适用》，北京，法律出版社 2018 年版；

6. 李凌：《论民事庭审证据调查范围之确定》，《法制与社会发展》2021 第 5 期；

7. 占善刚：《当事人申请证据调查的法律规制问题》，《理论探索》2015 年第 4 期；

8. 马家曦：《民事诉讼证据预断之防止及限定》，《法律科学》（西北政法大学学报）2019 年第 3 期；

9. 周健宇：《论民事诉讼中法院调查取证制度之完善——基于实证分析与比较法的考察》，《证据科学》2014 年第 5 期；

10. 朱新林：《论当事人证据收集权的程序保障》，《法学论坛》2012 年第 5 期；

11. 孙远：《论证据申请及其裁决》，《现代法学》2011 年第 5 期；

12. 沈四宝、蒋琪：《浅论仲裁员的自由裁量权》，《河北法学》2017 年第 3 期。

重新仲裁的审理*

【学习要点】 了解和掌握重新仲裁的概念及其意义，重新仲裁的组庭、审理范围与审理原则；对仲裁庭发现的新瑕疵，且该瑕疵不属于法院裁定重新仲裁的审理范围的，仲裁庭的处理方式；仲裁案件经过一次重新仲裁后，当事人申请撤销仲裁裁决的，人民法院的处理方式等基本知识。重点围绕重新仲裁的审理范围这一主题，理解重新仲裁具有司法监督和司法救济的双重性质，体现了司法对仲裁的最小监督和最大支持。明确基于仲裁效率价值的考量，申请重新仲裁的仲裁庭仅就人民法院通知中明确指引的瑕疵部分和影响案件公正裁决的部分予以审理，既消解当事人的质疑，也预防和减少仲裁资源的浪费。

【核心概念】 重新仲裁；程序启动；审理范围；程序推进

【问题导向】 重新仲裁的概念及其意义是什么？重新仲裁如何组庭，审理范围及其审理原则包括哪些？仲裁庭发现的新的瑕疵，不属于人民法院裁定的重新仲裁的审理范围的，仲裁庭是否有权处理？仲裁案件经过一次重新仲裁后，当事人申请撤销仲裁裁决的，人民法院应当如何处理？

【案情简介】 申请人福建省九龙建设集团有限公司；被申请人福建恒诺机械设备租赁有限公司。

福建省九龙建设集团有限公司（以下简称九龙公司）作为设备承租方与福建恒诺机械设备租赁有限公司（以下简称恒诺公司）作为出租方签订《设备租赁合同》，根据仲裁协议，九龙公司作为申请人向泉州仲裁委员会申请仲裁。2018 年 1 月 22 日，泉州仲裁委员会作出［2017］泉仲字 155 号（重）裁决书：被申请人九龙公司应于本裁决书送达之日起 7 日内支付给申请人恒诺公司设备租赁费（自 2014 年 12 月 1 日起至设备拆卸日止，按每月设备租赁费人民币 20 000 元计算）及设备安装费人民币 35 000 元及逾期付款违约金（违约金按未付租赁费以月 2%计算，自 2015 年 1 月 6 日起至全部租赁费还清之日止按月分段计算，但应扣除被申请人已支付申请人的租赁费 135 200 元）。本案仲裁费人民币 10 430 元，由申请人恒诺公司承担 2 430 元，由被申请人九龙公司承担 8 000 元。九龙公司请求申请撤销泉州仲裁委员会［2017］泉仲字 155 号（重）仲裁裁决书，并要求恒诺公司赔偿擅自停工损失 87 375 元。事实与理由如下：泉州仲裁委员会晋江分会违反法定程序，将重新仲裁理解为部分重新仲裁，其实质为拒绝重新仲裁。九龙公司不服泉州仲裁委员会［2017］泉仲字 155 号裁决，向泉州市中级人民法院申请撤销该仲裁裁决。泉州市中级人民法院于 2017 年 9 月 4 日向该会送达《通知书》，该会于 2017 年 9 月 20 日回函法院，决定对本案重新仲裁。该会在重新审

---

* 本案来源于中国裁判文书网（https：//wenshu. court. gov. cn），案号：（2018）闽 05 民特 15 号。

理中，向九龙公司说明仅对涉及 135 200 元租赁费是否支付进行审查，其他涉及本案事实，由于在第一次仲裁时已经审理，故不予审理。泉州仲裁委员会晋江分会框定仲裁审理范围，拒不采纳重新仲裁申请，排除九龙公司正常诉讼权利。恒诺公司隐匿主要证据，即 2014 年 12 月 1 日与实际项目施工承包人陈天明签订的《建筑起重机械"一体化"专业分包合同》，该合同系双方真实意思表示，且实际履行，应作为审案证据予以采信。与恒诺公司签订劳务分包合同并实际履行的是陈天明。陈天明为了向泉州台商投资区建筑工程质量监督站办理建筑起重机械使用登记，另行执行了一份《建筑起重机一体化专业分包合同》，并要求九龙公司盖章，该份合同签订时间空白，由于两份塔吊租赁合同的相对人不同，且塔吊规格型号、每月使用费、设备进出场费等均不同，而恒诺公司在提请仲裁时故意隐瞒与陈天明之间的合同，直接将九龙公司作为相对人提起仲裁，没有依据。张荣华代表陈天明作为乙方与恒诺公司所签劳务分包合同约定的每月 20 000 元租赁费用包括两名工人工资，每人每月 3 500 元，两人合计 7 000 元，故恒诺公司主张设备租赁费每月 20 000 元无法律依据，且人工费应当自恒诺公司擅自停工之日起，即自 2015 年 9 月 5 日开始停止计算。由于恒诺公司与实际施工承包人之间所涉劳务分包合同纠纷，恒诺公司擅自停工造成主体一层结构无法施工，为此，九龙公司二次租赁吊机、吊车设备，雇佣人员进行施工，费用 87 375 元，应由恒诺公司赔偿损失。我国《合同法》第 119 条规定，"当事人一方违约后，对方应当采取适当措施防止损失的扩大；没有采取适当措施致使损失扩大的，不得就扩大的损失要求赔偿"，九龙公司不应对 2015 年 9 月 5 日恒诺公司擅自停工导致损失扩大部分承担责任。恒诺公司认为，根据我国《仲裁法》相关规定，人民法院审理申请撤销仲裁裁决案件，仅着重审查程序问题，以及审查证据的真伪和当事人是否隐瞒了关键证据。根据我国《仲裁法》第 61 条的规定，泉州市中级人民法院仅因 135 200 元租赁费支付与否通知重新仲裁，仲裁庭仅就这一争议事实进行审理，并在对新出现的收、付款证据依法审查后，确认了九龙公司付款事实，并以重新出具《裁决书》方式纠正了原仲裁裁决的错误。

【法院裁判】裁决事项：申请人九龙公司请求申请撤销泉州仲裁委员会［2017］泉仲字 155 号（重）仲裁裁决书。

裁决理由：在泉州仲裁委员会［2017］泉仲字 155 号（重）裁决书第 2 页载明，"……泉州市中级人民法院于 2017 年 9 月 4 日向我会送达《通知书》，建议我会重新仲裁；本会于 2017 年 9 月 20 日回函泉州市中级人民法院，决定对本案进行重新审理"。依据裁决书载明的事实，仲裁庭已对设备租赁费数额、由谁承担和设备启用日等问题进行审查分析，认定九龙公司主张仲裁庭仅对涉及 135 200 元租赁费是否支付进行审查与事实不符，不能成立。裁决书已载明恒诺公司与九龙公司的各自举证情况，包括九龙公司申请撤销仲裁裁决提到的，2014 年 12 月 1 日张荣华与恒诺公司签订的《建筑起重机"一体化"专业分包合同》，仲裁庭并未隐瞒证据，至于证据的采信以及申请证人出庭作证问题，属于仲裁庭的仲裁权力和判断范畴。

裁决结果：依法驳回九龙公司撤销仲裁裁决的申请。

【案例解析】重新仲裁既是一种司法监督手段，也是一项司法救济措施，具有双重性质。其适用情形是当事人对仲裁裁决提出异议，且人民法院认定仲裁裁决存在瑕疵，但该瑕疵可以通过仲裁庭自行修正，将案件发回仲裁庭进行重新裁决。重新仲裁在平衡仲裁的最终性和法院的监督责任的同时，有助于提升仲裁效率，维护仲裁裁决的权威，以及尊重当事人的争议解决选择权。根据我国《仲裁法》第61条和《仲裁法解释》第21条的规定，重新仲裁庭仅就仲裁程序中瑕疵部分进行审理并作出处理。由于法律并未对发回重新仲裁的审理范围作出规定，实践中各地法院确定重新仲裁审理范围的标准不一，仲裁庭也存在两种不同的做法：一种是将原仲裁裁决全部推翻，对案件进行全面重新审理，而另一种是仅对监督法院指出的原仲裁中存在的瑕疵进行纠正。但是，由于很多法院在发回重新仲裁时，未说明重新仲裁的原因以及重新仲裁的事项，客观上导致了当事人在重新仲裁后，又以仲裁庭自行决定仲裁审理范围、仲裁庭未重新仲裁等事由，提出撤销仲裁裁决申请。例如，在（2016）浙09民特95号舟山昊江船舶设备有限公司、舟山市建新建筑工程有限公司申请撤销仲裁裁决特别程序民事裁定书中，申请人舟山昊江船舶设备有限公司以仲裁庭把重新仲裁理解为部分重新仲裁为由，向舟山市中级人民法院申请撤销仲裁裁决。最终，舟山市中级人民法院对申请人撤销仲裁裁决的申请予以支持。笔者认为，仲裁是一种多元化纠纷解决机制中的重要手段，当事人之所以选择仲裁，是基于其意思自治以及仲裁的灵活便捷、一裁终局等特点和优势。对于法院发回重新仲裁的案件，仲裁庭直接推翻原仲裁裁决并全面重新仲裁，则显著降低了仲裁的效率。与其选择全面重新仲裁，笔者更支持仅就原仲裁中瑕疵部分重新仲裁的观点。本案的典型意义在于，申请人主张仲裁庭将重新仲裁理解为部分重新仲裁并据此认定仲裁庭拒绝重新仲裁，人民法院认为重新仲裁后仲裁庭已对设备租赁费数额、由谁承担和设备启用日等问题进行审查分析认定，对可能影响公正裁决的瑕疵进行了修正，故对申请人的主张不予支持并无不当。

1. 重新仲裁的内涵界定及意义

重新仲裁指的是当事人对仲裁裁决提出异议后，经司法审查，认定该仲裁裁决存在瑕疵，且这些瑕疵可以通过仲裁庭重新裁决方式来进行修正，案件被发回仲裁庭进行重新仲裁。这一制度的核心目标在于维护仲裁的公正性。重新仲裁具有双重性质，既包含司法监督的成分，也包含提供司法救济的意味，体现了司法对仲裁的监督力度最小化和支持力度最大化的原则。

2. 重新仲裁的裁定内容及组庭方式

重新仲裁的裁定书应包括以下内容：重新仲裁的法律依据、重新仲裁的期限、结果反馈方式，并附中止撤销仲裁的裁定书。裁定书的末尾应注明审判组织和日期。重新仲裁时，原则上应该由原仲裁庭审理，如果当事人对原仲裁庭的审理存在异议，根据其申请,可以重新组成仲裁庭。仲裁庭拒绝重新仲裁的,人民法院应当裁定恢复撤销程序。案件经过一次重新仲裁后,当事人再次以相同的理由申请法院撤销仲裁裁决的,人民法院不应再次裁定仲裁庭进行重新仲裁。当事人再次以相同理由向人民法院申请撤销仲裁裁决的,人民法院应当不予受理。

3. 重新仲裁的审限和次数的完善

重新仲裁的审限直接决定了案件审理的效率与公正,如重新仲裁期限过短则会损害重新仲裁案件的公正性,如重新仲裁期限过长又会使案件纠纷解决效率得不到保障。当前,我国《仲裁法解释》仅将重新仲裁的起始时间明确为人民法院通知重新仲裁日期起的 30 日内,至于仲裁案件的审理期限则由人民法院自由裁量。由于法律对重新仲裁案件审限的规定较为模糊、缺乏可操作性,实践中仲裁庭对重新仲裁案件的审限把控也较为随意,以致重新仲裁案件常常久拖不决。因此,对重新仲裁审限作一定范围的限制,促进重新仲裁案件及时审结尤为必要。

在重新仲裁的审限设定上,可以参考英国的做法,仲裁庭应自人民法院发回重新仲裁命令之日起 3 个月内,或人民法院确定的更长或更短的期限内,对重审事项作出新的裁决。我国《仲裁法解释》第 23 条规定,当事人如对重新裁决不服,可在收到重新裁决书后向人民法院申请撤销,但应在收到裁决书的 6 个月内提出。该条司法解释明确了当事人对重新裁决申诉的权利,但对人民法院能否再次将案件发回仲裁庭重新仲裁并未作出明确规定。换言之,我国《仲裁法》尚未对重新仲裁适用次数作出限制。实践中,当事人多次利用重新仲裁提供的便利使纠纷久拖不决的情况时有发生,如河南省巩义市农村信用合作联社诉王金章等金融借款纠纷案,该案先后经过郑州仲裁委员会两次重新仲裁,最终被人民法院撤销。该案最终通过诉讼得到解决,但从仲裁至诉讼历时 3 年。实践表明,不作次数限制的反复重新仲裁,不仅严重动摇了仲裁一裁终局的制度价值,而且也极大地浪费了司法资源。以保障重新仲裁制度不被滥用的角度出发,应对重新仲裁的适用次数进行限定。对此,笔者认为,参考民事诉讼二审审理中发回重审的做法,规定仲裁案件经过一次重新仲裁之后,当事人申请撤销仲裁裁决的,人民法院不得再次发回仲裁庭重新仲裁或是较为可行的做法。

4. 新发现的瑕疵不属于人民法院裁定重新仲裁的审理范围时,仲裁庭的处理方式

在重新仲裁的过程中,仲裁庭有时会发现新的瑕疵,尽管这些新瑕疵不在人民法院裁定的重新仲裁审理的范围,但出于节约仲裁资源和高效解决争端的考虑,应该允许仲裁庭自行修正这些新发现的瑕疵。否则,当事人可能就重新仲裁后新作出的仲裁裁决的瑕疵,再次提出撤销仲裁裁决的申请。允许仲裁庭自行修正,有助于确保仲裁裁决的质量,减少后续的争议,节约司法资源。

5. 重新仲裁后当事人再次申请撤销仲裁裁决的,人民法院处理方式

案件经过一次重新仲裁后,当事人再次提出撤销仲裁裁决申请的,人民法院不得再次决定仲裁庭重新仲裁。当事人再次以同一理由向人民法院申请撤销仲裁裁决的,人民法院不予受理此申请。这一规定旨在避免滥用撤销程序，确保仲裁裁决的终局性和稳定性。

实践思考：

1. 结合本案，分析人民法院在什么情况下，会要求仲裁庭重新仲裁？重新仲裁审理的范围与当事人的仲裁请求、人民法院通知中所载明的审理范围是什么关系？

2. 重新仲裁是否要求仲裁机构重新组庭？重新仲裁程序如何推进？

3. 重新仲裁作出裁决后，人民法院是否有权再次要求仲裁庭重新仲裁？当事人对重新作出的仲裁裁决能否申请撤销或者不予执行？

4. 假设你是本案主审法官，请结合本案撰写一份要求仲裁庭重新仲裁的通知书。

【拓展阅读】

1. 刘晓红：《仲裁一裁终局制度之困境及本位回归》，北京，法律出版社 2016 年版；

2. 马德才：《仲裁法学》，南京，南京大学出版社 2016 年版；

3. 乔欣：《仲裁法学》（第三版），北京，清华大学出版社 2020 年版；

4. 江伟、肖建国：《仲裁法》，北京，中国人民大学出版社 2016 年版；

5. 邓建民、曾青：《仲裁程序若干问题研究——基于理论前沿和实务规范的思考》，北京，民族出版社 2014 年版；

6. 杨桦：《重新仲裁事由的程序与实体性质之辩》，《社会科学家》2019 年第 3 期；

7. 王哲：《重新仲裁的若干法律问题研究》，《武汉理工大学学报》（社会科学版）2016 年第 2 期；

8. 王哲：《重新仲裁的适用情形应仅限于程序事项》，《国际商务研究》2015 年第 4 期；

9. 刘贵祥、孟祥、何东宁、林莹：《〈关于人民法院办理仲裁裁决执行案件若干问题的规定〉的理解与适用》，《人民司法（应用）》2018 年第 13 期。

管辖法院的确定*

【学习要点】 了解和掌握确定管辖法院的依据、仲裁地的确定、当事人如何约定仲裁机构才能避免管辖异议的发生，以及对中国国际经济贸易仲裁委员会及其分会的识别等基本知识。重点围绕管辖人民法院确定这一主题，理解其依据是仲裁委员会所在地、仲裁地、仲裁分会所在地。厘清仲裁委员会、仲裁机构、仲裁地以及仲裁分会之间的关系。明确申请撤销我国内地仲裁机构作出的仲裁裁决案件，法律规定以仲裁委员会作为确定管辖法院的基点。

【核心概念】 仲裁地；管辖法院；管辖异议；司法审查

【问题导向】 确定管辖法院的依据是什么？仲裁地如何确定？当事人应当如何约定仲裁机构才能避免管辖异议的发生？如何确定人民法院管辖？如何识别中国国际经济贸易仲裁委员会及其分会？

【案情简介】 上诉人（原审申请人）邹某某；被上诉人（原审被申请人）温州市豪达箱包有限公司。

2019 年 4 月 17 日，申请人邹某某向中国国际经济贸易仲裁委员会浙江分会提交仲裁申请。同年 8 月 30 日，中国国际经济贸易仲裁委员会于杭州作出（2019）中国贸仲浙裁字第 0011 号裁决书。中国国际经济贸易仲裁委员会主管单位为中国国际贸易促进委员会，登记住所地为北京市西城区桦皮厂胡同 2 号国际商会大厦 6 层。《中国国际经济贸易仲裁委员会仲裁规则》第 2 条第（3）项"机构及职责"规定，仲裁委员会设在北京。该规则第 7 条对仲裁地作出规定，当事人未约定仲裁地的，以管理案件的仲裁委员会或者其分会所在地为仲裁。据此，案涉仲裁裁决的仲裁地为杭州。中国国际经济贸易仲裁委员会浙江分会系根据《浙江省人民政府、中国国际贸易促进委员关于设立中国国际经济贸易仲裁委员会浙江分会的框架协议》（下称简称《框架协议》）设立，该《框架协议》载明"浙江分会为中国国际经济贸易仲裁委员会管理的直属机构，由中国国际经济贸易仲裁委员会在浙江省司法厅登记备案"。中国国际经济贸易仲裁委员会浙江分会至今未在浙江省司法厅登记备案。中国国际经济贸易仲裁委员会登记信息及《中国国际经济贸易仲裁委员会仲裁规则》显示，中国国际经济贸易仲裁委员会设在北京，其住所地为北京市西城区。根据我国《仲裁法》第 58 条的规定，本案应由北京市中级人民法院管辖，根据北京市高级人民法院《关于北京市第四中级人民法院案件管辖的规定》（2018 年修订）第 1 条第（3）项的规定，本案管辖法院为北京市第四中级人民法院。邹某某上诉称，根据工商登记信息显示，中国国际经济贸易仲裁委员会浙江分会仲裁院是依据《框架协议》的有关规定设立，具有独立法人资格，

---

* 本案来源于中国裁判文书网（https://wenshu.court.gov.cn），案号：（2020）浙民辖终 9 号。

注册地为杭州市下城区，其注册登记地应当视为中国国际经济贸易仲裁委员会授权登记的仲裁地。因此，对中国国际经济贸易仲裁委员会浙江分会仲裁院作出的仲裁裁决不服，应当向仲裁院所在地杭州市中级人民法院提起撤销申请。且根据最高人民法院《关于审理仲裁司法审查案件若干问题的规定》第 2 条，"申请确认仲裁协议效力的案件，由仲裁协议约定的仲裁机构所在地、仲裁协议签订地、申请人住所地、被申请人住所地的中级人民法院或者专门人民法院管辖"。温州市豪达箱包有限公司（以下简称豪达公司）提交的《货款欠条协议》中约定的仲裁机构——中国国际经济贸易仲裁委员会浙江分会所在地为杭州，因此杭州市中级人民法院对本案依法享有管辖权，北京市第四中级人民法院对中国国际经济贸易仲裁委员会浙江分会所在地杭州市的仲裁案不拥有管辖权。故请求二审法院查明事实，依法撤销一审裁定，指令本案由杭州市中级人民法院审理。豪达公司未提交答辩意见。

【法院裁判】裁决事项：上诉人邹某某请求依法撤销一审裁定，指令本案由杭州市中级人民法院审理。

裁决理由：本案系申请人申请撤销我国内地仲裁机构的仲裁裁决案件，依据我国《仲裁法》第 58 条的规定，由中国国际经济贸易仲裁委员会所在地的中级人民法院管辖。

裁决结果：驳回邹某某的上诉请求；变更杭州市中级人民法院（2019）浙 01 民特 310 号民事裁定，移送北京市第四中级人民法院处理。

【案例解析】根据我国《仲裁法》第 58 条的规定，当事人可依法定事由向仲裁委员会所在地的中级人民法院申请撤销仲裁裁决。由此可知，对于申请撤销我国内地仲裁机构作出的仲裁裁决案件，法律规定以仲裁委员会作为确定管辖法院的基点。我国《仲裁法》第 10 条第 3 款明确规定，设立仲裁委员会应当经省、自治区、直辖市的司法行政部门登记，也即只有经登记后，仲裁委员会才能被认定为一个独立的仲裁机构，也才能据此确定所在地的中级人民法院。对于我国国内仲裁而言，相关法律和司法解释对仲裁机构作出的规定，即指对仲裁委员会的规定。例如，《仲裁法解释》第 6 条所称"仲裁协议约定某地仲裁机构有两个的"，即指有两个符合我国《仲裁法》第 10 条的仲裁机构，这里的仲裁机构与我国《仲裁法》第 10 条的仲裁委员会相同，不包括仲裁机构的分支机构或者仲裁委员会分会（分院）。仲裁地是国际上认定仲裁裁决籍属的通用标准，但我国内地以仲裁机构作为认定标准。本案确定管辖法院的依据是仲裁委员会，而非仲裁地。本案的典型意义在于，对管辖法院依据的确定问题，需要从仲裁委员会、仲裁机构、仲裁地等角度理解和认识，仲裁机构与仲裁委员会相同，但不包括仲裁机构的分支机构或者仲裁委员会分会（分院）。仲裁地是国际上认定仲裁裁决籍属的通用标准，但我国内地以仲裁机构作为认定标准。

1. 确定管辖法院的依据及其具体适用

根据最高人民法院《关于审理仲裁司法审查案件若干问题的规定》的相关规定申

请确认仲裁协议效力的案件，由仲裁协议约定的仲裁机构所在地、仲裁协议签订地、申请人住所地、被申请人住所地的中级人民法院或者专门人民法院管辖。涉及海事海商纠纷仲裁协议效力的案件，由仲裁协议约定的仲裁机构所在地、仲裁协议签订地、申请人住所地、被申请人住所地的海事法院管辖；上述地点没有海事法院的，由就近的海事法院管辖。外国仲裁裁决与人民法院审理的案件存在关联，被申请人住所地、被申请人财产所在地均不在我国内地，申请人申请承认外国仲裁裁决的，由受理关联案件的人民法院管辖。受理关联案件的人民法院为基层人民法院的，申请承认外国仲裁裁决的案件应当由该基层人民法院的上一级人民法院管辖。受理关联案件的人民法院是高级人民法院或者最高人民法院的，由上述法院决定自行审查或者指定中级人民法院审查。外国仲裁裁决与我国内地仲裁机构审理的案件存在关联，被申请人住所地、被申请人财产所在地均不在我国内地，申请人申请承认外国仲裁裁决的，由受理关联案件的仲裁机构所在地的中级人民法院管辖。申请人向两个以上有管辖权的人民法院提出申请的，由最先立案的人民法院管辖。

2. 仲裁地的确定，当事人合意约定仲裁机构

仲裁地是指以仲裁方式解决涉外民事争议时的仲裁进行地；仲裁机构所在地是指仲裁机构所处的位置。仲裁地是可变的、动态的；仲裁机构所在地是不变，静态的。仲裁的法律所在地等同于法律意义上的仲裁地，通常由各方当事人在仲裁协议中进行自主约定，没有约定的，仲裁地通常由仲裁机构进行确定。大多数法律体系均承认仲裁地或仲裁的"本座"这一概念。在国际商事仲裁中，当仲裁的法律所在地被确定后，仲裁庭可以选择在仲裁地之外，包括在国外的任何适当的地点开庭审理或者进行合议，因此区分仲裁地和仲裁机构意义重大。根据我国《仲裁法》第58条的规定，当事人可以依据法律规定的事由，向仲裁机构所在地的中级人民法院申请撤销仲裁裁决。由此可知，对于申请撤销我国内地仲裁机构作出的仲裁裁决案件，法律规定以仲裁机构作为确定管辖法院的基点。仲裁地是国际上认定仲裁裁决籍属的通用标准，但是，我国内地以仲裁机构作为认定标准。

本案确定管辖法院的依据是仲裁机构，而非仲裁地。仲裁协议约定由某地的仲裁机构仲裁，且该地仅有一个仲裁机构的，该仲裁机构视为约定的仲裁机构。约定争议提交仲裁机构分会的，视为当事人约定的是该仲裁机构。认定仲裁协议有效的，仲裁机构和仲裁方式的选择不属于人民法院的审查范围。当事人自愿达成书面仲裁协议或者仲裁协议对仲裁事项或者仲裁机构没有约定或者约定不明确，但当事人补充协议的；仲裁协议约定的仲裁机构名称不准确，但能够确定具体的仲裁机构的；仲裁协议仅约定纠纷适用的仲裁规则，但当事人达成补充协议或者按照约定的仲裁规则能够确定仲裁机构的；仲裁协议约定两个以上仲裁机构，当事人协议选择其中的一个仲裁机构申请仲裁的；仲裁协议约定由某地的仲裁机构仲裁，且该地仅有一个仲裁机构的；因合同成立、效力、变更、转让、履行、违约责任、解释、解除等产生的纠纷，仲裁机构所确定的仲裁事项，并排除不可仲裁的；在我国港澳台地区和外国仲裁协议中，对当事人约定了两个以上仲裁机构，但其中只有一个仲裁机构存在的，人民法院应当认定仲裁协议有效。

3. 中国国际经济贸易仲裁委员会及其分会的识别

中国国际经济贸易仲裁委员会成立于我国《仲裁法》实施之前，我国《仲裁法》第 66 条是专门为中国国际经济贸易仲裁委员会设立的一个条款，表明中国国际经济贸易仲裁委员会是涉外仲裁机构，其与我国《仲裁法》第 10 条规定的国内仲裁机构是两类不同的仲裁机构，中办发〔2018〕76 号文件也对这两类仲裁机构的登记管理作了区分。因此，中国国际经济贸易仲裁委员会注册登记备案的程序与国内其他仲裁委员会系两套不同的体系。具言之，由中国国际经济贸易仲裁委员会的登记信息和《贸仲规则》的规定可知，中国国际经济贸易仲裁委员会设在北京，其住所地为北京市西城区。而中国国际经济贸易仲裁委员会浙江分会成立于 2015 年，是根据浙江省政府与中国国际经济贸易仲裁委员会《关于设立中国国际经济贸易仲裁委员会浙江分会的框架协议》设立的。该《框架协议》规定，浙江分会系中国国际经济贸易仲裁委员会的直属机构，由中国国际经济贸易仲裁委员会在浙江省司法厅登记备案，但协议签署后，中国国际经济贸易仲裁委员会浙江分会仅在浙江省工商行政管理局以有限责任公司形式办理了注册登记，至今未在浙江省司法厅办理登记手续。对中国国际经济贸易仲裁委员会浙江分会的资格审查，若要认定其为独立于中国国际经济贸易仲裁委员会之外的仲裁机构，仍需要满足我国《仲裁法》第 10 条的规定，而不能因为中国国际经济贸易仲裁委员会不需要在司法行政部门进行登记备案，就可以当然地豁免其在当地司法厅登记备案的法定要件。

从中国国际经济贸易仲裁委员会的法律地位及中国国际经济贸易仲裁委员会浙江分会自身的设立情况来看，后者仅是作为前者的派出机构，由前者授权，接受仲裁申请，管理仲裁案件。根据《2012 贸仲仲裁规则》第 7 条的规定，当事人未约定仲裁地的，以管理案件的仲裁委员会或其分会所在地为仲裁地。本案的仲裁裁决由中国国际经济贸易仲裁委员会在杭州作出，杭州仅作为仲裁地，不是仲裁委员会所在地，因此杭州市中级人民法院无管辖权。仲裁委员会是依据我国《仲裁法》第 10 条或《仲裁法》第 66 条规定设立的仲裁机构，中国国际经济贸易仲裁委员会属于我国《仲裁法》第 66 条规定的仲裁委员会，中国国际经济贸易仲裁委员会浙江分会尚未按照我国《仲裁法》第 10 条第 3 款的规定经省司法行政部门登记，且案涉仲裁裁决以中国国际经济贸易仲裁委员会的名义作出，因此本案应以中国国际经济贸易仲裁委员会作为确定管辖法院的依据，即"北京市西城区"。根据北京市高级人民法院《关于北京市第四中级人民法院案件管辖的规定》（2018 年修订）第 1 条第（3）项规定，本案应由北京市第四中级人民法院管辖。据相关案例检索情况可知，北京市第二中级人民法院在（2017）京 02 民特 385 号裁定书中认为，中国国际经济贸易仲裁委员会浙江分会为中国国际经济贸易仲裁委员会的派出机构，深圳市中级人民法院在（2017）粤 03 民辖终 1943 号裁定书中认为，杭州市有两个仲裁机构，即杭州仲裁委员会和中国国际经济贸易仲裁委员会浙江分会，这表明因中国国际经济贸易仲裁委员会浙江分会未依法登记，其仲裁机构地位存疑，个案认定中存在不一致，而浙江省高级人民法院在本案的终审裁定中，认定中国国际经济贸易仲裁委员会浙江分会不是独立的仲裁机构，仅作为中国国际经济贸易仲裁委员会的派出机构，这也是有意推动中国国际经济贸易仲裁委员会浙江分会在浙江司法厅的登记备案，打破地方仲裁委员会一家独大的局面，促进仲裁机构的竞争优化之举。

实践思考：

1. 确定人民法院管辖的依据和标准是什么？它与仲裁机构、仲裁地之间有何联系？

2. 假设你是本案邹某某的委托代理人，应当向哪个法院提起管辖权异议？提交哪些材料？人民法院应当如何审查登记？

3. 假设你是本案邹某某的委托代理人，请代申请人撰写一份管辖权异议申请书。

4. 假设你是本案主审法官，请根据我国法律的相关规定，结合本案实际，撰写一份管辖权异议《民事裁定书》。

【拓展阅读】

1. 陆岳松：《民事诉讼法原理与实务》，北京，中国政法大学出版社 2014 年版；

2. 张卫平：《民事诉讼法》，北京，法律出版社 2019 年版；

3. 齐树洁：《论我国民事上诉制度的改革与完善——兼论民事再审制度之重构》，《法学评论》2004 年第 4 期；

4. 张卫平：《管辖权异议：回归原点与制度修正》，《法学研究》2006 年第 4 期；

5. 刘远志：《管辖权异议制度之反思与重构——以地域管辖为视角》，《法律适用》2012 年第 4 期；

6. 杨路：《管辖权异议若干问题探讨》，《法学评论》1998 年第 5 期。

裁决范围的超出[*]

【学习要点】 了解和掌握仲裁机构超出裁决范围的界定、仲裁裁决超裁的主要情形，以及对仲裁裁决超裁司法审查处理的具体路径等基本知识。重点围绕仲裁裁决超出裁决范围的审查这一主题，理解仲裁庭超越权限作出的裁决，即仲裁庭的裁决超出了当事人意欲交由其裁决的事项范围，其主要包括裁决超出仲裁争议、裁决超出当事人请求的范围、当事人与之未签有仲裁协议的第三人之间的争议事项三种情形。明确仲裁裁决超出裁决范围是申请撤销或者不予执行的主要事由之一，也是司法审查的重点内容。

【核心概念】 仲裁超裁；裁决范围；撤销或不予执行；司法审查

【问题导向】 什么是仲裁裁决超出裁决范围？仲裁裁决超出裁决范围主要有哪些情形？司法对仲裁裁决超出裁决范围应当如何审查处理？仲裁机构能否通过向当事人释明而排除被认定超出裁决范围的风险？

【案情简介】 申请人湖南金叶众望科技股份有限公司；被申请人岳阳市岳阳楼区华维纸品厂。

申请人湖南金叶众望科技股份有限公司（以下简称金叶公司）申请事项：判决撤销岳阳仲裁委员会岳仲决字［2021］23 号裁决书中第（3）项裁决，以及申请人支付鉴定费 22 800 元和申请人支付诉讼费 15 257 元的裁决内容；判决本案诉讼费用由被申请人承担。主要事实与理由：被申请人岳阳市岳阳楼区华维纸品厂（以下简称华维纸品厂）反请求中的第（2）项仲裁请求不属于仲裁协议的范畴，岳阳仲裁委员会依据该请求作出的岳仲决字［2021］23 号裁决书第（3）项裁决属于超范围裁决。岳阳仲裁委员会作出的岳仲决字［2021］23 号裁决书中第（3）项裁决罔顾事实，明显偏听偏信，主观臆断，枉法裁决，损害国有资产，违背社会公共利益。华维纸品厂辩称：岳仲决字［2021］23 号裁决书裁决内容中的第（3）项属于本案仲裁裁决范围；岳仲决字［2021］23 号裁决书认定 7 号、8 号、9 号仓库等是由答辩人扩建的事实清楚，证据充分。法院经审查查明：承租人华维纸品厂于 2009 年 12 月 30 日、2011 年 1 月 14 日、2011 年 4 月 1 日与原出租人岳阳肉类联合加工厂签订了《仓库租赁协议》，租赁范围为原双猫油厂 4 号、5 号、6 号三栋仓库，北边 1 号、2 号简易仓库，5 号仓库东边的脱绒仓库。因租赁物年久失修以及 2010 年 7 月 8 日和 2011 年 6 月 9 日两场特大暴雨，使华维纸品厂租赁的生产车间及仓库等受损。2011 年 6 月 15 日，华维纸品厂与岳阳肉类联合加工厂签订了《仓库租赁补充协议》，由华维纸品厂自筹资金维修租赁物，出租人给予十年的使用期，中途遇国家征收，出让土地等，使其不能生产经营，原岳阳肉类联

---

　　* 本案来源于中国裁判文书网（https：//wenshu.court.gov.cn），案号：（2021）湘 06 民特 3 号。

合加工厂应补偿华维纸品厂维修费用。2011 年 10 月 28 日，岳阳肉类联合加工厂整体被湖南金叶公司收购。2014 年 11 月 17 日，金叶公司曾就租赁协议产生的纠纷向岳阳仲裁委员会申请仲裁。2015 年 11 月 16 日，岳阳仲裁委员会作出了岳仲决字〔2015〕1 号裁决书，裁决 2011 年 1 月 14 日、2011 年 4 月 1 日华维制品厂与原出租人岳阳肉类联合加工厂签订的《仓库租赁协议》，以及 2011 年 6 月 15 日华维纸品厂与岳阳肉类联合加工厂签订的《仓库租赁补充协议》自 2014 年 4 月 1 日解除；郭某球自裁决书生效之日起十日内向金叶公司交还租赁仓库，支付拖欠的租金 174 500 元，并按 8 000 元/月支付自 2014 年 11 月 15 日至实际交还之日的仓库占用费。2016 年 6 月 7 日，该案进入了执行程序，双方在执行中和解。2017 年 6 月 1 日，金叶公司又将原租赁合同范围内的厂房、仓库继续出租给华维纸品厂，并签订了《临时租赁协议》，约定租赁期限为一年，至 2018 年 5 月 31 日止，且租赁合同到期后，于 2018 年 9 月 1 日又收了华维纸品厂场地租赁费 16 000 元（2 个月的租金）。2019 年 7 月 22 日，湖南城陵矶新港区管理委员会作出《关于收回湖南金叶众望科技股份有限公司 A、B 地块国有建设用使用权的决定》，通知金叶公司将其公司范围内的 A、B 地块 21.130 45 公顷的国有土地予以收回。2020 年 9 月 2 日，金叶公司向岳阳仲裁委员会申请仲裁，请求：（1）依法裁决华维纸品厂向金叶公司返还岳阳肉联厂双猫油厂 4 号、5 号、6 号三栋仓库及北边 1 号、2 号简易仓库、5 号仓库东边的脱绒仓库及员工宿舍、办公场地等租赁场地以及地上建筑物，包括改扩建部分，并负责腾空上述租赁场地内的全部设施设备及物资。（2）依法裁决华维纸品厂支付 2018 年 8 月 1 日至 2020 年 9 月 1 日止的场地占用费 377 500 元以及自 2020 年 9 月 2 日至全部租赁物实际返还之日止的场地占用费（按 500 元/天计算）。（3）依法裁决华维纸品厂承担本案全部仲裁费用。华维纸品厂提出反请求：（1）裁决金叶公司支付华维纸品厂租赁合同范围内的 4 号、5 号、6 号、北边 2 号仓库、脱绒车间的改造费用 300 000 元。（2）裁决金叶公司支付华维纸品厂支付租赁合同范围外的 7 号、8 号、9 号车间及机电房、机修房、设备房、厕所、厂区水泥道路建筑物、电源的价款 3 824 275 元。（3）赔偿强制关停华维纸品厂给其造成的经济损失 975 700 元。另查明：上述书面租赁协议均约定，"如有争议协商解决，协商不成，可向岳阳仲裁委员会提起仲裁"。华维纸品厂称，原肉类联合加工厂将与租赁物 4 号、5 号、6 号仓库并排南边三个四面无墙敞篷口头同意给华维纸品厂使用，华维纸品厂将该三个敞篷修建成现在的 7 号、8 号、9 号三栋仓库。华维纸品厂在书面租赁合同约定的租赁场地外还加建了机电房、机修房、设备房、厕所，修建了厂区水泥道路等。金叶公司对华维纸品厂进行了加建的事实没有提出异议，但认为现在的 7 号、8 号仓库即为书面租赁合同中"北边 1 号、2 号简易仓库"。岳阳仲裁委员会认定，7 号、8 号、9 号三栋仓库以及加建的机电房、机修房、设备房、厕所，修建的厂区水泥道路等均在书面租赁协议约定的租赁范围外。经岳阳仲裁委员会委托，湖南公立评估咨询有限公司于 2021 年 3 月 3 日作出的价格评估结论书中，认定 7 号、8 号、9 号仓库及机电房、维修房、设备房、厕所、厂区水泥道路建筑物、架设电源在评估基准日的评估价值为 2 015 176.02 元。2021 年 5 月 18 日，岳阳仲裁委员会作出如下裁决：（1）金叶公司与华维纸品厂签订的《临时租赁协议》已到期，金叶公司明确不再续租，华维纸品厂应自裁决书生效之日起 10 日内向金叶公司交还所租赁的仓库及扩建的 7 号、8 号、9 号三栋仓库。（2）华维纸品厂支付金叶公司占用费 175 500 元（自 2018 年 8 月 1 日至 2019 年 7 月 22 日止，按合同约定 500 元/日计算）。（3）金叶公司支付华维纸品厂扩建维修费用 2 015 176 元。（4）驳回金叶公司的其他仲裁请求。（5）驳回华维纸品厂的其他仲裁反请求。

【法院裁判】裁决事项：申请人金叶公司请求撤销岳阳仲裁委员会岳仲决字［2021］23 号裁决书中第（3）项裁决。

裁决理由：结合我国《仲裁法》第 58 条、第 19 条以及双方当事人签订的书面租赁合同的约定，本案中如有争议协商解决，协商不成，可向岳阳仲裁委员会提起仲裁，故岳阳仲裁委员会对该租赁合同产生的争议有权进行仲裁。金叶公司主张岳阳仲裁委员会对书面租赁合同约定的租赁范围的认定属于枉法裁判且损害社会公共利益，但金叶公司不能提供证据证明，本院不予支持。岳阳仲裁委员会已认定案涉 7 号、8 号、9 号三栋仓库等不属于金叶公司与华维纸品厂签订的书面《临时租赁协议》约定的租赁范围，其仍然对该部分一并作出仲裁裁决，属于超出仲裁协议范围的裁决。依照我国《仲裁法》第 58 条、第 60 条之规定，裁定如下：撤销岳阳仲裁委员会岳仲决字［2021］23 号裁决第（1）项中的部分内容（即被申请人岳阳市岳阳楼区华维纸品厂应自裁决书生效之日起 10 日内向湖南金叶众望科技股份有限公司交还扩建的 7 号、8 号、9 号三栋仓库）以及第（3）项裁决（即湖南金叶众望科技股份有限公司支付岳阳市岳阳楼区华维纸品厂扩建维修费用 2 015 176 元）。

裁决结果：撤销岳阳仲裁委员会岳仲决字［2021］23 号裁决中的部分内容。

【案例解析】本案所涉合同条款约定，"如有争议协商解决，协商不成，可向岳阳仲裁委员会提起仲裁"。如何理解该仲裁条款中"争议"的范围？这是判断裁决事项是否超出仲裁协议范围的前提。根据最高人民法院《仲裁法解释》第 2 条规定，当事人概括约定仲裁事项为合同争议的，基于合同成立、效力、变更、转让、履行、违约责任、解释、解除等产生的纠纷都可以认定为仲裁事项。实际上，仲裁事项的范围和租赁范围并非等同的概念，裁决对象不在租赁范围内，但仍在案涉租赁合同项下或者与案涉租赁合同相关的，似乎仍可能构成仲裁条款中的"争议"。在本案例中，人民法院认为，"岳阳仲裁委员会已认定 7 号、8 号、9 号三栋仓库等不属于金叶公司与华维纸品厂签订的书面《临时租赁协议》约定的租赁范围，其仍然对该部分一并作出仲裁裁决，属于超出仲裁协议范围"。对于撤销仲裁裁决的监督，主要是通过报核程序来实现。根据最高人民法院《关于仲裁司法审查案件报核问题的有关规定》第 2 条的规定，中级人民法院经审查拟撤销仲裁裁决的，应当向本辖区所属高级人民法院报核；待高级人民法院审核后，方可依高级人民法院的审核意见作出裁定。从当事人角度来看，对于撤销仲裁裁决的裁定，目前似乎并无明确的法定救济途径。我国《仲裁法》（征求意见稿）第81条规定，"当事人对撤销裁决的裁定不服的，可以自收到裁定之日起10日内向上一级人民法院申请复议。人民法院应当在受理复议申请之日起1个月内作出裁定"，赋予当事人申请复议的权利。这或许是将来立法的完善方式。

1. 仲裁裁决超出裁决范围的界定及其主要情形

仲裁裁决超出裁决范围，又称仲裁裁决越权，是指仲裁庭超越权限作出的裁决，即仲裁庭的裁决超出了当事人意欲交由其裁决的事项范围。

仲裁意思表示一致是当事人提起仲裁裁决的前提，仲裁裁决超出了当事人申请的仲裁范围，可认为是对当事人仲裁权利的侵犯。仲裁裁决超出裁决范围的主要情形有以下几种：（1）裁决了当事人之间约定提交仲裁争议以外的事项：仲裁庭没有权利对当事人未约定在仲裁协议范围内的争议事项进行审理和作出裁决。争议事项不在仲裁协议范围之内，就意味着双方当事人无意将裁决该种事项的权利授予仲裁庭。此时，仲裁庭也就当然不能违背当事人的意思表示自行作出裁决。（2）仲裁裁决的事项虽然在仲裁协议的范围之内，但是超出了当事人将争议请求的范围。为了尊重当事人的意思自治，仲裁庭只能依据当事人的仲裁请求作出裁决，即使当事人将争议提交仲裁，对于当事人未请求部分，仲裁庭也不能主动进行审理并作出裁决，否则就是侵犯了当事人的处分权。（3）裁决了当事人未与之签有仲裁协议的第三人之间的争议事项：涉及案外第三人利益的裁决，实际上是仲裁庭超出了仲裁协议的授权或仲裁请求的范围，把第三人的权利也进行了处分，即把非仲裁程序当事人纳入仲裁程序中，使第三人的权益受到侵犯，也显然超出了当事人的授权范围。

2. 人民法院对仲裁裁决超出裁决范围的审查处理方式

对仲裁机构的裁决是否超出裁决范围，人民法院通常审查以下几个方面：一是结合当事人约定的内容和争议事项，确定合理的仲裁范围。当事人概括约定仲裁事项为合同争议的，基于合同成立、效力、变更、转让、履行、违约责任、解释、解除等产生的纠纷，均可以认定为仲裁事项所确定的审查理念。二是考量纠纷形成的复杂性和查明事实的不可分性，重点关注仲裁裁决事项是否构成超裁。三是依法审查仲裁事项的可仲裁性，不得扩大解释。对非合同争议或者与合同有关的侵权等纷争，在有约定的情况下，应受合同中有效仲裁条款的限制，不得认定超裁。四是对当事人以仲裁裁决事项超出仲裁协议范围为由，申请撤销仲裁裁决的，经审查属实，人民法院应撤销仲裁裁决中的超裁部分。但超裁部分与其他裁决部分不可分的，人民法院应当撤销该仲裁裁决。对当事人签订主从合同的情形，在主合同中签订仲裁条款，但从合同未签订仲裁条款的，依据主合同条款确定审查从合同有无明确表示解决争议的方式依据，视为选择仲裁途径解决纷争；从合同既无仲裁条款，也无约定依据主合同条款确定解决争议的方式，以及无其他书面形式证明其选择仲裁途径解决纷争的，则认定主合同仲裁条款对从合同无约束力，仲裁裁决从合同属于超裁；对仲裁庭追加当事人之外的第三人进行仲裁的，关键审查追加第三人的依据和程序、被追加第三人是否明确接受仲裁的意思表示和同意接受该仲裁庭仲裁，以及涉案仲裁当事人是否均同意第三人通过仲裁方式并在该仲裁庭仲裁，符合上述情形的不得以超裁为理由撤销仲裁。五是无论仲裁庭是否向当事人行使释明权，若当事人坚持其仲裁请求，仲裁庭虽可考虑在仲裁庭意见部分对相关事实作出认定，但不宜在裁决主文部分作出与其仲裁请求范围不一致的裁决。否则，存在撤销仲裁裁决的风险。仲裁请求的范围应以仲裁申请书载明的具体请求为准，当事人在庭审中的主张不属于仲裁请求的范畴。仲裁裁决是否完全回应庭审中申请人的相关主张，并非法定判断仲裁程序是否违法的标准。仲裁裁决仅以仲裁申请人在庭审中的某些主张为基础进行裁决，而置书面仲裁申请书中具体仲裁请求于不顾，反而有违反法定程序和超裁之嫌。仲裁机构超裁作为不予执行和申请撤销仲裁裁决的法定情形，当事人有权向法院申请权利救济。

3. 仲裁机构仅向当事人释明的，不能排除被认定超出裁决范围仲裁的风险

实践中，一种观点认为，仲裁庭行使释明权可以排除最高人民法院《关于人民法院办理仲裁裁决执行案件若干问题的规定》第 13 条的适用；另一种观点认为，不论仲裁庭在裁决前是否行使释明权，裁决事项超出仲裁协议范围、裁决内容超出当事人仲裁请求范围的均构成超裁。例如，（2018）冀 01 民特 16 号石家庄鸿名房地产开发有限公司与杨宇申请撤裁一案，石家庄市中级人民法院认为，申请人杨宇并未请求确认申请人与被申请人 2013 年 9 月 26 日签订的《定房协议》无效，仲裁庭在未向当事人释明合同无效的后果，以及未给予当事人变更请求机会的情况下，直接对合同无效作出裁决，超出当事人的请求范围。对此，最高人民法院在《关于王国林申请撤销中国国际经济贸易仲裁委员会华南分会（2012）中国贸仲深裁字第 3 号仲裁裁决一案的请示的复函》中，明确"吴硕琛系以案涉合同有效并要求王国林支付股权转让余款为请求提起仲裁，仲裁庭有权主动对案涉合同的效力进行审查并作出认定。但是，仲裁庭在未向当事人释明合同无效的后果，以及未给予当事人变更仲裁请求机会的情况下，直接对合同无效后的返还以及赔偿责任作出裁决，确实超出了当事人的请求，属于超裁"。对此，笔者认为，判断仲裁裁决的事项是否属于超出裁决范围，应该根据仲裁协议的约定和当事人的仲裁请求，仲裁机构仅向当事人释明的，不能排除被认定超出裁决范围仲裁的风险。

实践思考：

1. 结合本案，分析仲裁程序中当事人的仲裁请求与裁决结果之间的关系。

2. 分析仲裁裁决超出裁决范围的判断标准及其法律后果。

3. 假设你是本案申请人的委托代理人，请代申请人撰写一份以仲裁裁决超裁为由，撤销仲裁裁决申请书。

4. 假设你是本案主审法官，应当如何审查申请人以仲裁裁决超出裁决范围为由，申请撤销仲裁裁决？结合本案审查情况撰写一份裁定书。

【拓展阅读】

1. 乔欣：《仲裁法学》（第三版），北京，清华大学出版社 2020 年版；

2. 毛晓飞：《仲裁的司法边界——基于中国仲裁司法审查规范与实践的考察》，北京，中国市场出版社 2020 年版；

3. 沈伟：《我国仲裁司法审查制度的规范分析——缘起、演进、机理和缺陷》，《法学论坛》2019 年第 1 期。

仲裁请求的遗漏*

【学习要点】 了解和掌握仲裁请求的范围、遗漏仲裁请求的仲裁裁决的处理；在庭审过程中，当事人口头或书面的主张能否作为当事人的仲裁请求；以及当事人以仲裁裁决遗漏仲裁请求为由，向人民法院申请撤销仲裁裁决时，人民法院的处理方式等基本知识。重点围绕遗漏仲裁请求的判定这一主题，理解遗漏仲裁请求的仲裁裁决是当事人的仲裁请求未得到全部解决和处理的情形。在庭审过程中，当事人口头或书面的主张不能作为当事人的仲裁请求。判断仲裁裁决是否遗漏仲裁请求首先要明确的是仲裁请求范围的界定。

【核心概念】 仲裁请求；遗漏仲裁请求；审查处理

【问题导向】 如何界定仲裁请求的范围？遗漏仲裁请求的仲裁裁决应当如何处理？在庭审过程中，当事人口头或书面的主张能否作为当事人的仲裁请求？当事人以仲裁机构遗漏仲裁请求为由，向人民法院申请撤销仲裁裁决时，人民法院是否应该支持？

【案情简介】 申请人秦皇岛恒慧房地产开发有限公司；被申请人刘某某。

秦皇岛恒慧房地产开发有限公司（以下简称恒慧公司）申请撤销四平仲裁委员会（2017）四仲字第4号仲裁裁决书，理由如下：（1）裁决的事项不属于仲裁协议的范围。被申请人在申请仲裁时，没有请求给付被申请人按揭贷款利息，而仲裁裁决裁决申请人给付被申请人按揭贷款利息，超出了仲裁的范围。按照双方《商品房买卖合同》第9条的约定，如果申请人逾期交付房屋，"出卖人（申请人）按逾期天数以银行同期活期利率向买受人（被申请人）支付利息"，而仲裁裁决脱离申请人与被申请人之间签订的《商品房买卖合同》第9条约定的内容，裁决申请人按人民银行同期贷款利率给付被申请人利息，超出了仲裁协议的范围。（2）仲裁的程序违反法定程序。被申请人申请仲裁的请求是解除《商品房买卖合同》，退还购房款。可见，解除《商品房买卖合同》是退还购房款的前提，即只有裁决解除《商品房买卖合同》，才能裁决退还购房款。但仲裁并没有裁决解除《商品房买卖合同》，当然也不能裁决申请人退还房款。（3）仲裁裁决错误。《商品房买卖合同》约定的交付房屋时间无效，不能认定申请人违约。刘某某辩称：申请人的撤裁理由不符合我国《仲裁法》第58条规定的撤销仲裁的法定情形，没有事实和法律依据；关于合同的签订时间，违约金的计算方式，在原裁决书中已经有明确评述，相关证据已经经过双方质证，由仲裁机关认定，关于解除合同的评述，在仲裁裁决书中第2项仲裁庭意见第（2）点中已明确说明，支持申请人解除合同的主张，最终裁决恒慧公司退还购房款的评述也是在解除合同的前提下的结论，因此申请人的撤销请求应予驳回。

---

* 本案来源于中国裁判文书网（https://wenshu.court.gov.cn），案号：（2018）吉03民特1号。

【法院裁判】裁决事项：申请人恒慧公司申请撤销四平仲裁委员会（2017）四仲字第4号仲裁裁决书。

裁决理由：仲裁机构在未解除恒慧公司与刘某某《商品房买卖合同》的情况下，裁决恒慧公司返还刘某某购房款，遗漏刘某某申请仲裁请求，故仲裁裁决应予撤销。

裁决结果：裁定撤销四平仲裁委员会（2017）四仲字第4号裁决。

【案例解析】与仲裁机构超出裁决范围相反的一种情形是漏裁，即当事人的仲裁请求未得到全部解决和处理。当事人以仲裁机构遗漏仲裁请求为由，向人民法院申请撤销仲裁裁决时，是否应当得到人民法院的支持，在实践中有两种情形：第一种情形是仲裁庭已在裁决中对仲裁请求进行了处理，但在裁决事项中将其中的某一项仲裁请求遗漏。对此，依照我国《仲裁法》第56条的规定，通过补正裁决的方式，将遗漏的请求事项重新加入裁决之中，而无需撤销该仲裁裁决。第二种情形是仲裁庭在意见部分及裁决主文均遗漏当事人的仲裁请求。我国多数仲裁机构的仲裁规则均规定仲裁庭可主动或依当事人申请作出补充裁决。但是，在裁决进入司法审查程序后，人民法院是中止审查并函告仲裁庭补充裁决或重新仲裁，还是认定"仲裁程序违反法定程序"，进而撤销或不予执行仲裁裁决，理论上存在不同观点，实践中亦做法不一。依照我国《仲裁法》第61条的规定，"人民法院受理撤销裁决的申请后，认为可以由仲裁庭重新仲裁的，通知仲裁庭在一定期限内重新仲裁，并裁定中止撤销程序。仲裁庭拒绝重新仲裁的，人民法院应当裁定恢复撤销程序"。最高人民法院《仲裁法解释》第21条明确仲裁裁决涉及伪造证据、隐瞒证据两种情形时，人民法院可以依照我国《仲裁法》第61条的规定，通知仲裁庭重新仲裁，但司法解释未涉及漏裁情形下仲裁庭能否重新仲裁的问题。我国《仲裁法》第61条本身并未限定重新仲裁的情形，该法所确立的重新仲裁制度，旨在最大程度尊重当事人将争议提交仲裁的意思表示，故除非当事人缺乏仲裁的意思表示或者仲裁程序、裁决存在严重问题，以至于无法纠正，人民法院在这些情况下可以考虑通知仲裁庭重新仲裁。概言之，应当尽量避免将撤销仲裁裁决作为优先甚至唯一的处理手段。基于上述认识，仲裁庭漏裁问题在撤裁程序中，可按照我国《仲裁法》第61条的规定予以解决，即若漏裁事项不影响其他已裁事项，人民法院原则上应先通知仲裁庭作出补充裁决；若漏裁事项影响到其他已裁事项，如可通过重新仲裁解决，人民法院也可考虑通知仲裁庭重新仲裁；如漏裁事项影响其他已裁事项，且难以通过重新仲裁解决，人民法院应撤销受影响的裁项甚至全部裁决。

1. 仲裁请求范围的界定，以及遗漏仲裁请求的处理方式

通说认为，仲裁请求指当事人在仲裁申请书中列明的具体明确的意见。在庭审过程中，当事人口头或者书面的主张不能作为当事人的仲裁请求。实践中，有的法院依据当事人的庭审主张，判断仲裁裁决是否遗漏仲裁请求。例如，在（2018）内04民特4号赤峰军民建筑工程有限责任公司与赤峰钰昊建筑幕墙装饰有限公司申请撤销仲裁裁决一案中，赤峰市中级人民法院认为，在仲裁庭审中，申请人赤峰军民建筑工程有限责任公司明确提出双方合同解除后，被申请人赤峰钰昊建筑幕墙装饰有限公司应当将涉案的四处商厅予以返还，但仲裁庭未围绕其该项请求进行审查，而径行裁决赤峰钰昊建筑幕墙装饰有限公司向赤峰军民建筑工程有限责任公司返还工程款 3 870 300 元，违反法定程序，故依法裁定撤销仲裁裁决。

当事人以遗漏仲裁裁决为由申请撤销仲裁裁决，当事人并没有申请补正，人民法院可否在审查中告知仲裁庭补正？对仲裁庭自行补正裁决，而补正内容与原裁决相矛盾的，当事人申请撤销或不予执行仲裁裁决时，有的法院以程序违法为由，直接裁决撤销补正内容欠妥。例如，在（2018）湘 13 民特 6 号湖南省娄底市金海置业发展有限公司与被申请人曾雄、原仲裁被申请人娄底市农业机械有限责任公司申请撤销仲裁裁决一案中，娄底市中级人民法院认为，仲裁庭在意见部分及裁决主文均遗漏当事人的仲裁请求。多数仲裁庭主动或者依当事人申请作出补充裁决。进入司法审查后，人民法院是中止审查并函告仲裁庭补充裁决、重新仲裁，还是应认定"仲裁程序违反法定程序"而撤销或不予执行仲裁裁决？对此，理论界和实务界一直存在争议。我国《仲裁法解释》第 21 条明确规定，仲裁裁决涉及伪造证据、隐瞒证据两种情形时，人民法院可以依照我国《仲裁法》第 61 条的规定通知仲裁庭重新仲裁，但司法解释未规定对漏裁的具体处理方式，仲裁庭也可以重新仲裁。

2. 庭审过程中当事人口头或书面的主张不能作为当事人的仲裁请求

实践中，有的法院依当事人的庭审主张判断仲裁裁决是否遗漏仲裁请求，如（2018）内 04 民特 4 号赤峰军民建筑工程有限责任公司与赤峰钰昊建筑幕墙装饰有限公司申请撤销仲裁裁决一案。当事人以漏裁为由申请撤裁，没有申请补正，人民法院可否在审查中告知仲裁庭补正？对仲裁庭自行补正裁决的，而补正内容与原裁决相矛盾的，当事人申请撤裁或不予执行的，法院以程序违法为由，直接裁决撤销补正内容欠妥，如（2018）湘 13 民特 6 号湖南省娄底市金海置业发展有限公司与被申请人曾雄、原仲裁被申请人娄底市农业机械有限责任公司申请撤裁一案。笔者认为，仲裁裁决仅以仲裁申请人在庭审中的某些主张为基础进行裁决，人民法院应当认定其构成超裁。

3. 仲裁请求变更后，仲裁机构给予当事人新的答辩期的正确理解

实践中，人民法院一般直接援引仲裁规则判断当事人是否提出异议，如（2018）粤 01 民特 72 号刘丽虹与冯永祺、吴鸿均、程翠荔、广州市隆泰物业有限公司申请撤销仲裁裁决一案。也有法院考量当事人是否有充分的时间答辩、是否提出异议，以及是否因未进行答辩而致利益受损等因素作出判定，如在（2018）京 04 民特 43 号阳朔悦榕酒店有限公司与上海中宁建筑安装高级装潢有限公司申请撤销仲裁裁决一案中，北京市第四中级人民法院认为，是否违反法定程序，应以法律明文规定以及仲裁委员会的仲裁规则为判断基准，在此基础上进行审查认定。对此，笔者认为，在仲裁规则未规定且当事人未特别约定的情况下，宜将其归为仲裁庭的自由裁量范围。但是，因答辩权是当事人在仲裁程序中至关重要的权利之一，可能直接影响案件公正裁决。因此，仲裁庭应根据案件情况，决定是否给予被申请人答辩期，以及具体的答辩期限。在仲裁庭未能给予答辩期或给予的答辩期过短的情况下，判断仲裁程序是否违法，除了案件本身情况外，还可参照最高人民法院《关于人民法院办理仲裁裁决执行案件若干问题的规定》第 14 条第 3 款关于异议放弃制度的规定。对仲裁庭已就变更请求后的答辩问题进行特别提示，当事人未提出异议的，则不能再主张仲裁程序违法；但仲裁庭未向当事人提示，或者未对当事人的异议作出处理的，则可能存在违反法定程序的风险。

4. 当事人以仲裁机构遗漏仲裁请求为由，向人民法院申请撤销仲裁裁决时，人民法院审查处理方式

当事人以仲裁机构遗漏仲裁请求为由，向人民法院申请撤销仲裁裁决时，漏裁事项不影响其他已裁事项的，人民法院应当事先通知仲裁机构作出补充裁决；对漏裁事项影响其他已裁事项的，人民法院应当撤销已受影响的仲裁裁决。仲裁机构自行补正的仲裁裁决的内容与原裁决相矛盾的，申请人以此为由申请撤销该仲裁裁决的，人民法院应当受理。

实践思考：

1. 结合本案，分析当事人仲裁请求、仲裁裁决遗漏仲裁请求与当事人申请撤销或者不予执行仲裁裁决之间的关系。

2. 分析仲裁裁决遗漏仲裁请求的判断标准及其法律后果。

3. 假设你是本案申请人的委托代理人，请代申请人撰写一份以仲裁裁决遗漏仲裁请求为由，撤销或者不予执行仲裁裁决的申请书。

4. 假设你是本案主审法官，应当如何审查申请人以仲裁裁决遗漏仲裁请求为由，撤销或者不予执行仲裁裁决的申请书？结合本案审查情况撰写一份裁定书。

【拓展阅读】

1. 马德才：《仲裁法学》，南京，南京大学出版社 2016 年版；

2. 李乾贵、胡弘、吕振宝：《现代仲裁法学研究》，北京，中国政法大学出版社 2018 年版；

3. 李广辉：《仲裁裁决撤销制度之比较研究——兼谈我国仲裁裁决撤销制度之完善》，《河南大学学报》（社会科学版）2012 年第 4 期；

4. 万鄂湘、于喜富：《再论司法与仲裁的关系——关于法院应否监督仲裁实体内容的立法与实践模式及理论思考》，《法学评论》2004 年第 3 期；

5. 马志忠：《论仲裁的司法审查》，《山东社会科学》2004 年第 11 期；

6. 张圣翠：《论我国仲裁裁决撤销制度的完善》，《上海财经大学学报》2012 年第 1 期。

法定程序的违反[*]

【学习要点】了解和掌握违反仲裁法定程序的判断；当事人以程序瑕疵主张撤销仲裁时，人民法院的处理方式；当事人对违反仲裁法定程序裁决的救济途径；人民法院对拟撤销的仲裁裁决逐级报核方式等基本知识。重点围绕违反法定程序的审查与处理这一主题，理解仲裁程序是仲裁解决争议的保障；违反我国《仲裁法》规定的仲裁程序、当事人选择的仲裁规则或者当事人对仲裁程序的特别约定，可能影响案件公正裁决；仲裁裁决的作出不符合仲裁规则，有违仲裁庭独立裁决，可能影响案件公正裁决。明确当事人提出的仲裁程序违反法定程序的申请事由，人民法院应结合法律规定和仲裁规则予以审查判断。

【核心概念】程序违法；仲裁规则；司法审查

【问题导向】违反仲裁法定程序如何判断？当事人以仲裁笔录、文书错误等瑕疵主张撤销仲裁的，人民法院如何审查处理？当事人对违反仲裁法定程序的裁决，如何寻求救济？拟撤销的仲裁裁决，应当如何逐级报核？

【案情简介】申请人孙某某；被申请人宁波市华东建设工程有限公司。

2018 年 12 月 27 日，宁波仲裁委员会作出（2017）甬仲字第 6 号裁决，裁决内容如下：（1）宁波市华东建设工程有限公司（以下简称华东公司）支付孙某某工程欠款（含保修金）3 379 087.24 元。（2）华东公司返还孙某某工程展约保证金 2 000 000 元，并支付以 2 000 000 元为基数，自 2015 年 6 月 23 日起至款清之日止，按照中国人民银行同期、同类贷款基准利率计算的利息。（3）孙某某向华东公司支付工期延误赔偿金 719 015 元。以上三项确定的各自付款义务，双方均应在仲裁裁决书送达之日起七日内履行完毕。（4）驳回孙某某的其他仲裁请求。（5）驳回华东公司的其他仲裁反请求。仲裁受理费 182 933 元，处理费 5 000 元，合计 187 933 元，由孙某某承担 156 807 元，由华东公司承担 31 126 元。仲裁反请求受理费 46 582 元，处理费 4 000 元，合计 50 582 元，由华东公司承担 45 610 元，孙某某承担 4 972 元。鉴定费用 300 000 元，由孙某某承担 243 342 元，华东公司承担 56 658 元。《宁波仲裁委员会仲裁规则》第 71 条和《宁波仲裁委员会仲裁案件审理规范（试行）》第 83 条等规定，"仲裁庭应当在签署裁决书之前将裁决草案提交本委核阅。在不影响仲裁庭独立裁决的情况下，本案可以就裁决书中的有关问题提请仲裁庭予以注意。本委发现仲裁庭在仲裁案件时有程序上的错误或者有其他可能影响公正裁决情形的，可以提出意见或建议，仲裁庭应当认真听取"。仲裁庭组成人员进行评议的时候应当认真负责，充分陈述意见独立行使表决权，不得拒绝陈述意见或者仅作同意与否的简单表态。同意他人意见的也应当提出事

---

[*] 本案来源于中国裁判文书网（https：//wenshu.court.gov.cn），案号：（2019）浙 02 民特 81 号。

实根据和法律依据进行分析论证。评议结束前，首席仲裁员应归纳评议意见。该仲裁庭于 2018 年 12 月 26 日进行了最后一次评议，根据首席仲裁员及仲裁庭其他成员反映，宁波仲裁委员会主任参与了该次评议，并对案件处理发表了意见。评议笔录记载了仲裁庭成员各自发表的意见、评议结果以及对评议结果的意见。针对如何计算工期延误损失的问题，仲裁庭三位仲裁员分别发表了不同的意见，评议笔录中记载的评议结果与三位仲裁员发表的意见均不一致，三位仲裁员均在评议结果之下即评议笔录尾部签名。（2017）甬仲字第 6 号裁决书主文与该次评议结果一致。孙某某请求撤销仲裁裁决，称仲裁庭存在"超裁"现象，且剥夺了其就"工期延误损失"进行充分答辩和举证的权利，违反了法定程序。仲裁程序违反法定程序，存在人为干预情况，最终影响裁决的独立性、公正性及客观性。华东公司答辩请求驳回孙某某的申请。

【法院裁判】裁决事项：申请人孙某某以仲裁违反法定程序为由请求撤销仲裁裁决。

裁决理由：仲裁裁决的作出，既不符合仲裁规则，也有违仲裁庭独立裁决制度，可能影响案件公正裁决，属于程序违法。因此拟撤销的仲裁裁决，并逐级报核。

裁决结果：依法撤销宁波仲裁委员会（2017）甬仲字第 6 号仲裁裁决。

【案例解析】人民法院对仲裁程序合法性审查，既要依照法律规定，也要结合当事人选择的仲裁规则进行判断。本案中，申请人孙某某以仲裁庭"超裁"和违反法定仲裁程序为由，申请撤销仲裁裁决。宁波市中级人民法院对申请人孙某某的申请理由进行逐一分析，认为仲裁庭不存在"超裁"情形，即所裁决的工期延误赔偿金属于申请人孙某某与被申请人华东公司签订的《建设工程施工合同》中约定的合同履行过程产生的争议，华东公司反请求中主张的损失也包含了该部分损失。根据最高人民法院《关于人民法院办理仲裁裁决执行案件若干问题的规定》第 14 条、《仲裁法》第 53 条、《宁波仲裁委员会仲裁规则》第 71 条和《宁波仲裁委员会仲裁案件审理规范（试行）》第 83 条的规定，本案中，在仲裁庭最后一次评议中，仲裁委员会主任到场并发表了实体处理意见，评议笔录的仲裁结果与三位仲裁员在合议时发表的仲裁意见不一致，既未形成多数意见，也非首席仲裁员的意见，三位仲裁员却在该笔录上签名，并据此仲裁结果拟写了最终裁决书，该行为不符合仲裁规则，也有违仲裁庭的独立裁决制度，故人民法院认定属于程序违法。

1. 违反仲裁法定程序的判断

违反法定程序限于违反我国《仲裁法》和当事人选择的仲裁规则的有关规定，不得任意扩大司法审查范围。违反法定程序，对当事人的权利造成实质性影响，可能影响对案件公正裁决的，是撤销或者不予执行仲裁裁决的法定理由。对违反法定程序的审查内容主要包括仲裁庭的组成、仲裁员选任、送达、披露、回避、通知、答辩及合理答辩期、举证质证、出示证据、调查取证、鉴定、开庭、中止申请、陈述与辩论、仲裁员意见陈述等方面。对仲裁庭的组成、仲裁员选任中违反法定程序的情形，重点审查仲裁委员会是否提供仲裁员名册、发送仲裁通知、仲裁庭的组成情况书面通知，以及按照仲裁规则给予的选定、委托指定仲裁员的时间；仲裁员组成、人数、首席仲裁员设定是否有违反当事人约定或者仲裁规则规定的情形；仲裁员组成仲裁庭时，仲裁员、首席仲裁员可以由当事人共同选定或者共同委托主任进行指定，当事人推荐仲裁员、仲裁委员会提供候选仲裁员、主任指定仲裁员、重新选任仲裁员的程序是否违反仲裁法、仲裁规则以及是否合理保障当事人选任仲裁员的权利；仲裁委员会认定当事人没有约定仲裁庭的组成方式或者选定仲裁员情形的，指定仲裁庭组成方式、程序是否合法。当事人知道或者应当知道法定仲裁程序或者选择的仲裁规则未被遵守，经仲裁机构或者仲裁庭特别提示后，仍参加或者继续参加仲裁程序且未提出异议，在仲裁裁决作出后，以违反法定程序为由，申请撤销或不予执行仲裁裁决的，人民法院应当不予支持。上述规定中的提示主体原则上为格式条款的提供方。其中，"特别提示"是证明当事人知道或者应当知道，而非经特别提示方能适用异议放弃。在格式条款提供方未进行特别提示时，仲裁机构或者仲裁庭在仲裁程序中作了提示的，当事人也不得再主张仲裁程序或仲裁规则未经特别提示。对此，人民法院应当参照最高人民法院《关于适用〈中华人民共和国合同法〉若干问题的解释（二）》第6条的规定予以审查。在本案中，不正当的程序已影响了案件的公正裁决。仲裁规则是仲裁司法审查的重要渊源，审查仲裁程序正当性应当依据法律规定和仲裁规则来判断，对于仲裁程序存在违法情形，可能影响案件公正裁决的，人民法院应当予以撤销，向高级人民法院报核，并根据审核意见作出裁定。

2. 当事人以仲裁笔录、文书错误等瑕疵主张撤销仲裁裁决，人民法院的审查处理方式

当事人以仲裁笔录、文书错误（含文字表述和计算错误在内）等瑕疵主张撤销仲裁裁决的，人民法院不予支持；但对涉及文字、计算等错误的补正裁定，自收到裁定书之日起6个月内，申请撤销仲裁裁决；对补正裁定涉及当事人重大利益，且对裁决结果内容进行增减或变更，包括遗漏事项补正，应自裁定补正之日发生法律效力，当事人可在收到补正裁定书之日起6个月内，申请撤销仲裁裁决。当事人以仲裁员未签名或代签名等为由，申请撤销仲裁裁决的，应审查仲裁员的真实意见，经仲裁员合理解释说明，理由正当的，则不构成违反法定程序。

3. 对违反仲裁法定程序的仲裁裁决，当事人寻求救济的途径

因程序违法而导致仲裁裁决错误，致使当事人权利受损的，当事人可以以此为由，请求人民法院撤销或者不予执行该仲裁裁决或者中止执行该仲裁裁决，也可以向仲裁机构申请重新仲裁。

4. 拟撤销仲裁裁决的，人民法院逐级报核的方式

中级人民法院或者专门人民法院对符合最高人民法院《关于仲裁司法审查案件报核问题的有关规定》中报核情形的案件，应当向本辖区内高级人民法院进行报核；高级人民法院审核后，拟同意报核中级人民法院或者专门人民法院倾向性意见的，应当在受理之日起 30 日内报请最高人民法院核准。下级法院报请上级法院审核的案件，应当将书面报告和案件卷宗材料一并上报。书面报告应当写明审查意见及具体理由。中级人民法院或者专门人民法院呈请高级人民法院的报核请示书面报告，应该包括当事人的基本情况、案件由来、当事人申请及答辩理由、案件的基本事实和审查意见五个部分。高级人民法院呈请最高人民法院的报核请示书面报告，应该包括当事人的基本情况、当事人申请及答辩理由、案件的基本事实、中级人民法院或者专门人民法院审查意见和高级人民法院审查意见五个部分。上级人民法院收到下级人民法院报核申请后，认为案件相关事实不清的，可以对当事人进行询问或者退回下级人民法院待补充查明事实后再报核。上级人民法院将审核意见答复下级人民法院，应当采用复函的形式。

实践思考：

1. 结合本案，分析当事人仲裁请求、违反仲裁法定程序与当事人申请撤销、不予执行仲裁裁决之间的关系。

2. 分析违反仲裁法定程序的判断标准及其法律后果。

3. 假设你是本案申请人的委托代理人，请代申请人撰写一份以违反仲裁法定程序为由，撤销或者不予执行仲裁裁决的申请书。

4. 假设你是本案主审法官，应当如何审查申请人以违反仲裁法定程序为由，撤销仲裁裁决或者不予执行仲裁裁决的申请书？结合本案审查情况撰写一份裁定书。

【拓展阅读】

1. 毛晓飞：《仲裁的司法边界——基于中国仲裁司法审查规范与实践的考察》，北京，中国市场出版社 2020 年版；

2. 田有赫：《国内仲裁法律适用》，北京，法律出版社 2018 年版；

3. 乔欣：《仲裁法学》（第三版），北京，清华大学出版社 2020 年版；

4. 沈伟：《我国仲裁司法审查制度的规范分析——缘起、演进、机理和缺陷》，《法学论坛》2019 年第 1 期；

5. 李广辉：《仲裁裁决撤销制度之比较研究——兼谈我国仲裁裁决撤销制度之完善》，《河南大学学报》（社会科学版）2012 年第 4 期；

6. 覃华平：《我国仲裁裁决撤销制度探析及立法完善之建议》，《中国政法大学学报》2017 年第 2 期。

7. 朱福勇：《试论民事程序瑕疵之救济》，《法学杂志》2011 年第 8 期；

8. 占善刚、刘洋：《民事程序规范层次论》，《河北法学》2020 年第 4 期。

举证责任的分配[*]

【学习要点】 了解和掌握举证责任的分配，以及人民法院对仲裁庭举证责任分配的审查方式等基本知识。重点围绕举证责任分配的审查与处理这一主题，理解举证责任分配原则上属于仲裁庭对案件的实体审理范围，人民法院不能超出法律规定的范围对仲裁结果进行审查。明确人民法院对仲裁裁决中的举证责任分配、证据认定、事实认定等实体处理内容的审查，避免过度干预仲裁裁决，损及仲裁公信力。

【核心概念】 举证责任的分配；事实认定；司法审查

【问题导向】 仲裁庭应当如何分配当事人的举证责任？人民法院能否就仲裁庭举证责任分配等实体处理内容进行审查？

【案情简介】 申请人山东百富物流有限公司；被申请人北京大唐燃料有限公司、内蒙古察右前旗兴达化工有限责任公司、天津百富实业有限公司。

2017 年 10 月 30 日，北京仲裁委员会作出（2017）京仲裁字第 1776 号裁决书，裁决内容如下：（1）内蒙古察右前旗兴达化工有限责任公司（以下简称兴达化工公司）向北京大唐燃料有限公司（以下简称大唐燃料公司）支付欠付货款 45 787 420 元。（2）兴达化工公司以欠付的货款 45 787 420 元为基数，按照中国人民银行同期贷款利率，向山东百富公司赔偿自 2014 年 4 月 18 日起至实际偿还之日的利率损失。其中，暂计算至 2016 年 6 月 30 日的利息损失为 552 453 448 元。（3）驳回兴达化工公司的全部反请求主张。（4）本案本请求仲裁费用 3 056 034 元。由兴达化工公司全部承担，本案反请求仲裁费用 651 550 元，由兴达化工公司自行承担。（5）就本裁决第（4）项确认的兴达化工公司对山东百富物流有限公司（以下简称山东百富公司）的付款义务，大唐燃料公司在兴达化工公司提供的抵押资产范围内享有优先受偿权。（6）山东百富公司、天津百富实业有限公司（以下简称天津百富公司）对本裁决第（1）（2）（4）项确定的兴达化工公司的全部债务承担连带责任。山东百富公司以仲裁裁决所依据的证据是伪造的、对方当事人隐瞒了足以影响公正裁决的证据、仲裁员存在违法裁决行为、仲裁违反法定程序和兴达化工公司并未实际收到货物为由，请求撤销北京仲裁委员会作出的（2017）京仲裁字第 1776 号裁决书。大唐燃料公司主张本案不具备法定撤销的理由，且不属于虚假贸易；大唐燃料公司未隐瞒任何证据，申请人也无任何证据能够证明仲裁员在仲裁审理阶段存在徇私舞弊的行为，本案仲裁程序合法且裁决已生效，请求驳回兴达化工公司的撤销仲裁申请。

【法院裁判】 裁决事项：申请人山东百富公司请求撤销北京仲裁委员会作出的（2017）京仲裁字第 1776 号裁决书。

---

[*] 本案来源于中国裁判文书网（https：//wenshu.court.gov.cn），案号：（2018）京 03 民特 55 号。

裁决理由：申请人山东百富公司未能提供有效的证据证明，裁决所依据的主要证据，即《镍铁购入明细表》系大唐燃料公司伪造，也未提交证据证明双方曾签署该协议，并为大唐燃料公司持有，本案也不存在仲裁庭要求大唐燃料公司提交而其拒绝提交的情形，以及无证据证明仲裁员存在枉法裁决行为。故对其上述申请撤销仲裁裁决理由不予采纳。关于申请人山东百富公司主张仲裁中举证责任分配不公，构成程序违法，以及兴达化工公司并未实际收到货物的问题，人民法院认为，虽然人民法院可以在一定限度内运用司法审查权实体审查仲裁裁决，但认定当事人之间实体权利义务时，应当基于当事人之间充分、平等的陈述与辩论，通过当事人的举证、质证和审理者的综合分析认证，依据法律规定作出综合判断。人民法院在审查实体时应当更加谨慎，不能超出法定范围，就仲裁裁决中举证责任分配、证据的认证、事实认定等实体处理内容进行审查，不能过度干预仲裁裁决的结果。

裁决结果：依法裁定不予撤销北京仲裁委员会作出的（2017）京仲裁字第1776号裁决书。

【案例解析】 举证责任是仲裁当事人依法对其提出的主张负有提出证据予以证明的义务，举证不能时，应当承担对其不利的法律后果。对于举证责任分配错误是否属于我国《仲裁法》第58条第3款规定的仲裁程序违法，以及司法能否对其审查？在实践中，存在不同观点：有观点认为，举证责任分配错误不属于仲裁程序违法，人民法院不能超出法律规定的范围，对仲裁裁决中举证责任分配、证据认定、事实认定等实体处理进行审查，以避免过度干预仲裁裁决的处理结果。例如，北京第四中级人民法院（2019）京04民特39号案例；也有观点认为，举证责任分配错误属于仲裁程序违法，裁定撤销仲裁裁决。例如，通化市中级人民法院（2017）吉05民初126号通化市东方房地产开发有限公司与曾广厚撤销仲裁裁决纠纷一案。本案典型意义在于，对当事人之间实体权利义务的判定交由仲裁庭，经综合分析加以认定，司法不能超出法定的范围就仲裁裁决中的举证责任分配、证据认定、事实认定等实体处理内容进行审查。可见人民法院对山东百富公司提出的仲裁程序违反法律规定的主张不予采纳，并无不当。

1. 当事人举证责任的分配

一般而言，我国现有的举证责任分配规范体系主要是以"法律要件分类说"为基础构建起来的。该学说认为，民事实体法规范分为权利发生规范和对立规范两大类，其本身已经具备举证责任分配的原则，即凡主张权利存在的当事人，应当对权利发生的法律要件存在的事实负举证责任，否认权利存在的当事人，应当就权利妨碍法律要件、权利消灭法律要件或者权利限制法律要件存在的事实负举证责任。笔者认为，在我国主要采"法律要件分类说"的情况下，举证责任规范更多是实体法规范向证据规则的自然延伸，而非旨在调整仲裁程序的程序性规范。在此基础上，仲裁庭分配举证责任错误不属于我国《仲裁法》第58条第3款规定的"仲裁程序违反法定程序"情形。

2. 人民法院对仲裁庭举证责任分配的审查

从一般意义而言，当事人之间实体权利义务问题，由仲裁庭综合分析加以判定。人民法院就仲裁裁决中的举证责任分配、证据认定、事实认定等实体处理内容进行审查时，不能超出法律规定的范围，以避免过度干预仲裁裁决的处理结果。故当事人以不属于我国《仲裁法》第 58 条、《民事诉讼法》第 237 条、第 274 条规定的事由，或者以仲裁裁决中举证责任分配、证据的认证、事实的认定等实体裁决事项错误为由，申请撤销或者不予执行仲裁裁决的，人民法院不予支持。

实践思考：

1. 结合本案，分析当事人举证责任的分配与仲裁裁决结果之间的关系。

2. 分析仲裁举证责任分配规则及其法律后果。

3. 当事人认为仲裁庭举证责任分配失当的，可以如何寻求救济？

4. 假设你是本案主审法官，当事人以仲裁庭举证责任分配不当为由，申请撤销或者不予执行仲裁裁决，请结合本案审查情况撰写一份裁定书。

拓展阅读：

1. 田有赫：《国内仲裁法律适用》，北京，法律出版社 2018 年版；

2. 最高人民法院民事审判庭第一庭：《〈最高人民法院关于民事诉讼证据的若干规定〉适用手册》，北京，法律出版社 2019 年版；

3. 王娱媛：《我国初步证据的类型化使用及其规则完善》，《江西社会科学》2021 年第 7 期；

4. 王刚：《证明责任减轻制度研究》，《比较法研究》2021 年第 6 期；

5. 段文波：《民事证明责任分配规范的法教义学新释》，《政法论坛》2020 年第 3 期；

6. 王亚新：《民事诉讼中的举证责任》，《证据科学》2014 年第 1 期。

鉴定的申请与委托[*]

【学习要点】了解和掌握当事人如何申请鉴定，鉴定程序如何推进，在确认仲裁协议效力的案件中，当事人能否就仲裁协议上签名的真实性申请鉴定，以及人民法院对仲裁庭鉴定的决定可否进行审查等基本知识。重点围绕对委托鉴定的审查与处理问题这一主题，理解在仲裁程序中，当事人就专门性问题认为需要鉴定的，仲裁机构依法应当给予支持。明确仲裁庭就是否需要鉴定所做出的选择未违反最低正当程序要求时，不应当认定为仲裁庭违反法定仲裁程序，人民法院也不应当就是否鉴定的问题对仲裁进行过度审查。

【核心概念】委托鉴定；正当程序；司法审查

【问题导向】在仲裁程序中，当事人如何申请鉴定，鉴定程序如何推进？在确认仲裁协议效力案件中，当事人能否就仲裁协议上签名的真实性申请鉴定？人民法院对仲裁庭鉴定的决定可否进行审查？

【案情简介】申请人福建医科大学附属第二医院；被申请人福建建良建设工程有限公司。

2017年3月3日，泉州仲裁委员会作出［2015］泉仲字1265号裁决书裁决，裁决内容如下：（1）被申请人（反请求申请人）福建医科大学附属第二医院（以下简称福医大二院）应于本裁决书送达之日起10日内偿付申请人（反请求被申请人）福建建良建设工程有限公司（以下简称建良公司）工程款人民币1 486 512元，并支付自2015年6月24日起按中国人民银行同期同类人民币贷款基准利率计算的利息。（2）驳回申请人（反请求被申请人）建良公司的其他仲裁请求。（3）驳回被申请人（反请求申请人）福医大二院的仲裁反请求。泉州仲裁委员会作出裁决后，申请人福医大二院以仲裁庭违反法定程序、建良公司在仲裁时隐瞒足以影响仲裁庭公正裁决的证据为由，请求依法撤销泉州仲裁委员会作出的［2015］泉仲字1265号裁决书。被申请人建良公司以仲裁庭仲裁程序合法、福医大二院主张建良公司在申请仲裁时，隐瞒足以影响仲裁庭公正裁决的证据不能成立为由，进行答辩。

【法院裁判】裁决事项：申请人福医大二院请求撤销泉州仲裁委员会作出的［2015］泉仲字1265号裁决书。

裁决理由：福医大二院第一次申请撤销该仲裁裁决，理由是以仲裁庭先后委托两家鉴定机构对工程款进行鉴定评估，鉴定机构以工作繁忙、鉴定材料不齐全为由，不接受委托鉴定，但仲裁庭未将此事告知当事人而径行作出仲裁裁决，违反仲裁程序。对此，人民法院通知泉州仲裁委员会重新仲裁。仲裁庭在重新仲裁时，向双方

---

[*] 本案来源于中国裁判文书网（https：//wenshu.court.gov.cn），案号：（2017）闽05执异13号。

告知两家鉴定机构不能鉴定的原因，并在先后委托两家鉴定机构不能鉴定的情况下，按照《招标文件》有关承包方式及工程款结算的规定，即污水处理项目实行工程总价一次性包干方式，认定中标包干价（含税）为 1 151 786 元。对增加工程项目造价，仲裁庭认为，建良公司编制《工程结算书》所采用的计价依据，符合《招标文件》约定的"不在工程量清单之内的项目按照省市造价主管部门颁布的施工期间的定额、费用标准、价格信息及下浮系数，由中标人提出适当的单价"的要求。而在明晰六项增加项目工程量的基础上，建良公司以施工期间当地施行的《福建省建筑工程量消耗量定额》《福建省建筑装饰装修工程消耗量定额》作为标准，并结合福建省、泉州市造价主管部门颁布的施工期间的信息而组成的综合单价，未超出当事人预期，比较合理，福医大二院亦未能提出确实有据的异议。据此，仲裁庭采纳建良公司的《工程结算书》，扣除劳保费用的取费标准 4.86%，应为其丁类施工资质对应的取费标准 2.19% 计算及相应的规费和税金后，认定增加项目工程款为 334 726 元。人民法院认为，仲裁庭的上述认定是考虑到大部分鉴定机构因该部分工程量少、收费低，系严密工程且已投入使用等因素不愿接受鉴定委托，已接受委托的两家鉴定机构又因业务繁忙或材料不足而未鉴定的情况，以《招标文件》约定的工程包干价、不在工程量清单之内的项目，按照省市造价主管部门颁布的施工期间的定额、费用标准、价格信息及下浮系数的消耗量定额进行计算得出的工程款金额，而福医大二院对 2015 年 11 月 30 日双方签订的《经济签证核定单》中 6 项工程增加项目除第 3、第 4 项外的工程量并不持异议，其签证意见仅是第 3、第 4 条防水按图纸要求按实结算，但也未提供相应结算依据。据此，仲裁庭按双方签证的增加工程量，按上述定额标准计算工程款是妥当的，不违反我国《仲裁法》和本仲裁委员会《仲裁规则》的规定。福医大二院主张建良公司未向仲裁庭提交工程增加项目的预算和造价。建良公司已明确表示增加项目没有预算和造价，应按《招标文件》约定的不在工程量清单之内的项目，按照省市造价主管部门颁布的施工期间的定额、费用标准、价格信息及下浮系数的消耗量定额进行计算。若确实存在有预算和造价的证据，按照常理福医大二院也应持有一份，也可向仲裁庭提交，不存在建良公司向仲裁庭隐瞒证据的情形。

裁决结果：依法驳回申请人福医大二院的申请。

【案例解析】本案争议焦点在于，在仲裁程序推进中，鉴定程序是否符合法定的程序要求。具体而言，主要涉及工程项目造价鉴定问题。仲裁庭在解决这一争议时，根据当事人的申请或者依职权，选择委托或者指定第三方专业机构对工程项目的造价问题进行鉴定、检验和评定，并最终提供书面的鉴定意见。在仲裁司法审查中，最容易导致人民法院过分监督、对案件进行实体审查的具体事由就是举证质证的程序以及鉴定申请的准予问题。我国《仲裁法》第 44 条规定，"仲裁庭对专门性问题认为需要鉴定的，可以交由当事人约定的鉴定部门鉴定，也可以由仲裁庭指定的鉴定部门鉴定"。

2018 年 3 月 1 日实施的《建设工程造价鉴定规范》中，对建设工程造价鉴定的期限作出了明确规定，但未对仲裁机构委托鉴定的时限，以及仲裁机构是否有权决定终止鉴定、重新鉴定作出规定，这就导致容易围绕鉴定的相关事项产生争议。当事人通常基于仲裁机构委托鉴定的程序违法提出撤销仲裁裁决的申请，具体事由也是五花八门。本案中，申请人就鉴定问题向人民法院提出撤销仲裁裁决的申请，认为仲裁庭在两次申请鉴定未果的情况下，自行估算工程价款的行为属于违反法定仲裁程序的情形。仲裁庭在第一次仲裁中，未告知双方当事人鉴定机构未接受委托的事实而自行作出仲裁裁决，从而损害了当事人的正当权利，因此人民法院通知仲裁庭进行重新仲裁。然而，在重新仲裁中，仲裁庭的程序较前次仲裁有所不同，虽然同样是鉴定机构不接受委托，但在重新仲裁时，仲裁庭向双方告知两家鉴定机构不能鉴定的原因后，依照《招标文件》中有关承包方式及工程款结算的规定估算工程价款。我国《仲裁法》第 44 条虽然对"鉴定"的相关事项进行了规定，但该条文中并未规定仲裁庭必须交由鉴定机关进行鉴定，而是用的"可以"一词。笔者认为，该条款是在保障当事人最低正当程序的基础上，赋予仲裁庭一定的选择权。最低正当程序要求仲裁庭应公平公正地对待当事人，给予各方当事人合理的机会陈述案件、发表辩论意见，它包括程序选择权、程序参与权、程序决定权以及公正程序请求权。倘若仲裁庭对于是否鉴定所作的选择并未违反最低正当程序要求，那么就不应当认定仲裁庭违反法定仲裁程序，人民法院也不应当就此进行过度审查。

1. 在仲裁程序中，当事人申请鉴定及鉴定程序的推进

我国《仲裁法》规定，当事人认为需要进行鉴定时，应当以书面方式提出申请，由仲裁庭决定是否同意。如果仲裁庭同意鉴定，各方当事人可以在规定的时间内共同选择具备资质的鉴定人。如果当事人不能就鉴定人达成一致意见，那么根据我国《仲裁法》和仲裁规则的规定，鉴定人将会被指定产生。鉴定费用通常由申请鉴定的一方当事人预先支付。如果当事人未能在规定期限内足额缴纳鉴定费用，仲裁庭有权决定终止鉴定。此外，仲裁庭也有权要求当事人在规定的期限内向鉴定人提供或者展示鉴定所需的文件、资料、财产或其他物品。如果当事人拒绝提交或展示这些材料，导致无法进行鉴定或影响了鉴定结论，那么该当事人将要承担相应的不利后果。如果当事人和鉴定人之间对于鉴定所需的文件、资料、财产或其他物品是否与案件有关产生争议，那么仲裁庭将作出决定。在一些情况下，仲裁庭可能认为有必要或者根据当事人的请求，通知鉴定人参加庭审。当事人通常可以在获得仲裁庭许可的情况下，就鉴定意见的相关事项向鉴定人提出问题。如果当事人要求重新进行鉴定，是否准许重新鉴定将由仲裁庭决定。

2. 在确认仲裁协议效力案件中，当事人申请鉴定仲裁协议上签名的真实性问题的处理

在司法审查实践中，有的法院认为，应当审查同意当事人的申请，结合鉴定意见，对仲裁条款的成立与否进行判定。例如，昆明市中级人民法院（2017）云 01 民特 147 号王某与云南腾达运通置业有限公司申请确认仲裁协议效力一案；也有的法院认为，为了避免仲裁司法审查阶段对合同实体问题作出处理而超越审查权限，应当对申请人的鉴定申请不予同意，并指出应当向仲裁庭提出鉴定申请。例如，广州市中级人民法院（2018）粤 01 民特 719 号王某与广州欢聚传媒有限公司申请确认仲裁协议效力一案。与之类似的一个问题是，以盖章的方式签署的仲裁协议有效性的判定，各地法院的做法也不尽相同，亟待立法予以明确。对此，笔者认为，人民法院可以采用含鉴定在内的方式查明案件事实，对当事人提出的仲裁协议是否成立的鉴定申请，人民法院原则上应予准许。在很多情形下，仲裁协议也可能以盖章等其他形式签署，要特别注意考察仲裁协议是否为当事人的真实意思表示。由于仲裁协议在本质上也是一种合同，在证明仲裁协议是否成立时，按照最高人民法院《关于民事诉讼证据的若干规定》和《关于〈适用中华人民共和国民事诉讼法〉的解释》第 91 条的规定，由主张仲裁协议成立并生效的一方当事人对仲裁协议订立和生效的事实承担举证责任。

3. 人民法院对仲裁庭作出的鉴定决定的审查与处理

仲裁庭对是否鉴定作出的处理，若未违反最低正当程序要求，则不应当认定违反法定仲裁程序，同时人民法院也不应当就此对仲裁裁决进行过度审查。

实践思考：

1. 结合本案，分析仲裁庭在什么情况下，同意当事人委托鉴定的申请？委托鉴定事项与当事人仲裁请求、仲裁裁决结果是什么关系？

2. 仲裁庭对当事人申请鉴定的，如何进行审查与处理？

3. 仲裁庭作出不予委托鉴定决定后，当事人如何寻求救济？

4. 假设你是本案申请人福医大二院的委托代理人，请代申请人福医大二院撰写一份委托鉴定申请书。

5. 假设你是本案主审法官，请结合本案，撰写一份同意委托鉴定的决定书。

【拓展阅读】

1. 张卫平：《民事诉讼法》，北京，法律出版社 2019 年版；

2. 陆岳松：《民事诉讼法原理与实务》，北京，中国政法大学出版社 2014 年版；

3. 陈光中：《证据法学》，北京，法律出版社 2019 年版；

4. 曹志勋：《对当事人鉴定申请的司法审查——兼论书证真伪鉴定的特殊性》，《法学》2020 年第 12 期；

5. 胡孟宁：《对仲裁中建设工程造价鉴定若干问题的探讨》，《中国仲裁法学研究会 2013 年年会暨第六届中国仲裁与司法论坛论文集》，2013 年版；

6. 李庆明：《仲裁的最低正当程序简析》，《商事仲裁》2006 年第 01 期；

7. 韦中铭：《论当事人自行委托鉴定的结论性质》，《政法论坛》2001 年第 1 期。

重复仲裁的识别[*]

【学习要点】 了解和掌握重新仲裁的界定、重复仲裁与一裁终局之间的关系，重复仲裁司法审查的路径，以及当事人放弃仲裁协议提起诉讼后，又申请仲裁的判定等基本知识。重点围绕重复仲裁的司法审查这一主题，理解基于不同的仲裁标的理论，实践中对重复仲裁的不同认定方式。明确仲裁实行"一裁终局"，这意味着就"同一争议"，在仲裁听证和裁决后，不再接受当事人基于争议提出的仲裁申请。

【核心概念】 重复仲裁；同一事实；司法审查

【问题导向】 重复仲裁与一裁终局之间的关系如何？如何对重复仲裁进行司法审查？当事人放弃仲裁协议提起诉讼后，又申请仲裁的，是否构成重复仲裁？

【案情简介】 申请人荆楚理工学院；被申请人湖北省建工第二建设有限公司。

湖北省建工第二建设有限公司（以下简称湖北第二建设公司）与荆楚理工学院通过招标方式，于 2013 年 6 月 28 日就荆楚理工学院公共租赁住房建设项目施工一标段 4 号、5 号楼签订了《湖北省建设工程施工合同》。该工程竣工后，双方就人工费是否应按湖北省住房和城乡建设厅 2012 年 10 月发布的鄂建文〔2012〕第 85 号文件计算，并由荆楚理工学院向湖北第二建设公司支付人工费差价问题发生争议。就该争议，湖北第二建设公司于 2016 年向荆门仲裁委员会申请仲裁，荆门仲裁委员会认为，涉案工程的人工费按照鄂建文〔2012〕第 85 号文件予以调整，但因湖北第二建设公司未提供证据证明该工程增加的人工费的具体数额，根据"谁主张，谁举证"的原则，应由湖北第二建设公司承担举证不能的法律后果。据此，荆门仲裁委员会作出荆裁〔2018〕第 44 号仲裁裁决：不支持湖北第二建设公司的仲裁请求。2019 年，湖北第二建设公司再次就案涉工程是否适用鄂建文〔2012〕第 85 号文计算人工费，并由荆楚理工学院支付差价问题提起仲裁。在本次仲裁中，湖北第二建设公司提交了湖北公力工程咨询服务有限公司出具的鄂公力价鉴〔2019〕第 001 号鉴定意见书，拟证明案涉工程人工费差价，按鄂建文〔2012〕第 85 号文计算为 2 240 234.60 元。荆门仲裁委员会认为，荆裁〔2018〕第 44 号仲裁裁决，对湖北第二建设公司原提出的仲裁请求，以证据不足为由未予支持。申请人依据新的证据即咨询报告再次申请仲裁，是其对自身权利的处分。咨询报告是在荆裁〔2018〕第 44 号裁决书生效后产生，该报告编审说明第 6 条明确 4 号、5 号楼合同土建安装工程及新增土建项目人工费未执行鄂建文〔2018〕第 85 号文。湖北第二建设公司在咨询报告中的《建设工程造价编审确认表》上，注明对人工费未执行 85 号文保留调整的权利，对工程量认可；荆楚理工学院对咨询报告无异议。至此，确定了湖北第二建设公司实际完成的工程量，这为湖北第二建设公司的仲裁请求

---

[*] 本案来源于中国裁判文书网（https://wenshu.court.gov.cn），案号：（2020）鄂 08 民特 10 号。

提供了现实的依据。从湖北第二建设公司在《建设工程造价编审确认表》中的签字来看，双方并未就建设工程价款的结算达成一致。为此，咨询报告为新证据。故该仲裁委员会受理此案不属于重复仲裁，荆楚理工学院的抗辩理由不成立。荆门仲裁委员会于 2019 年 12 月 31 日作出荆裁［2019］第 713 号裁决：（1）被申请人荆楚理工学院于收到本裁决书之日起 10 日内向申请人湖北第二建设公司支付人工费 574 620.18 元；逾期支付的，被申请人向申请人赔偿损失，以 574 620.18 元为基数，按照同期全国银行间同业拆借中心公布的贷款市场报价利率计算。（2）不支持申请人湖北第二建设公司的其他仲裁请求。（3）本案仲裁费 19 709 元，鉴定费 15 000 元，合计 34 709 元，由申请人湖北第二建设公司承担 24 296.3 元，被申请人荆楚理工学院承担 10 412.7 元。前述费用申请人已预付，被申请人荆楚理工学院承担的部分，由其在履行本裁决书第（1）项裁决时径付申请人湖北第二建设公司。荆楚理工学院向人民法院请求撤销荆门仲裁委员会荆裁［2019］第 713 号裁决书，事实与理由如下：荆裁［2019］第 713 号仲裁裁决构成重复仲裁，荆门仲裁委员会违反了我国《仲裁法》第 9 条规定的"一裁终局"制度；前裁决发生法律效力后，没有发生任何"新的事实"。荆裁［2019］第 713 号裁决书以有新证据为由，认定后案受理不属于重复仲裁，该理由明显不能成立。后案仲裁没有新的事实发生，即便有新的事实，也只能由法院受理，荆门仲裁委员会受理并裁决系程序违法。后案裁决助长湖北第二建设公司违反诚实信用原则，不仅对荆楚理工学院不公平，也损害了其他投标人的权益，破坏了公开公平竞争的市场秩序，损害了社会公共利益，应当裁定撤销。后案关于学院应支付 30% 人工费价差的裁决，缺乏事实与法律依据，违反我国《仲裁法》第 7 条规定的公平合理原则。湖北第二建设公司答辩理由如下：（1）湖北第二建设公司在荆裁［2018］第 44 号仲裁裁决后，就与荆楚理工学院就工程量达成一致，构成新的事实证据。湖北第二建设公司与荆楚理工学院在荆裁［2019］第 713 号裁决之前，存在荆裁［2018］第 44 号裁决，该裁决中已载明人工费应予以调整，因湖北第二建设公司未提供证据证明该工程增加的人工费的具体数额，应由湖北第二建设公司承担举证不能的后果。在荆裁［2018］第 44 号裁决中，湖北第二建设公司与荆楚理工学院尚未能就工程量达成一致，正如荆楚理工学院在申请书中所述，湖北第二建设公司的施工量确是已形成的事实，但湖北第二建设公司施工的工程量与双方确认的工程量是两个事实，湖北第二建设公司施工的工程量需经双方确认，也才能成为最终结算依据，也才是结算所依据的事实，而且由于种种原因，可能出现湖北第二建设公司施工的工程量不等于结算工程量，即形成两个不同的事实的情况，不能混为一谈。（2）荆楚理工学院依据本事由所提撤销仲裁裁决申请已超过撤裁时效。荆楚理工学院在荆裁［2019］第 713 号裁决之前，已就该案提出仲裁管辖异议申请，管辖异议内容即违反一裁终局制度，不应受理。荆门仲裁委员会已就荆楚理工学院的该请求做出荆裁决［2019］第 52 号决定书，认定管辖异议不成立，荆门仲裁委员会有管辖权。荆楚理工学院对该决定不服的，依据我国《仲裁法》第 59 条之规定，应在该决定书作出之日起 6 个月内提出。本案中荆楚理工学院提出重复仲裁管辖权事由，已超过撤销仲裁时效。

【法院裁判】 裁决事项：申请人荆楚理工学院请求撤销荆门仲裁委员会荆裁［2019］第 713 号裁决书。

裁决理由：根据我国《仲裁法》第 9 条的规定，对"同一纠纷"，仲裁审理并作出裁决后，不再受理当事人基于该纠纷的仲裁申请。从最高人民法院《关于适用〈中华人民共和国民事诉讼法〉的解释》第 247 条第 1 款规定来看，在本案中，两次仲裁的内容存在以下相同之处：第一，仲裁的当事人相同，即申请人与被申请人均分别为湖北第二建设公司和荆楚理工学院；第二，仲裁标的相同，前后仲裁均基于同一建设工程施工合同产生的权利义务关系；第三，仲裁请求相同，前后仲裁请求均为要求荆楚理工学院支付适用鄂建文［2012］第 85 号文，计算人工费产生的人工费差价。故认定案涉前后两次仲裁应属于"同一纠纷"。可见，荆门仲裁委员会就同一纠纷再次进行仲裁，明显违反了我国《仲裁法》第 9 条规定的"一裁终局"制度。结合我国《仲裁法》第 58 条第 1 款第（3）项及《仲裁法解释》第 20 条的规定，案涉后仲裁违反法定程序，符合《仲裁法》规定的撤销仲裁裁决情形，荆楚理工学院主张案涉仲裁属于重复仲裁应予以撤销的主张成立。

裁决结果：裁定撤销荆门仲裁委员会荆裁［2019］第 713 号仲裁裁决。

【案例解析】 重复仲裁的司法审查存在较大争议，具体表现在以下几方面：第一，重复仲裁属于撤销仲裁裁决的哪一项事由；第二，谁有权判断是否存在重复仲裁。从司法审查实践来看，主要有两种观点：第一种观点认为，重复仲裁属于违反法定程序的撤销仲裁裁决事由。认定重复仲裁构成违反法定程序事由的主要依据是仲裁规则。以中国国际经济贸易仲裁委员会为例，其《仲裁规则》第 48 条第（9）项规定，"裁决是终局的，对双方当事人均有约束力。任何一方当事人均不得向法院起诉，也不得向其他任何机构提出变更仲裁裁决的请求"。而根据最高人民法院《仲裁法解释》第 20 条的规定，违反仲裁规则即构成违反法定程序。第二种观点认为，重复仲裁构成申请撤销仲裁裁决事由。认定重复仲裁构成无权仲裁的，主要依据是纠纷的可仲裁性，根据我国《仲裁法》第 9 条的规定，仲裁裁决作出后，当事人就同一纠纷再申请仲裁或者向人民法院起诉的，仲裁委员会或者人民法院不予受理。

1. 重复仲裁与一裁终局之间关系的认识

我国《仲裁法》第 9 条和最高人民法院《关于适用〈中华人民共和国民事诉讼法〉的解释》第 247 条第 1 款规定，当事人重复起诉的，裁定不予受理；已受理的，裁定驳回起诉，但法律、司法解释另有规定的除外。"一裁终局"制度是指当事人之间的纠纷一经仲裁审理和裁决即告终结，该裁决具有终局的法律效力。裁决作出后，当事人就同一争议再次向仲裁委员会申请仲裁或者向人民法院提起诉讼的，仲裁委员会或者人民法院不予受理。

2. 人民法院审查和处理重复仲裁的方式

人民法院对仲裁裁决的司法审查，限于我国《仲裁法》第 58 条规定的撤销仲裁裁决，以及《民事诉讼法》第 237 条、第 274 条规定的不予执行仲裁裁决的情形。在这些法律列明的情形中，并未直接规定人民法院可以以重复仲裁为由撤销或者不予执行仲裁裁决，这也为各地法院不同的认定标准埋下了伏笔。基于不同的仲裁标的理论，司法实践中存在不同的重复仲裁的认定方式：一种裁决方式遵循旧诉讼标的理论，以请求权基础为核心判断是否构成重复仲裁。例如，在武汉市中级人民法院审理的（2020）鄂 01 民特 343 号案中，申请人主张两个仲裁案件的仲裁标的均是双方签订的股权转让合同，且仲裁请求都是要求履行合同义务，因此构成重复仲裁。但是，人民法院认为，"两次仲裁程序中涉及的仲裁申请事项以及裁决内容并不一致，前次仲裁针对的是土地确权分割办证，故与本案仲裁事项并不重复"。另一种裁判方式则遵循新诉讼标的理论，以当事各方争议的法律关系为核心判断是否构成重复仲裁。例如，在（2017）京 04 民特 39 号案件中，北京市第四中级人民法院认为，"两案的争议标的相同，UNI-TOP 公司的请求所依据的均是其与国勘公司于 2005 年 3 月 4 日签订的《代理协议》以及后来签订的《延期协议》《补充协议》，均属于委托合同关系"。

3. 当事人放弃仲裁协议提起诉讼后，又申请仲裁的，人民法院的审查处理方式

当事人放弃仲裁协议提起诉讼后，又申请仲裁的，仲裁委员会一旦进行裁决，是否属于重复仲裁？实践中，有两种不同观点：一种观点认为，后案仲裁与前案诉讼在主体、标的和具体请求上同一，应认定构成重复仲裁。后裁违反"一事不再理"原则，属于违反法定程序的情形；另一种观点则认为，双方当事人已放弃仲裁协议，对争议管辖重新作出了提交诉讼解决的安排，在此之后再申请仲裁，应视为没有仲裁协议的情形，适用我国《仲裁法》第 58 条第（1）项之规定撤销仲裁裁决。笔者赞同后一种观点。

实践思考：

1. 结合本案，分析重复仲裁与一裁终局、仲裁公信力之间的关系。

2. 分析重复仲裁司法审查及其判断标准。

3. 假设你是本案的仲裁员，应当如何审查重复仲裁？对构成重复仲裁的，应当如何处理？

4. 假设你是本案主审法官，应当如何审查申请人以重复仲裁为由，申请撤销或者不予执行仲裁裁决？结合本案审查情况撰写一份裁定书。

【拓展阅读】

1. 刘晓红：《仲裁一裁终局制度之困境及本位回归》，北京，法律出版社 2016 年版；

2. 李广辉、林泰松：《仲裁法学》，北京，中国法制出版社 2019 年版；

3. 乔欣：《仲裁法学》（第三版），北京，清华大学出版社 2020 年版；

4. 张春良、毛杰：《论违背"一裁终局"原则的仲裁裁决之撤销》，《西南政法大学学报》2020 年第 6 期；

5. 万鄂湘、于喜富：《再论司法与仲裁的关系——关于法院应否监督仲裁实体内容的立法与实践模式及理论思考》，《法学评论》2004 年第 3 期；

6. 黄晓慧：《论仲裁的终局性与司法复审》，《学术研究》2000 年第 6 期。

裁决中的伪造证据*

【学习要点】 了解和掌握仲裁裁决中伪造证据的界定；对仲裁裁决中认定的伪造证据的情形，司法审查处理路径等基本知识。重点围绕伪造证据的司法审查这一主题，理解已被仲裁裁决采信，属于认定案件基本事实的主要证据，但其中属于通过编造、变造、提供虚假材料等非法手段形成或获得的，违反客观性、相关性和合法性要求的证据，人民法院应当认定该仲裁裁决所依据的证据属于伪造的情形。明确依伪造的证据作出的仲裁裁决将丧失客观公正性，需要通过司法审查程序加以救济。

【核心概念】 仲裁裁决；伪造证据；证据能力；司法审查

【问题导向】 如何判定仲裁裁决中的伪造证据？对仲裁裁决中认定的属于伪造证据的情形，司法应当如何处理？

【案情简介】 申请人倪某某；被申请人（原仲裁申请人）深圳市顺诚乐丰保理有限公司；原仲裁第一被申请人宁波亿普瑞物流自动化分拣设备有限公司；原仲裁第二被申请人郑某某。

申请人倪某某申请撤销仲裁裁决的理由如下：仲裁违反法定程序；本案仲裁庭裁决倪某某连带支付融资款500万元、并支付利息、罚息、律师费、仲裁费等所依据的《保理业务连带责任保证合同》中的倪某某的签字并非本人所签，系他人伪造。经法院审理查明：倪某某向人民法院申请对《保理业务连带责任保证合同》中"倪某某"的签名笔迹进行鉴定。人民法院准许了该鉴定申请并委托广东中一司法鉴定所进行鉴定。该所作出的鉴定意见为：编号HQSFPRM-FL-201505-0014《保理业务连带责任保证合同》第12条乙方处"倪某某"签名笔迹与委托方提供的"倪某某"样本签名笔迹不是同一人笔迹。深圳国际仲裁院两次以EMS特快专递向倪某某邮寄送达仲裁通知书、开庭通知书等法律文书，收件地址包括倪某某的身份证住址以及合同约定通信地址，邮件分别以"地址不符、电话无人接听"及"拒收"为由被退回。

【法院裁判】 裁决事项：申请人倪某某请求撤销深圳国际仲裁院华南国仲深裁〔2017〕D513号裁决。

裁判理由：关于仲裁院认定事实的证据是否系伪造，经鉴定，《保理业务连带责任保证合同》并非倪某某本人所签，倪某某与深圳市顺诚乐丰保理有限公司（以下简称顺诚乐丰公司）之间不存在仲裁协议，仲裁院所作裁决所依据的《保理业务连带责任保证合同》系伪造。依法对仲裁裁决中与倪某某有关的裁决部分予以撤销（关于仲裁程序是否违法部分略）。

---

* 本案来源于中国裁判文书网（https：//wenshu.court.gov.cn），案号：（2018）粤03民特1号。

裁判结果：依法撤销深圳国际仲裁院华南国仲深裁〔2017〕D513号裁决第（1）项"第一被申请人、第二被申请人、第三被申请人连带向申请人支付融资款人民币500万元"中有关倪某某（第三被申请人）承担连带清偿责任的内容；撤销深圳国际仲裁院华南国仲深裁〔2017〕D513号裁决第（2）项"第一被申请人、第二被申请人、第三被申请人连带向申请人支付截至2017年8月29日的利息和罚息共计人民币1 359 029.99元；第一被申请人、第二被申请人、第三被申请人并以人民币500万元为基数，按年利率12%，连带向申请人支付自2017年8月30日至款项清偿之日的利息"中有关倪某某（第三被申请人）承担连带清偿责任的内容；撤销深圳国际仲裁院华南国仲深裁〔2017〕D513号裁决第（3）项"第一被申请人、第二被申请人、第三被申请人连带向申请人补偿因办理案件支出的律师服务费人民币10 000元"中有关倪某某（第三被申请人）承担连带清偿责任的内容；撤销深圳国际仲裁院华南国仲深裁〔2017〕D513号裁决第（4）项"本案仲裁费人民币88 871元，全部由第一被申请人、第二被申请人、第三被申请人连带承担。申请人预缴的仲裁费人民币88 871元抵作本案仲裁费，不予退还，第一被申请人、第二被申请人、第三被申请人应径向申请人支付人民币88 871元"中有关倪某某（第三被申请人）承担的内容。

【案例解析】 证据是仲裁庭确认案件事实，明辨是非、确定双方责任、作出仲裁裁决的客观依据。当事人应当如实向仲裁庭提供证据。当事人提供伪造证据，势必影响仲裁庭对案件事实的正确判断和客观、公正的仲裁裁决的作出。对此，我国《仲裁法》第58条和《民事诉讼法》第237条有明确规定，基于伪造证据作出的仲裁裁决应予以撤销或者不予执行。那么，何谓伪造证据？最高人民法院《关于人民法院办理仲裁裁决执行案件若干问题的规定》对此首次予以明确。在实践中，人民法院对"伪造证据"这一情形的判定与"隐瞒证据"较为相同，如果人民法院要求申请人提交对方当事人及其代理人伪造证据的证据，申请人无法提交的，则直接予以驳回。

1. 伪造证据的具体情形

从形式上来看，伪造证据包括模仿真实证据而制造虚假证据、凭空捏造虚假证据、对真实证据进行编造，增加己方证据证明力或减少对方证据证明力的情形等。从时间上来看，伪造证据的行为可以发生在收集证据的阶段、提交证据的阶段、交换证据的阶段以及庭审的阶段等。

2. 伪造证据的判断标准

对于伪造证据的具体界定，我国《仲裁法》《仲裁法解释》和《民事诉讼法》《关于引用〈中华人民共和国民事诉讼法〉若干问题的解释》均未予以明确。《人民法院办理仲裁裁决执行案件若干问题的规定》第15条规定，符合下列条件的，人民法院应当认定其为《民事诉讼法》第237条第（2）（4）项规定的"裁决依据是伪造的"情形：仲裁裁决已经采信该证据，该证据属于认定案件基本事实的主要证据，该证据经查明确属通过捏造、变造、提供虚假证据等非法方式形成或获取，违反了证据的客观性、相关性和合法性要求。其中，"经查明确属通过捏造、变造、提供虚假证明等非法方式形成或者获取，违反证据客观性、关联性、合法性要求"虽然暗含主观故意，但是此种故意系证据提交人为之，还是案外人为之，上述规定并未区分。证据虽系伪造，但是判断该证据是否可在法律上被采信，未要求证据内容一定与客观事实相违背。对此，有的法院在司法鉴定确认公章不真实的情况下，直接裁定部分撤销仲裁裁决，而未审查合同内容的真实性。例如，（2017）粤 03 民特 259 号民事裁定书，深圳市中级人民法院认为，涉案《保证担保合同》上加盖的华感公司印章印文经司法鉴定与比对样本即华感公司在公安部门备案公章印文、华感公司在其他合同中使用的公章印文不是同一印章所盖，而上述比对样本经司法鉴定均系同一枚印章盖印，在黎某某没有其他证据证明华感公司存在私刻公章、使用多枚公章的情况下，上述鉴定意见足以证明涉案《保证担保合同》上加盖的华感公司印章不是华感公司所使用的，不能认定该合同及其合同中约定的仲裁条款为华感公司真实的意思表示。《保证担保合同》存在伪造的情形，仲裁庭系对该《保证担保合同》进行审理并作出裁决，华感公司请求撤销该仲裁裁决中涉及其作为担保人部分的裁项理由成立，应予支持。

实践思考：

1. 结合本案，分析当事人伪造证据对案件事实发现、仲裁裁决结果的影响。

2. 分析伪造证据的判断标准及其法律后果。

3. 假设你是本案申请人的委托代理人，请代申请人撰写一份以被申请人伪造证据为由，撤销或者不予执行仲裁裁决的申请书。

4. 假设你是本案主审法官，应当如何审查申请人以被申请人伪造证据为由，撤销或者不予执行仲裁裁决的申请书？结合本案审查情况撰写一份裁定书。

【拓展阅读】

1. 田有赫：《国内仲裁法律适用》，北京，法律出版社 2018 年版；

2. 毛晓飞：《仲裁的司法边界——基于中国仲裁司法审查规范与实践的考察》，北京，中国市场出版社 2020 年版；

3. 邓建民、曾青：《仲裁程序若干问题研究——基于理论前言和实务规范的思考》，北京，民族出版社 2014 年版；

4. 张卫平：《民事证据裁判原则》，《比较法研究》2021 年第 2 期；

5. 刘静坤、邵晓悦：《法定取证程序与证据合法性认定的逻辑关联》，《法律适用》（司法案例）2018 年第 8 期；

6. 蔡虹、郑若颖：《论民事诉讼中虚假证据之理性规制》，《山东社会科学》2017 年第 10 期。

裁决中的隐瞒证据*

【学习要点】了解和掌握仲裁裁决中隐瞒证据的界定，"对方当事人向仲裁机构隐瞒了足以影响公正裁决的证据"的判断，以及隐瞒证据的司法审查判断要点等基本知识。重点围绕隐瞒证据的审查与处理这一主题，理解"对方当事人向仲裁机构隐瞒了足以影响公正裁决的证据"的核心要义；一方当事人以对方当事人隐瞒了足以影响公正裁决的证据向人民法院申请撤销或者不予执行仲裁裁决时，当事人无证据证明仲裁庭错误地认定了违约或侵权行为，对仲裁庭确定的损害赔偿金或违约金数额有异议，并以另一方隐瞒与损失有关的证据为由，请求人民法院驳回仲裁裁决的，人民法院不予支持。

【核心概念】仲裁裁决；隐瞒证据；判断标准；司法审查

【问题导向】何谓在仲裁裁决中隐瞒证据？如何认识与理解"对方当事人向仲裁机构隐瞒了足以影响公正裁决的证据"的情形？隐瞒证据的司法审查判断要点何在？

【案情简介】申请人麒麟网（北京）影视文化传播有限公司、庞某；被申请人北京馨江影业文化传媒有限公司。

申请人麒麟网（北京）影视文化传播有限公司（以下简称麒麟网公司）、庞某请求人民法院依法撤销北京仲裁委员会于 2018 年 6 月 27 日作出的（2018）京仲裁字第 1148 号仲裁裁决。事实与理由如下：北京馨江影业文化传媒有限公司（以下简称馨江公司）隐瞒了足以影响公正裁决的证据。裁决所依据的《协议书》是通过将庞某拘禁在办公室迫使其签订的。《协议书》内容与之前的投资协议相比，权利义务发生了重大变化。《协议书》将馨江公司通过麒麟网公司投资拍摄《寄居者》影片的投资款变更为借款，并称麒麟网公司未将馨江公司的 360 万元汇款投资到《寄居者》影片的拍摄中。现该投资尚不具备兑现收益的条件，但馨江公司将风险转嫁给麒麟网公司，并增加庞某个人的担保义务，违背了麒麟网公司和庞某的真实意愿。且《协议书》变更了之前投资协议关于管辖的约定，可以佐证麒麟网公司和庞某是受胁迫签订的协议书。被申请人馨江公司请求人民法院依法驳回麒麟网公司、庞某的申请，其认为裁决不存在可依法撤销之情形。（1）关于《协议书》的效力。无论《协议书》是否有效，都不是法律规定的申请撤销仲裁裁决的理由。《协议书》是麒麟网公司、庞某和馨江公司的真实意思表示，且麒麟网公司、庞某在仲裁中也认可了《协议书》签字盖章的真实性，在麒麟网公司、庞某没有提供相应证据证明其系被胁迫签订的情况下，其所提出的相关情况说明并非撤裁理由。即便《协议书》系被迫签订，麒麟网公司也没有行使撤销权。（2）关于仲裁范围。《协议书》第 6 条明确约定涉及该《协议书》的全部争议都

---

* 本案来源于中国裁判文书网（https://wenshu.court.gov.cn），案号：（2018）京 04 民特 332 号。

适用仲裁解决，并选择了北京仲裁委员会为仲裁机构。裁决所涉主体为麒麟网公司、庞某和馨江公司，并不涉及第三人，且麒麟网公司的权益并不直接等同于公司股东的权益。因此，本案裁决不存在超裁的情形。（3）关于裁决是否违反社会公共利益。本案所涉投资协议并未实际履行，且合同当事人已经通过签订新协议的方式将投资款变更为借款，上述行为并未违反社会公共利益。

【法院裁判】裁决事项：麒麟网公司、庞某请求人民法院依法撤销北京仲裁委员会作出的（2018）京仲裁字第 1148 号仲裁裁决。

裁决理由：麒麟网公司、庞某提出的馨江公司隐瞒足以影响公正裁决的证据的主张，人民法院对仲裁案件进行司法审查，应当以我国《仲裁法》第 58 条规定的事项作为撤销仲裁裁决的法定事由。对于当事人提出的不符合上述规定的申请理由，不能作为撤销仲裁裁决的依据。

裁决结果：驳回麒麟网（北京）影视文化传播有限公司、庞某的申请。

【案例解析】我国《民事诉讼法》和《仲裁法》均把"当事人隐瞒了足以影响公正裁决的证据"作为申请撤销仲裁裁决的情形之一，但未对隐瞒证据的审查标准予以明确。实践中，该条款既存在可能被当事人滥用、拖延程序的风险，也一定程度上限定了司法审查工作的开展。根据最高人民法院《关于人民法院办理仲裁裁决执行案件若干问题的规定》第 16 条的规定，当事人在仲裁过程中隐瞒己方掌握的证据，仲裁裁决作出后以己方隐瞒的证据足以影响裁决的公正性为由，申请不执行仲裁裁决的，人民法院不予支持。对人民法院认定为对方当事人向仲裁机构隐瞒了"足以影响公正裁决的证据"的情形，可以由仲裁庭重新仲裁的，应当通知仲裁庭在一定期限内重新仲裁，并裁定中止撤销程序。仲裁庭拒绝重新仲裁的，人民法院应当裁定恢复撤销程序。对于仲裁裁决是基于多组证据，由仲裁庭自由裁量作出认定的，典型的情形是仲裁庭对损害赔偿金或违约赔偿金数额的确定。此时，隐瞒"足以影响公正裁决的证据"应被理解为，未提交的证据将不可避免地导致根本不同且明显不公平的裁决结果。如果未提交的证据只可能导致不同的仲裁裁决结果，或者对仲裁裁决结果不构成实质性影响，或者未导致裁决结果明显不公，人民法院不应以当事人隐瞒证据为理由否定该仲裁裁决。一般来说，一方当事人没有证据证明仲裁庭错误地认定了违约或者侵权行为，只对仲裁庭自行确定的损害赔偿金或者违约金数额表示异议，以另一方当事人隐瞒与损失有关的证据为由请求人民法院驳回仲裁裁决的，人民法院不予支持。

1. 仲裁裁决中隐瞒证据的界定，"对方当事人向仲裁机构隐瞒了足以影响公正裁决的证据的"的理解与适用

所谓仲裁裁决中隐瞒证据，是指认定案件基本事实的主要证据仅为对方当事人掌握但其未向仲裁庭提交，一方在仲裁过程中知悉存在该证据，且要求对方当事人出示或者请求仲裁庭责令其提交，但对方当事人无正当理由未予出示或者提交的。一般情况下，一方当事人为了自身利益，可能隐瞒对自己不利的且不为他人所掌握的证据。

此时，仲裁庭对事实的判断则会出现偏差，由此导仲裁裁决结果不公。这里的"足以影响公正裁决的证据"，是指直接关系到仲裁裁决结果的证据，该证据通常与仲裁案件所涉及的纠纷、争议焦点或重要情节有直接的关联，且上述证据也直接影响着仲裁庭对案件事实的正确判断，故在当事人隐瞒了足以影响公正裁决的证据的情况下所作出的仲裁裁决应当被撤销。"对方当事人向仲裁机构隐瞒了足以影响公正裁决的证据的"情形，应符合以下要求：该证据是确定案件基本事实的主要证据；证据仅为对方当事人持有，尚未提交仲裁庭；以及在仲裁过程中，一方已知有该证据，要求对方出示或请求仲裁庭责令其提交，但对方无正当理由不出示或提交。当事人在仲裁过程中隐瞒己方掌握的证据，仲裁裁决作出后，以己方所隐瞒的证据足以影响仲裁裁决的公正性为由，申请不予执行的，人民法院不予支持。

2. 人民法院对仲裁裁决中隐瞒证据的审查与判断

一般情况下，当事人仅主张对方当事人隐瞒证据，而未提供证据证明的，不属于法定的可撤销情形。"对方当事人向仲裁机构隐瞒了足以影响公正裁决的证据"的情形应从以下几个方面审查判断：（1）一方当事人有证据证明另一方当事人持有具体证据。一方当事人主张对方隐瞒证据的，应当写明隐瞒证据的名称，并提供证据证明对方持有该证据。一方仅声称对方持有某一方面的证据，或者仅声称对方具备获取特定证据的条件，不能视为对方隐瞒证据。（2）隐瞒的证据与当事人争议的事实之间存在关联性。这是对证据关联性的要求。如果当事人隐瞒的证据与双方争议的事实无关联性，则不应被视为申请撤销或者不予执行仲裁裁决的事由。（3）仲裁庭或者一方当事人要求另一方当事人提交证据。为了查明案件事实，仲裁庭认为必要时，可以要求当事人提交具体证据或者某一方面的证据。一方当事人也可以向仲裁庭提出申请，由另一方当事人提交证据。在仲裁程序推进中，如果仲裁庭或者一方当事人均未要求另一方当事人提交某一证据，人民法院不应认定该方当事人在申请撤销或者不予执行仲裁裁决中隐瞒了该证据。（4）主张隐瞒证据的一方积极举证。负有举证责任的一方当事人不提供证据，导致仲裁庭认定的法律事实与客观事实不一致的，人民法院不得支持其以另一方当事人隐瞒证据为由，驳回仲裁裁决的主张。（5）未提交的证据将导致仲裁裁决的明显不公。这是指隐瞒的证据对事实的认定及法律的适用有重大影响，可能导致对权利义务的判定出现明显错误。

实践思考：

1. 结合本案，分析隐瞒证据对案件事实发现、仲裁裁决结果作出的影响。

2. 分析隐瞒证据的判断标准及其法律后果。

3. 假设你是本案申请人的委托代理人，请代申请人撰写一份以被申请人证据隐瞒为由，撤销或者不予执行仲裁裁决的申请书。

4. 假设你是本案主审法官，应当如何审查申请人以被申请人证据隐瞒为由，撤销或者不予执行仲裁裁决的申请书？结合本案审查情况撰写一份裁定书。

【拓展阅读】

1. 邓建民、曾青：《仲裁程序若干问题研究——基于理论前言和实务规范的思考》，北京，民族出版社 2014 年版；

2. 李乾贵、胡弘、吕振宝：《现代仲裁法学研究》，北京，中国政法大学出版社 2018 年版；

3. 最高人民法院民事审判庭第一庭：《〈最高人民法院关于民事诉讼证据的若干规定〉适用手册》，北京，法律出版社 2019 年版；

4. 占善刚：《民事诉讼中证据共通原则研究》，《法学评论》2012 年第 5 期；

5. 张圣翠：《仲裁程序正义司法审查制度比较与借鉴》，《上海财经大学学报》2017 年第 2 期；

6. 刘静坤、邵晓悦：《法定取证程序与证据合法性认定的逻辑关联》，《法律适用》2018 年第 8 期。

撤销仲裁调解书的申请*

【学习要点】了解和掌握仲裁调解书是否属于撤销仲裁裁决的范围；当事人提出撤销仲裁裁决的请求超出法定期限的，人民法院审查处理的要点等基本知识。重点围绕撤销仲裁调解书申请的司法审查这一主题，理解仲裁调解书是由仲裁机构制作的，是一种载明当事人自愿达成协议内容的法律文书，与仲裁裁决书具有同等的法律效力。这就意味着仲裁调解书也应纳入司法审查的范围。明确当事人依照我国《仲裁法》的规定，向人民法院申请撤销仲裁调解书，人民法院应当受理。当事人了解仲裁调解书的内容，提出撤销仲裁裁决的请求超出法定期限的，人民法院应裁定不予受理；已受理的，裁定驳回起诉。

【核心概念】仲裁调解书；撤销；申请期限；司法审查

【问题导向】什么是仲裁调解书？仲裁调解书是否属于撤销仲裁裁决的范围？当事人提出撤销仲裁裁决的请求超出法定期限，人民法院应当如何处理？

【案情简介】上诉人（原审申请人）海南自力投资有限公司；被上诉人（原审被申请人）海南中汉房地产开发有限公司。

2019 年 9 月 2 日，海南自力投资有限公司（以下简称自力公司）向一审人民法院提交撤销仲裁调解申请书，请求撤销（2012）海仲字第 484 号仲裁调解书。一审人民法院审查后认为，我国《仲裁法》仅对当事人可以向人民法院申请撤销仲裁裁决的具体情形作了规定，并未明确规定仲裁调解书是否可以撤销。自力公司申请撤销的是仲裁调解书，不是仲裁委员会通过仲裁裁决的方式作出的裁决书，故其申请撤销仲裁调解书不属于撤销仲裁裁决的范围。根据我国《仲裁法》第 59 条的规定，当事人申请撤销裁决的，应当自收到裁决书之日起 6 个月内提出。自力公司申请撤销的（2012）海仲字第 484 号仲裁调解书于 2013 年 4 月 10 日作出，自力公司于 2013 年 4 月 12 日收到，至今已 6 年之久，因此也不符合《仲裁法》规定的 6 个月的法定期限。综上，自力公司的申请缺乏事实和法律依据，故一审人民法院裁定不予受理自力公司的申请。自力公司上诉请求撤销一审裁定，指令一审人民法院对本案立案受理，事实和理由如下：我国《仲裁法》第 58 条虽然只规定了申请撤销仲裁裁决，并不意味着人民法院不能受理撤销仲裁调解书的申请。《仲裁法》第 51 条第 2 款规定，仲裁调解书与仲裁裁决具有同等法律效力。如果仲裁调解书建立在伪造的调解协议或者虚假仲裁的基础上，则该仲裁调解书的意思表示就是不真实的，必然会损害一方当事人或者案外人的合法权益，若人民法院不予受理，则受损害方没有任何救济途径，违背了法律的公平正义，也不符合我国《仲裁法》的立法精神。自力公司对整个仲裁过程并不知情，不认识刘

某某也并未授权委托刘某某参加仲裁，刘某某提交的《特别授权书》等材料上加盖的自力公司印章均系伪造。因此，刘某某签收仲裁调解书不具有法律效力，自力公司不受6个月法定期限的限制。被上诉人海南中汉房地产开发有限公司（以下简称中汉公司）未提交答辩意见。

【法院裁判】 裁决事项：自力公司请求撤销（2012）海仲字第484号仲裁调解书。

裁决理由：根据我国《仲裁法》第51条第2款和第59条的规定，海南仲裁委员会于2013年4月10日作出（2012）海仲字第484号仲裁调解书，刘某某代自力公司于2013年4月12日签收了该仲裁调解书。自力公司主张其不认识刘某某，也从未授权委托刘某某代理自力公司参加仲裁，故其并未超过申请撤销仲裁调解书的法定期限。但是，海口海事法院在执行申请执行人中汉公司与被执行人自力公司土地使用权转让合同纠纷一案中，自力公司向海口海事法院申请不予执行（2012）海仲字第484号调解书，海口海事法院于2017年8月8日立案受理。由此可见，自力公司最迟于2017年8月8日就已知道（2012）海仲字第484号仲裁调解书内容，但是其于2019年9月2日才向一审法院申请撤销该调解书，已超过《仲裁法》规定的6个月期限。因此，自力公司的申请不符合法律规定，对其提出的撤销仲裁调解书的申请，依法应当裁定不予受理。

裁决结果：维持一审对自力公司撤销仲裁调解书的申请不予受理的裁定。

【案例解析】 我国《仲裁法》第51条第2款规定，调解书与裁决书具有同等法律效力。仲裁调解书是否具备仲裁裁决书所具备的全部效力，这一问题的答案将直接影响对仲裁调解书的撤销和不予执行的理解。本案中，一审人民法院驳回申请人请求的理由有两点：一是申请撤销仲裁调解书不属于撤销仲裁裁决的范围；二是自力公司的申请不符合《仲裁法》规定的应当自收到裁决书之日起6个月内提出的法定期限。二审人民法院驳回上诉人上诉的理由则为上诉人的申请已超过《仲裁法》规定的6个月期限。由此可见，二审人民法院似乎并不认同一审人民法院有关"申请撤销仲裁调解书不属于撤销仲裁裁决的范围"的观点。在（2019）新01民特117号民事裁定书中，乌鲁木齐市中级人民法院则认为，人民法院只能对仲裁裁决书进行审查，而无权审查仲裁调解书。结合减少对当事人意思自治的职权干预、坚持仲裁司法监督有限原则，对当事人申请撤销仲裁调解书的，应做严格限制。即在无明确法律依据的情况下，人民法院不应受理此类案件。上述两则案例充分反映出当前司法实践中有关撤销仲裁调解书的争议。此外，根据我国《仲裁法》第59条的规定，自收到裁决书之日起6个月的期限属于案件的受理条件还是案件的实体审理条件？在（2018）京04民特404号民事裁定书中，北京市第四中级人民法院指出，"仲裁裁决于2017年5月31日邮寄，至张雪松、张雪城于2018年10月19日向本院递交撤销仲裁裁决申请书时，已远超过6个月时限。故张雪松、张雪城关于案涉仲裁裁决的撤销申请不符合法律规定的受理条件"。然而，在（2018）京04民特262号民事裁定书中，北京市第四中级人民法院又认为，"华丰银地于 2018 年 7 月提出撤销仲裁裁决申请，距该仲裁裁决的有效送达时间已远远超过了法定 6 个月的期限，该申请无法得到支持……驳回北京华丰银地投资管理有限公司的申请"。二者的区别在于，该期限如果属于案件受理条件，根据最高人民法院《关于审理仲裁司法审查案件若干问题的规定》第 8 条的规定，当事人对不予受理裁定不服的可以提起上诉；该期限如果属于案件实体审理条件，当事人对驳回申请裁定不服的，则不能上诉、不能申请再审，检察院也无权提起抗诉。从裁定书内容来看，本案例中两级法院显然认为该期限属于案件的受理条件。

1. 仲裁调解书的界定，以及 "仲裁调解书与仲裁裁决具有同等效力" 的理解与适用

仲裁调解书是由仲裁机关制作的，载明当事人自愿达成仲裁协议内容的一种法律文书。我国《仲裁法》第 58 条和《民事诉讼法》第 237 条、第 274 条规定的撤销、不予执行事由，均针对仲裁裁决规定，并未提及仲裁调解书。对此，一种观点认为，我国《仲裁法》第 51 条规定了仲裁调解书与裁决书具有同等法律效力。最高人民法院《关于人民法院应否受理撤销仲裁调解书申请的复函》指出，根据我国《仲裁法》第 58 条第 1 款的规定，当事人可以向人民法院申请撤销仲裁裁决；该法第 51 条第 2 款又规定，仲裁调解书与裁决书具有同等法律效力，这就意味着仲裁调解书也应纳入司法审查的范围。因此，当事人依照我国《仲裁法》第 58 条的规定，向人民法院申请撤销仲裁调解书的，人民法院应当受理。此观点旨在防止虚假仲裁。实践中，部分人民法院依据上述复函，裁定撤销了仲裁调解书。例如，在（2015）沧民特字第 1 号河北沧润房地产开发有限公司与李金栋等案申请撤销仲裁调解书一案中，河北省沧州市中级人民法院认为，申请人河北沧润房地产开发有限公司申请撤销仲裁调解书符合法律规定，人民法院依法应予受理。在（2015）沧仲调秘字第 0006 号仲裁调解书中，仲裁程序存在当事人先在送达手续上签字盖章后出具调解书，申请人河北沧润房地产开发有限公司未提交法定代表人身份证复印件及申请人河北沧润房地产开发有限公司的委托代理人李军的身份，不符合关于委托代理人的相关法律规定等程序问题，故依法予以撤销。另一种观点认为，撤销仲裁调解书缺乏明确法律依据，应坚持司法监督有限原则，对于人民法院的司法审查权限应当严格限制，以避免司法过度干预仲裁的情形出现。例如，在（2018）京 04 民特 541 号新旅居（上海）企业发展有限公司、李某某与沈某申请撤销仲裁调解书一案中，北京市第四中级人民法院认为，新旅居公司和李某某要求撤销仲裁调解书，缺乏明确的法律依据。笔者赞同后一种观点，主张对仲裁调解书的司法审查应当严格限制。首先，仲裁调解书所依据的调解协议系双方当事人合意的结果，与仲裁庭居中裁判不同。允许当事人自由申请撤销仲裁调解书，则有悖于仲裁诚信原则，有损仲裁效率。其次，我国《仲裁法》第 52 条赋予了当事人签收调解书前的反悔权，当事人认为仲裁庭出具调解书的程序违法、存在瑕疵或不当之处的，可在签收前反悔。最后，适当监督原则符合国际仲裁发展趋势，人民法院对仲裁的监督应受到严格限制。因此，更应减少对当事人在仲裁程序中，基于充分意思自治达成的调解成果的干预。对于仲裁调解书违背社会公共利益的，一般情况下，人民法院对于违背社会公共利益的审查对象仅限于仲裁裁决，但因仲裁调解书与仲裁裁决具有同等效力，故对仲裁调解书违背社会公共利益的情形，也应赋予人民法院同样的审查权。参考《仲裁裁决执行规定》第 17 条的规定，对违背社会公共利益的仲裁调解书，应当予以撤销。

2. 案外人向人民法院申请不予执行仲裁调解书的条件

案外人向人民法院申请不予执行仲裁调解书，应当提交申请书以及证明其请求成立的证据材料，并符合下列条件：（1）有证据证明仲裁案件当事人恶意申请仲裁或者虚假仲裁，损害其合法权益；（2）案外人主张的合法权益所涉及的执行标的尚未执行终结；（3）自知道或者应当知道人民法院对该标的采取执行措施之日起 30 日内提出。

3. 对案外人或者被申请人申请不予执行仲裁调解书的情形，人民法院的审查处理方式

案外人认为仲裁调解书损害其合法权益的，可以向有管辖权的人民法院申请不予执行。符合下列条件的，人民法院应当支持：（1）案外人系权利或者利益的主体；（2）案外人主张的权利或者利益合法、真实；（3）仲裁案件当事人之间存在虚构法律关系，捏造案件事实的情形；（4）仲裁裁决主文或者仲裁调解书处理当事人民事权利义务的结果部分或者全部错误，损害案外人合法权益。被执行人申请不予执行仲裁调解书或者根据当事人之间的和解协议、调解协议作出的仲裁裁决，人民法院不予支持。但该仲裁调解书违背社会公共利益的除外。对仲裁调解书中文字、计算错误或仲裁主文遗漏了仲裁机构已认定的事项，人民法院在要求仲裁机构或者仲裁庭补正、说明而仲裁机构或者仲裁庭不补正，也不说明的，人民法院调阅仲裁案卷后，认为执行内容仍无法明确的，裁定驳回申请人的申请。仲裁调解书仅确定继续履行合同，但对继续履行的权利义务、履行的方式和期限等具体内容规定不明确，导致无法执行的，人民法院应当依照上述方式处理。

人民法院裁定驳回不予执行仲裁调解书申请的，应当恢复执行。仲裁调解书因执行内容不明确、不具体而导致无法执行，人民法院应当裁定驳回申请人全部或者部分申请。对案外人不予执行仲裁调解书的申请，人民法院应当由审判员组成合议庭，在二个月内审查完毕。理由成立的，人民法院应当裁定不予执行仲裁调解书；理由不成立的，人民法院应当裁定驳回申请。裁定作出后，人民法院应当将裁定书送达当事人和仲裁机构。在执行过程中，当事人达成和解协议后又申请不予执行的，人民法院不予受理，但当事人有证据证明该和解协议违背自愿原则，且经人民法院查证属实的除外。仲裁调解书执行内容导致无法执行的，人民法院裁定驳回申请人的执行申请；导致部分无法执行的，裁定驳回该部分的执行申请；导致部分无法执行且该部分与其他部分不可分的，裁定驳回执行申请。

4. 对人民法院裁定不予执行仲裁调解书的，当事人寻求救济的途径

经案外人的申请，人民法院裁定不予执行仲裁调解书，当事人不服的，可以自裁定送达之日起 10 日内向上一级人民法院申请复议；人民法院裁定驳回或者不予受理案外人提出的不予执行仲裁调解书申请，案外人不服的，可以自裁定送达之日起 10 日内向上一级人民法院申请复议。

实践思考：

1. 结合本案，分析仲裁调解书与仲裁裁决书本质区别，以及对仲裁调解书应当如何监督？

2. 如何申请撤销仲裁调解书？申请人需要向哪个人民法院提出，以及提交哪些材料？人民法院如何审查和处理？

3. 假设你是本案申请人的委托代理人，请代申请人撰写一份撤销仲裁调解书的申请书。

4. 假设你是本案主审法官，应当如何审查申请人撤销仲裁调解书申请书？结合本案审查情况撰写一份裁定书。

【拓展阅读】

1. 刘敏、陈爱武：《现代仲裁制度》，北京，中国人民公安大学出版社 2002 年版；

2. 乔欣：《仲裁法学（第三版）》，北京，清华大学出版社 2020 年版；

3. 李海涛：《法院撤销仲裁调解书的实证分析——以 42 个案例为样本》，《天津法学》2019 年第 4 期；

4. 廖永安、张庆霖：《论仲裁调解书制度的确立》，《烟台大学学报》（哲学社会科学版）2011 年第 2 期；

5. 范加庆：《论仲裁调解书执行不能的审查与救济》，《法律适用》2015 年第 8 期。

知识产权纠纷的裁决*

【学习要点】了解和掌握知识产权纠纷仲裁裁决的主要类型、仲裁裁决过程以及司法审查的要点等基本知识。重点围绕知识产权纠纷仲裁裁决的司法审查这一主题，理解知识产权纠纷通常可分为知识产权合同纠纷、知识产权权属纠纷和知识产权侵权纠纷三类。明确当事人之间存在有效的仲裁协议，按照知识产权纠纷仲裁案件受理及程序规则运作，进而作出仲裁裁决的基本流程。其中，仲裁协议、可仲裁性和程序合法性是司法审查的重点所在。

【核心概念】知识产权仲裁；案件受理；管辖；司法审查

【问题导向】知识产权纠纷仲裁如何运作？人民法院对知识产权纠纷仲裁裁决审查的重点包括哪些？

【案情简介】上诉人（原审起诉人）海南康芝药业股份有限公司。

2014年，上诉人海南康芝药业股份有限公司与湖北某制药股份有限公司因《专利实施许可合同》的履行发生纠纷，向清远仲裁委员会广州分会提起仲裁。该仲裁委员会作出（2014）清仲字第203号仲裁裁决，裁决海南康芝药业股份有限公司应付专利许可使用费及律师费合计人民币500万元，并且承担仲裁案件受理费人民币39 500元。海南康芝药业股份有限公司不服该仲裁裁决，遂于2014年12月16日向广州知识产权法院申请撤销（2014）清仲字第203号仲裁裁决。广州知识产权法院经审理认为，清远仲裁委员会广州分会向当事人送达的《仲裁人员名册》并非正式文本，违反法定程序，可能影响案件正常裁决，故裁决撤销（2014）清仲字第203号仲裁裁决。

【法院裁判】裁决事项：海南康芝药业股份有限公司申请撤销（2014）清仲字第203号仲裁裁决。

裁决理由：海南康芝药业股份有限公司申请广州知识产权法院撤销的（2014）清仲字第203号裁决书是对专利实施许可合同纠纷的裁决。清远仲裁委员会的所在地为广东省，且不在深圳市两级法院辖区之内，根据我国《仲裁法》第58条的规定，海南康芝药业股份有限公司可以向广州知识产权法院申请撤销裁决。原审法院认为，海南康芝药业股份有限公司应向清远市中级人民法院提出申请，本案适用法律不当，依法予以纠正。

裁决结果：依法撤销广州知识产权法院（2015）粤知法立民初字第11号民事裁定，指令广州知识产权法院对本案进行审理。

【案例解析】随着知识产权贸易的迅速发展，新型通信手段的广泛运用，知识产权的地位和重要性日益提高。国内主体申请并获得授权的知识产权数量大幅攀升，知识

---

* 本案来源于中国裁判文书网（https：//wenshu.court.gov.cn），案号：（2016）粤高法立民终字第326号。

产权产业化日益推进，与知识产权有关的争议数量也逐年递增，类型方面呈现出多样化和复杂化特征。依《关于同意广东省深圳市两级法院继续管辖专利等知识产权案件的批复》《关于在北京、上海、广州设立知识产权法院的决定》第2条和《关于北京、上海、广州知识产权法院案件管辖的规定》第1条、第2条和第3条的规定，本案中，广州知识产权法院可对广东省内，除深圳两级法院管辖辖区以外的专利、植物新品种、集成电路布图设计、技术秘密、计算机软件的民事和行政案件，以及涉及驰名商标认定的民事案件实行跨区域管辖。上诉人海南康芝药业股份有限公司申请撤销裁决。广州知识产权法院认为，上诉人应向清远市中级人民法院提出申请，本案适用法律不当，应当依法予以纠正。

1. 知识产权纠纷仲裁裁决的程序

实践中，仲裁涉及的知识产权争议往往发生在合同关系中，例如，产品销售或者合作开发等均可能涉及知识产权问题。此外，知识产权纠纷的一大特点就是跨国性强，当事人既可以选择与双方国籍不同的第三方作为争议裁决者，适用双方司法辖区之外的第三国/地区的法律来裁决实体争议，也可以选择双方所在国之外的第三国作为裁决地点，这样能够固定单一的纠纷解决场所及所适用的法律化解纷争，具有相对稳定性。仲裁机制提供了有效的途径，可以克服法官缺乏解决争议所需的相关技术或者专业知识的障碍，即当事人可以结合争议解决的实际需要，选择在相关领域具有专门性知识与技能，且具有一定实践经验的专业人士担任争议裁决者。例如，在版权争议中，仲裁员能够准确理解诸多思想表达方式之间的细微差别，包括书籍、电影、歌曲或者计算机软件等；商标争议的仲裁员能够识别各类消费和调查表之间的差异。无论是争议对象、范围划定，还是权利义务关系的厘定，专业训练和经验积累使仲裁裁决程序更加合理与规范。双方当事人选定的仲裁员对行业情况了解，谙熟业务，可以促使纠纷得以妥善解决。

2. 人民法院对知识产权纠纷仲裁裁决审查的重点内容

人民法院对知识产权仲裁裁决审查的重点包括以下几方面：（1）仲裁协议。由于仲裁协议具有严格的相对性，当事人提交仲裁解决的只能是他们之间的争议。因此，通常情况下，只有知识产权合同的当事人才能成为知识产权仲裁当事人。仲裁庭不能对非仲裁程序当事人发布命令，也无权合并审理案件。（2）协议的可仲裁性。目前，知识产权纠纷大致可以分为知识产权合同纠纷、知识产权权属纠纷和知识产权侵权纠纷三类，这与世界上大多数国家确认的较为一致。我国《著作权法》第49条和《计算机软件保护条例》第31条均明确了著作权合同纠纷的可仲裁性，即当事人之间存在有效的仲裁协议时，仲裁机构即可受理案件。（3）仲裁程序的合法性。我国人民法院对仲裁态度是"以支持为主，以监督为辅"。尽管大多数仲裁机构不希望自己的仲裁过程及结果受到人民法院过多的监督与干涉，但是知识产权案件不同于其他案件，仲裁裁决的终局性，对知识产权纠纷的解决也有不利的一面。知识产权本身的特性决定了其权利状态的稳定性相对较弱，尤其是专利权，当事人将纠纷诉至法院，还有可能通过上诉程序等途径争取有利的判决，而一旦选择仲裁程序，因仲裁程序一次终结，知识产权权利状态发生变化后，当事人则会失去与诉讼中的上诉类似的救济机会。因此，人民法院的审查则无疑成为保障其利益的最后防线。仲裁机构希望人民法院严格遵循"以支持为主，以监督为辅"的原则，尽量减少对仲裁裁决的干涉，尤其是时效短、变化性强的知识产权案件，它们希望能够一锤定音，以减少日后案件出现颠覆性变化的麻烦。然而，仲裁裁决对其不利的一方则希望通过撤销或者不予执行仲裁裁决的方式达到保障其"上诉"的权利。因此，是以维持仲裁庭终局性的态度进行司法审查，还是以维护当事人的合法权益为主的态度进行司法审查，需要人民法院予以衡量。

实践思考：

1. 结合本案，分析知识产权纠纷仲裁遵循的基本规则，以及对仲裁裁决的影响。

2. 知识产权仲裁司法审查的重点有哪些？

3. 当事人申请撤销或不予执行知识产权仲裁裁决，向哪个人民法院提出？提交哪些材料？人民法院如何审查和处理？

4. 假设你是申请撤销或不予执行知识产权仲裁裁决申请人的委托代理人，请代申请人撰写一份申请撤销或不予执行知识产权仲裁裁决的申请书。

5. 假设你是本案主审法官，应当如何审查申请人撤销或不予执行知识产权仲裁裁决的申请？请结合本案审查情况撰写一份裁定书。

【拓展阅读】

1. 乔欣：《仲裁法学》（第三版），北京，清华大学出版社 2020 年版；

2. 黄良友：《互联网环境下的仲裁制度研究》，北京，法律出版社 2011 年版；

3. 章剑生：《再论对违反法定程序的司法审查基于最高人民法院公布的判例（2009—2018）》，《中外法学》2019 年第 3 期；

4. 刘学文、姜启波、王胜全、刘小飞：《最高人民法院〈关于审理民事级别管辖异议案件若干问题的规定〉解读》，《法律适用》2010 年第 1 期。

逾期申请撤销仲裁裁决*

【**学习要点**】了解和掌握申请撤销仲裁裁决当事人的确定、申请期限的把握、当事人申请认可（承认）和执行仲裁裁决的期限，以及申请撤销仲裁裁决期限的完善等基本知识。重点围绕逾期申请撤销仲裁裁决的处理这一主题，理解人民法院在对仲裁裁决的申请执行书予以审查或者执行中，因出现法定事由，裁定停止执行并终结执行程序的行为。明确当事人申请认可（承认）和执行仲裁裁决的期限，当事人逾期申请撤销仲裁裁决的，人民法院不予受理，以促使当事人及时行使权利。

【**核心概念**】撤销仲裁裁决；申请逾期；司法审查；不予支持

【**问题导向**】申请撤销仲裁裁决的当事人如何确定？申请期限如何把握？当事人申请认可（承认）和执行仲裁裁决的期限如何适用？申请撤销仲裁裁决期限的完善包括哪些方面？

【**案情简介**】申请人陈某；被申请人谢某某。

申请人陈某请求撤销中国国际经济贸易仲裁委员会（2020）中国贸仲京裁字第0526号裁决，事实与理由如下：中国国际经济贸易仲裁委员会作出（2020）中国贸仲京裁字第0526号裁决书后，并未实际送达陈某，导致陈某直至2020年11月11日在本案强制执行过程中才首次收到裁决书。陈某与谢某某签署的涉案《借款协议书》中，载明了陈某的联系电话，该电话系向陈某送达仲裁相关文书的有效联系方式。而根据陈某自中国国际经济贸易仲裁委员会调取的关于送达的相关材料显示，中国国际经济贸易仲裁委员会受理谢某某的仲裁申请后，在向陈某邮寄开庭通知、组庭通知、催促质证通知等法律文件过程中，均未在信封封面载明涉案合同中预留的陈某的联系电话，导致投递人员无法将相应文书送达陈某，陈某无法参与仲裁过程，行使答辩、质证等权利。可见，中国国际经济贸易仲裁委员会仲裁严重违反法定程序，导致陈某未能参与仲裁程序，仲裁结果显失公正。故依据我国《仲裁法》第58条第（3）项之规定，向人民法院提出撤销仲裁裁决的申请。谢某某称：（1）陈某提出撤销仲裁裁决的申请已经超出法定的6个月期限。（2）陈某所称的送达程序问题，山东省青岛市中级人民法院（2021）鲁02执异67号执行裁定书已对此进行阐述论证。（3）谢某某在提起仲裁时，已向中国国际经济贸易仲裁委员会提供了陈某的联系电话，中国国际经济贸易仲裁委员会在仲裁案件审理过程中，多次拨打陈某的电话，陈某均拒不接听。故请求驳回陈某的申请。

【**法院裁判**】裁决事项：申请人陈某请求撤销（2020）中国贸仲京裁字第0526号裁决。

---

* 本案来源于中国裁判文书网（https://wenshu.court.gov.cn），案号：（2021）京04民特341号。

裁决理由：申请人提出撤销（2020）中国贸仲京裁字第 0526 号裁决，已超过法律规定的申请期限要求，不符合人民法院撤销仲裁裁决司法审查案件的受理条件。依据我国《仲裁法》第 59 条、最高人民法院《关于审理仲裁司法审查案件若干问题的规定》第 8 条之规定，应驳回陈某的申请。

裁决结果：依法驳回陈某撤销（2020）中国贸仲京裁字第 0526 号裁决的申请。

【案例解析】最高人民法院《关于审理仲裁司法审查案件若干问题的规定》第 8 条规定，人民法院立案后发现不符合受理条件的，裁定驳回申请。对于超出法律规定期限，当事人申请撤销仲裁裁决的情形，实践中处理方法并非一致。例如，在（2021）藏 01 民特 7 号民事裁定书中拉萨市中级人民法院认为，申请人申请撤销该仲裁裁决期限已过法定期限，不符合撤销仲裁的事由，依法裁定驳回西藏天仁矿业有限公司的申请。而在（2021）京民终 29 号民事裁定书中，北京市高级人民法院指出，仲裁机构依据《仲裁规则》向仙特公司多次送达法律文书，均显示妥投，并于 2015 年向其送达 0767 号仲裁书，但仙特公司于 2020 年向一审法院申请撤销 0767 号仲裁裁决书，其申请时间已超过法定的 6 个月，故其申请不符法律规定的受理条件，应当维持一审法院裁定，驳回仙特公司的申请。

1. 申请撤销仲裁裁决当事人的确定，以及申请期限的把握

申请撤销仲裁的当事人应当是被申请撤销仲裁裁决的申请人和被申请人，人民法院应当把申请一方的当事人确定为申请人，把对方当事人确定为被申请人。当事人申请撤销仲裁裁决的，应当自收到裁决书之日起 6 个月内提出。对当事人超过 6 个月申请撤销仲裁的，人民法院应当裁定不予受理；已经受理的，人民法院应当裁定驳回申请。人民法院应当依法对当事人申请撤销仲裁裁决的事由和提交的证据进行审查，申请人未主张的事由，人民法院不予审查。但仲裁裁决违反社会公共利益的除外。

2. 当事人申请认可（承认）和执行仲裁裁决的期限的理解与适用

仲裁和诉讼程序中的期限对于程序的推进发挥着至关重要的作用，这些期限既包括法定期限，也包括指定期限，还包括当事人约定的期限。当事人双方及仲裁机构均应当遵守期限的规定，保证程序的顺利推进。当事人申请认可（承认）和执行仲裁裁决的期间为二年，申请认可（承认）和执行时效的中止、中断的规定，适用法律有关诉讼时效中止、中断的规定。申请期限自仲裁裁决确定的履行期间的最后一日起算；仲裁裁决规定分期履行的，从每次履行期间的最后一日起算；没有规定履行期间的，从仲裁裁决送达当事人的次日起算。

3. 当事人逾期申请撤销或者不予执行仲裁裁决，人民法院的审查处理方式

根据我国《民事诉讼法》及相关司法解释的规定，被执行人可以向有管辖权的人民法院申请撤销仲裁裁决；案外人认为仲裁裁决和仲裁调解书损害其合法权益的，可以向有管辖权的人民法院申请不予执行。仲裁裁决的被执行人向人民法院申请不予执行仲裁裁决的，应当在执行通知书送达之日起 15 日内提出书面申请。同时，存在仲裁裁决所依据的证据是伪造的，仲裁员在案件中有贪污受贿、徇私舞弊、枉法裁决等行为，且执行程序尚未终结的情况的，被执行人应当自知道或者应当知道有关事实或案件之日起 15 日内提出书面申请。被执行人或者案外人申请不执行仲裁裁决逾期的，人民法院应当裁定不予受理；申请已被受理的，人民法院应当裁定驳回。

4. 申请撤销仲裁裁决期限的完善路径

就国外而言，1996 年《英国仲裁法》第 70 条规定，申请撤销的期限为裁决作出之日起 28 天内；法国《民事诉讼法典》第 1505 条规定的期限为通知裁决及其执行许可后 1 个月内；《比利时司法法典》第 1707 条规定的申请期为裁决通知之日起 3 个月内；《荷兰仲裁法》第 1064 条规定，撤销申请可在裁决具有既判力后 3 个月内提出；美国《联邦法》第 12 条规定，申请撤销裁决的期限为仲裁裁决提交或者送达后 3 个月内。可见，与上述各国规定相比，我国所规定的撤销仲裁裁决期限最长，这种长时间的规定既使仲裁裁决的效力处于不确定状态，难以维护仲裁裁决的终局性，也不利于协调执行与撤销程序之间的关系。故将申请撤销仲裁裁决的期限缩短为自收到仲裁裁决之日起 3 个月内较为适宜，如此规定既能够为当事人行使权利留有足够空间，又不至于造成仲裁裁决效力长期处于不确定的状态。同时，也有必要明确逾期申请的法律后果，即逾期申请撤销仲裁裁决的，人民法院不予受理。

实践思考：

1. 结合本案，分析逾期申请撤销或不予执行仲裁裁决的不利影响。

2. 对于当事人超出期限提出申请不予执行仲裁裁决的，人民法院应当如何处理？

3. 假设你是本案主审法官，申请人以法定事由申请不予执行仲裁裁决，但已超出法定的申请期限，应当如何审查？结合本案情况撰写一份裁定书。

【拓展阅读】

1. 刘晓红：《仲裁一裁终局制度之困境及本位回归》，北京，法律出版社 2016 年版；

2. 李广辉、林泰松：《仲裁法学》，北京，中国法制出版社 2019 年版；

3. 乔欣：《仲裁法学》（第三版），北京，清华大学出版社 2020 年版；

4. 占善刚：《民事诉讼中的程序异议权研究》，《法学研究》2017 年第 2 期；

5. 韩红俊：《仲裁裁决不予执行的司法审查研究》，《河北法学》2010 年第 7 期；

6. 张卫平：《现行仲裁执行司法监督制度结构的反思与调整——兼论仲裁裁决不予执行制度》，《现代法学》2020 年第 1 期；

7. 王斐弘：《我国执行仲裁裁决的若干法律障碍及其根治》，《甘肃社会科学》2001 年第 4 期；

8. 马占军：《论我国仲裁裁决的撤销与不予执行制度的修改与完善——兼评最高人民法院关于适用〈中华人民共和国仲裁法〉若干问题的解释的相关规定》，《法学杂志》2007 年第 2 期。

刑民交叉案件的裁决*

【学习要点】了解和掌握刑事犯罪行为对仲裁裁决活动的影响，涉案事实的区分与处理等基本知识。重点围绕对刑民交叉案件的审查与处理这一主题，理解从维护社会公共利益角度出发，在仲裁的司法审查中，发现涉嫌刑事犯罪的线索，人民法院应当裁定驳回起诉或者中止执行，并将涉嫌刑事犯罪的相关线索和材料移送给公安机关或检察机关。

【核心概念】仲裁范围；无权仲裁；刑民交叉；司法审查

【问题导向】刑事犯罪行为是否对仲裁裁决活动构成影响？对涉案事实应当如何区分与处理？

【案情简介】申请人中信证券股份有限公司；被申请人钱某某、浙江新三板资产管理有限公司。

2019 年 4 月 15 日，北京仲裁委员会根据钱某某向该会提交的仲裁申请，以及钱某某与浙江新三板资产管理有限公司（以下简称新三板公司）、中信证券股份有限公司（以下简称中信证券公司）签订的基金合同中的仲裁条款及有关法律的规定，受理了当事人之间因上述合同产生的争议仲裁案。钱某某提出的仲裁请求如下：新三板公司赔偿钱某某投资本金 1 176 644 元；新三板公司向钱某某支付 2016 年 11 月 9 日至 2019 年 7 月 12 日止，以 200 万元投资本金为基数的年化 8% 的收益 427 397.26 元；中信证券公司对新三板公司在第（1）项仲裁请求中所应履行的义务承担连带责任；本案仲裁费以及律师费由新三板公司、中信证券公司共同承担。2019 年 11 月 21 日，中信证券公司以新三板公司涉嫌非法集资被公安机关立案侦查，案件涉及新三板公司管理的方际五号并购私募基金等，刑事案件与仲裁案密切相关为由，向北京仲裁委员会寄出中止审理申请书。同年 11 月 22 日，北京仲裁委员会收发室签收了该邮件。北京仲裁委员会作出（2020）京仲裁字第 2840 号裁决。裁决内容如下：新三板公司赔偿钱某某投资本金 1 176 644 元；在新三板公司的财产被依法强制执行后，仍不能实现赔偿钱某某 1 176 644 元投资本金的部分，由中信证券公司在 235 328.8 元的范围内，向钱某某承担补充赔偿责任；新三板公司、中信证券公司向钱某某支付钱某某就本案所支出的律师费 30 000 元；本案仲裁费……；以及驳回钱某某其他仲裁请求。中信证券公司请求人民法院撤销北京仲裁委员会（2019）京仲裁字第 2840 号裁决。其事实与理由如下：（1）仲裁所裁决事项涉及刑事案件，不属于仲裁机构可以仲裁的事项。在钱某某对新三板公司、中信证券公司提起的仲裁申请案中，中信证券公司了解到公安部门已对新三板公司涉嫌构成非法吸收公众存款罪立案侦查，仲裁案所涉方际五号基金也在公安部门调查范围内，中信证券公司向仲裁庭申请对仲裁案件中止审理，仲

---

* 本案来源于中国裁判文书网（https://wenshu.court.gov.cn），案号：（2020）京 04 民特 187 号。

裁庭未予中止，反而作出了仲裁裁决。仲裁机构仅可仲裁当事人之间的合同纠纷和其他财产权益纠纷，无权仲裁涉刑案件，涉刑案件属于仲裁机构无权仲裁的事项，仲裁裁决应当撤销。（2）仲裁违反法定程序。仲裁案涉及刑事案件，仲裁庭应当驳回钱某某的仲裁申请，将案件材料移送公安部门，但仲裁庭径直作出仲裁裁决，属于违反法定程序，应予撤销。

【法院裁判】 裁决事项：申请人中信证券公司请求撤销北京仲裁委员会（2019）京仲裁字第 2840 号裁决。

裁决理由：根据我国《仲裁法》第 3 条的规定，仲裁机构无权仲裁的事项是涉及身份关系的事项及行政事项，本案不属于该范围，且本案中钱某某的仲裁请求和仲裁庭裁决的事项均属于各方当事人签署的仲裁协议约定的范围。中信证券公司请求撤销仲裁裁决的第（1）项事由不能成立。我国《仲裁法》第 58 条规定的"违反法定程序"是指违反我国《仲裁法》规定的仲裁程序和当事人选择的仲裁规则可能影响案件正确裁决的情形。仲裁案件中是否涉及刑事犯罪，刑事犯罪行为是否影响仲裁案件的审理，是否应待刑事案件处理完毕后进行仲裁审理，属于仲裁庭对案件实体审查的范畴。中信证券公司不能证明仲裁裁决存在违反我国《仲裁法》和仲裁规则规定的仲裁程序的情形，故本案不构成"违反法定程序"之情形。

裁决结果：依法驳回申请人中信证券公司的申请。

【案例解析】 民事纠纷与经济犯罪在诉讼程序上相互冲突，理论界和实务界各有不同的理解和认识，对此问题的进一步分析具有重要的意义和实践价值。对于涉及非法集资罪名等刑民交叉案件，多数采取"先刑后民"程序予以审理。在刑事案件审理结束之前，不对相关民事案件作出裁判结果。就本案而言，因涉及刑案，民事诉讼不宜推进的案件，仲裁亦不宜进行。在公安机关已对仲裁协议涉及的相关事实进行侦查期间，仲裁机构对涉案事实不应作出与公安机关意见不一的认定。但在侦查尚未终结之前，人民法院也不宜因公安机关现阶段的查证情况过早作出相关认定，故驳回确认仲裁协议效力的申请。本案的典型意义在于，人民法院在审理民事案件或者执行过程中，对于刑民交叉案件，从维护社会公共利益角度出发，应当裁定驳回起诉或者中止执行，并及时将有关材料移送公安机关或者检察机关。

1. 刑事犯罪行为对仲裁裁决活动的影响

从法理层面来说，刑法对严重危害社会公共利益的行为作出处罚，体现的是维护公法上的社会公共利益；民法所调整的是平等主体间的人身和财产关系，维护的是私法领域的法益。权衡二者的价值取向，一般情况下，社会公共利益应当高于私人利益。从实践层面来说，非法集资等民商事案件涉及人数众多，案情较为复杂，民事与刑事事实常常相互交错。如果直接由人民法院处理，审理难度较大，而且审理效果未必令人满意，也会影响裁判的及时作出。而公安机关的侦查技术和手段更加成熟完善，处理起来会更为专业、高效。

2. 在仲裁的司法审查中，人民法院对涉及刑事犯罪部分的区分与处理

在仲裁的司法审查中，人民法院需要明确案件是否涉及刑事犯罪。对于涉嫌刑事犯罪的案件，参考最高人民法院《关于在审理经济纠纷案件中涉及经济犯罪嫌疑若干问题的规定》第11条，以及最高人民法院《关于审理民间借贷案件适用法律若干问题的规定》第5条和第6条的规定，人民法院立案后，发现民间借贷行为本身涉嫌非法集资犯罪的，应当裁定驳回起诉或者中止执行，并将涉嫌非法集资犯罪的线索、材料移送公安或者检察机关；发现与民间借贷纠纷案件虽有关联但不是同一事实的涉嫌非法集资等犯罪的线索、材料的，人民法院应当继续审查，并将涉嫌非法集资等犯罪的线索、材料移送公安或者检察机关。

实践思考：

1. 结合本案，分析如何对涉案事实进行刑民区分，以及该区分与仲裁范围、仲裁请求和仲裁裁决结果之间有何联系？

2. 刑事犯罪行为对仲裁案件的裁决活动有哪些影响？

3. 仲裁庭对涉案事实予以刑民区分后，如何处理？

4. 假设你是本案主审法官，立案后发现民间借贷行为本身涉嫌非法集资犯罪，请撰写一份移送公安机关或者检察机关的函。

5. 假设你是本案主审法官，立案后发现民间借贷行为本身涉嫌非法集资犯罪的，应当裁定驳回起诉或者中止执行，请撰写一份驳回起诉裁定书。

【拓展阅读】

1. 毛晓飞：《仲裁的司法边界——基于中国仲裁司法审查规范与实践的考察》，北京，中国市场出版社2020年版；

2. 李乾贵、胡弘、吕振宝：《现代仲裁法学研究》，北京，中国政法大学出版社2018年版；

3. 刘晓红：《仲裁一裁终局制度之困境及本位回归》，北京，法律出版社2016年版；

4. 陈兴良：《刑民交叉问题研究》，《华东政法大学学报》2021年第6期；

5. 张卫平：《民刑交叉诉讼关系处理的规则与法理》，《法学研究》2018年第3期；

6. 王充：《刑民交叉三论》，《华东政法大学学报》2021年第6期；

7. 徐卉：《刑民交叉诉讼中产权保护的困境与出路》，《人民论坛》2021年第2期；

8. 范淼：《论非法集资案件中刑民诉讼适用原则理论与实务之抵牾》，《辽宁大学学报》(哲学社会科学版) 2020年第4期；

9. 蔡颖慧：《论刑事裁判涉财产部分执行中案外人实体权益的救济——以集资类刑事案件"刑民交叉"问题为中心》，《法律适用》2021年第4期；

10. 纪格非：《论刑民交叉案件的审理顺序》，《法学家》2018年第6期；

11. 汪祖兴：《论无权仲裁的司法救济》，《法学评论》2014年第4期。

第四章 仲裁裁决认可（承认）和执行的司法审查

我国香港特别行政区仲裁裁决[*]

【学习要点】了解和掌握请求认可与执行我国香港国际仲裁中心仲裁裁决的申请、管辖法院的确定、应否提供担保、对仲裁协议效力的审查判断、临时仲裁效力判断、申请执行仲裁裁决与撤销仲裁裁决等基本知识。重点围绕我国香港特别行政区仲裁裁决的认可与执行这一主题，理解依执行地法律，争议事项不能以仲裁解决的，以及执行该仲裁裁决违背社会公共利益，或者香港特别行政区法院决定在香港特别行政区执行该仲裁裁决违反香港特别行政区的公共政策，可不予认可与执行该裁决。从我国香港特别行政区法律以及内地法来看，均未禁止投资者与目标公司股东约定股权回购，明确对赌协议有效性的认定，协议所约定的股权回购款项具有金钱给付内容的，人民法院予以认可执行。

【核心概念】香港特别行政区仲裁裁决；对赌协议；认可与执行

【问题导向】对我国香港特别行政区仲裁裁决认可和执行的依据何在？我国香港特别行政区仲裁保全如何申请，管辖法院如何确定？是否应当提供担保？在香港特别行政区，一方要求进行仲裁保全时，需要经由仲裁庭递交什么资料？对香港特别行政区仲裁协议效力的审查判断，需要重点关注哪些方面？依据什么来确定香港特别行政区临时仲裁的效力？应当如何确定香港特别行政区仲裁执行的管辖法院？根据当事人的申请，人民法院在哪些情形下应当对香港特别行政区的仲裁裁决予以撤销？当事人向人民法院申请认可和执行香港特别行政区的仲裁裁决应当在多久的期限内提出？提出对一项仲裁裁定的认可和执行，当事人应提供什么资料？人民法院应当如何审查？人民法院不予认可和执行的仲裁裁决的情形有哪些？股权回购款和对赌协议效力如何认定？对不予认可和执行仲裁裁决是否需要报核？如何报核？

【案情简介】申请执行人华鑫通国际投资管理有限公司；被执行人程某1、程某2。

申请人华鑫通国际投资管理有限公司（以下简称华鑫通公司）系一家依照英属维尔京群岛法律于2013年4月12日成立并存续的公司。申请人和两被申请人于2015年5月15日签订《裕彩有限公司股权转让协议》和《领佳投资有限公司股权转让协议》。

---

[*] 本案来源于中国裁判文书网（https://wenshu.court.gov.cn），案号：（2018）浙10认港1号。

该两份协议约定，协议的订立、效力、解释和履行适用香港特别行政区法律。所有由该协议引起或与该协议有关的争议应由各方通过友好协商加以解决。该协商应在一方向争议对方发出有关协商的书面要求后立即开始。如果在上述书面要求发出后的 5 个工作日内，争议未能通过协商解决，或是若一方当事人已经书面表明不愿意采用谈判的方法，则双方当事人均可以将纠纷交由香港国际仲裁中心进行最后的裁决，且双方都同意遵守该仲裁机构的有效仲裁规则，该争议的仲裁解决地点是香港，采用中文进行仲裁。该裁决为最终的裁决，对各方当事人具有约束力。华鑫通公司作为申请人于 2016 年 11 月 30 日将争议提交香港国际仲裁中心。2017 年 7 月 28 日，香港国际仲裁中心指派洪某东为独任仲裁员。2018 年 6 月 20 日，HKIAC/A16161 号仲裁裁决书裁定：（1）两被申请人在裁决书颁布后 30 天内以人民币 1 亿元（或等值美金）回购裕彩公司 50%的股权和领佳公司 5%的股权；（2）两被申请人在裁决书颁布后 30 天内向申请人支付滞纳金人民币 18 090 万元；（3）两被申请人向申请人支付申请人诉讼费港币 1 060 521.5 元及仲裁庭额外费用港币 145 984.56 元；（4）若两被申请人未能在裁决书颁发后 30 天内向申请人支付人民币 1 亿元（或等值美金）回购裕彩公司的股权并向申请人支付滞纳金人民币 18 090 万元，每期一天应当按照逾期支付金额年利率 5%支付滞纳金，上述事项均记载在仲裁裁决书中。仲裁裁决书于 2018 年 7 月 12 日送达给各方当事人。上述仲裁裁决现已生效，两被申请人尚未履行仲裁裁决确定的义务。华鑫通公司申请称，依据最高人民法院《关于内地与香港特别行政区相互执行仲裁裁决的安排》的规定，请求执行香港国际仲裁中心作出的 HKIAC/A16161 号仲裁裁决。程某 1、程某 2 请求依法裁定不予认可和执行涉案仲裁裁决。其理由在于，仲裁超范围裁决，认可和执行该仲裁裁决违反内地社会公共利益，以及两被申请人未接到香港国际仲裁中心指派仲裁员的适当通知和仲裁文件，未能陈述意见。

【法院裁判】裁决事项：申请人华鑫通公司请求认可与执行香港国际仲裁中心 HKIAC/A16161 号仲裁裁决。

裁决理由：申请人华鑫通公司在仲裁请求中提出损害赔偿的请求，在仲裁庭审以及结案陈词中明确提出滞纳金的请求，并提出如果仲裁庭接受申请人有关滞纳金的申索，则无须就回购款裁决支付利息。仲裁庭根据申请人的请求，以及《裕彩有限公司股权转让协议》和《领佳投资有限公司股权转让协议》第 11 条关于违约责任载明的逾期付款滞纳金计付标准，裁决被申请人支付滞纳金。仲裁庭未对被申请人应支付的股权回购款裁决支付利息，仅对被申请人若逾期履行生效裁决应支付迟延履行期间的利息进行裁决。故被申请人关于仲裁裁决超出申请人仲裁请求的理由不能成立。涉案仲裁的四项裁决均具有金钱给付内容，不存在不能执行的情形。至于被申请人履行完毕支付义务后，对相关股权的变更，并不影响涉案仲裁裁决的执行。申请人与目标公司的股东或关联人员约定股权回购，涉案股权转让协议具有高风险、高回报的性质。依据香港特别行政区法律，仲裁裁决并未否定协议效力。即使依据内地法，也不禁止投资者与目标公司的股东约定股权回购。根据查明的事实，香港国际仲裁中心已将指派仲裁员通知和相关仲裁文件向两被申请人送达，并告知了本仲裁案进程。因此，在该案件的审理过程中，不存在两个被申请人没有收到指定仲裁员的恰当通知的问题，也并未因为其他原因而无法发表自己的观点。

裁决结果：依法裁定执行香港国际仲裁中心作出的 HKIAC/A16161 号仲裁裁决。

【案例解析】本案涉及香港特别行政区仲裁裁决的认可与执行问题。在《关于中联通信（控股）股份有限公司申请认可和执行香港国际仲裁中心相关仲裁裁决一案请示的复函》（〔2016〕最高法民他63号）中，提及最高人民法院《关于内地与香港特别行政区相互执行仲裁裁决的安排》确定了内地与香港特别行政区可以就双方仲裁裁决互相予以执行，但执行之前仍然应当对裁决内容进行必要的认可和审查。可见，最高人民法院主张，对港澳台地区的仲裁裁决应当设置认可程序。然而，基于《关于内地与香港特别行政区相互执行仲裁裁决的安排》中并无"认可"文义表达的考量，而是采用裁定强制执行的表述来解决"认可"问题。本案中，被申请人认为，内地人民法院仅能执行给付金钱的裁决，不包括强制履行令，且涉外强制履行令所要求履行的股权标的公司系外国公司，内地人民法院即使认可，也无法实际执行该仲裁裁决。浙江省台州市中级人民法院审查认为，应当依据《关于内地与香港特别行政区相互执行仲裁裁决的安排》的规定，在既有规定修改之前，参照适用《关于内地与香港特别行政区法院互认可和执行当事人协议管辖的民商事案件判决的安排》第1条规定缺乏规范依据，且案涉仲裁裁决包含金钱给付内容。至于实际执行，则属于操作层面问题，并且不符合最高人民法院《关于内地与香港特别行政区相互执行仲裁裁决的安排》第7条规定的任何一种情形，因此该案可以执行。本案的典型意义在于，案涉仲裁裁决包含金钱给付内容，不属于最高人民法院发布的《关于内地与香港特别行政区相互执行仲裁裁决的安排》第7条规定的情形，可以执行。涉及对赌协议的股权回购款的执行，对内地民商事主体培养诚实可信、自负风险的优良品质，以及树立内地司法积极支持仲裁裁决的形象意义深远。

1. 申请认可和执行我国香港特别行政区仲裁裁决依据的规范基础

按照《关于内地与香港特别行政区相互执行仲裁裁决的补充安排》的相关规定，申请人申请认可和执行香港特别行政区仲裁裁决的对象包括根据我国《仲裁法》所作出的裁决、在香港特别行政区按《香港特别行政区仲裁条例》所作出的裁决。其意义在于加强我国内地与香港特别行政区的联系与交流合作，减少当事人讼累，实现两地的共同发展。

2. 香港特别行政区仲裁保全申请和管辖法院的确定

当事人只能向仲裁机构申请，由仲裁机构将当事人的申请及相关材料，依照有关规定提交有管辖权的人民法院。当事人直接向人民法院申请保全的，人民法院应当告知其向仲裁机构提交申请，当事人坚持向人民法院申请保全的，人民法院在受理后裁定驳回其申请。有权受理香港特别行政区仲裁保全的法院为被申请人住所地、财产所在地或者证据所在地的中级人民法院，当事人申请香港特别行政区的仲裁保全应向上述有管辖权的人民法院提出。对此，人民法院可以责令其提供担保，申请人不提供担保的，人民法院应当裁定驳回其申请。对仲裁申请前申请保全的，申请保全人应当提供担保，申请保全人不提供担保的，人民法院应当裁定驳回其申请。

3. 当事人在香港特别行政区申请仲裁保全的，通过仲裁机构向人民法院提交的材料，以及采取仲裁保全措施后，仲裁机构准许撤回仲裁申请或者按照撤回仲裁裁决申请处理的方式

当事人在香港特别行政区申请保全的，通过仲裁机构向法院提交下列材料：（1）保全申请书，应当写明请求事项及事实理由、请求保全数额或者争议标的、保全的具体内容及被保全标的信息、线索等；（2）申请人主体资格的证明及授权委托书等；（3）仲裁案件受理通知书；（4）必要的证据。在香港特别行政区仲裁案件受理前，申请人申请保全的，可直接向人民法院提交前述第（1）（2）（4）项材料。对在香港特别行政区仲裁中采取保全措施后，仲裁机构准许撤回仲裁申请或者按照撤回仲裁裁决申请处理的，申请人应当及时向仲裁机构提出解除保全申请，并由仲裁机构将解除保全申请提交采取保全措施的法院。被保全人也可向仲裁机构提出解除保全申请，并由仲裁机构将解除保全申请提交采取保全措施的人民法院。

4. 人民法院对我国香港特别行政区仲裁协议效力案件审查判断的重点

在香港特别行政区仲裁协议中，对当事人约定了两个以上仲裁机构，但只有一个仲裁机构存在的，人民法院应当认定仲裁协议有效。租约中仲裁协议是否并入提单，应当适用内地法律。人民法院认定租约中的仲裁协议并入提单，在提单的正面，标明具体的租约，如载明编号、签订日期及当事人等信息使之特定化；在提单的正面，如果在此具体租约中注明了一项仲裁协定，此项仲裁协定是有效的；按照该仲裁协议的表述，提单持有人受其约束。依据我国法律，仲裁协议同时约定向有管辖权的人民法院寻求临时性救济措施，人民法院不得以当事人既约定仲裁，也约定人民法院解决争议为由，认定仲裁协议无效。仲裁协议约定仲裁裁决作出后，一方当事人可就同一争议向人民法院起诉，或者一方当事人可就同一争议提起临时仲裁，或者一方当事人可就同一争议向另一仲裁机构提起仲裁的，人民法院不应当认定该仲裁协议效力。但是，协议中有两个以上的仲裁机构，并且双方当事人事后对仲裁机构的选择达成了意思表示一致的情形不在此列。仲裁协议中虽然约定了在中国领土上由外国仲裁机构进行仲裁，但不能单独以此为理由来认定其无效。仲裁协议约定将不具有涉外因素的争议，提交境外仲裁机构仲裁，或者在我国境外临时仲裁的，人民法院应当认定无效。但在自由贸易试验区内注册的外商独资企业之间的约定除外。当事人在境外投资企业设立、变更等过程中订立的合同，依法获得境外投资企业审批机关批准之后，又补充订立的境外仲裁协议不属于对已批准合同的重大或者实质性变更，人民法院不得以未经审批为由认定该仲裁协议未生效。受托人以自己名义与第三人签订仲裁协议，受托人与委托人之间存在代理关系并不为受第三人所知，对委托人依照我国《民法典》第 403 条第 1 款的规定，行使介入权，该仲裁协议不当然约束委托人。对委托人依照受托人与第三人之间有效的香港特别行政区仲裁协议提起仲裁的，须取得受托人与第三人的同意。保险人依法行使代位求偿权，被保险人与第三人之间就解决争议订立的有效的香港特别行政区仲裁协议，对保险人不具有约束力，但保险人同意的除外。

5. 香港特别行政区临时仲裁效力的判定

当事人约定在香港特别行政区临时仲裁的，仲裁地点或者临时仲裁机构所在地的法律承认临时仲裁的，或者当事人选择适用的法律承认临时仲裁，并根据法律规定承认临时仲裁的，人民法院应当认定临时仲裁的效力。

6. 申请执行香港特别行政区的仲裁裁决，管辖法院的确定

一方不履行香港特别行政区的仲裁裁决，对方向内地人民法院申请强制执行，则应以被申请人住所地或财产所在地的中级人民法院为管辖法院。被申请人的住所地或财产所在地位于内地不同的中级人民法院辖区的，申请人选择其一申请，不能分别向两个或两个以上的人民法院申请。被申请人的居住地、房产所在地分别位于内地与香港特别行政区，申请人不应同时分别向两个不同的法院提起申请。只有当一个地方法院认为该地的财产不足以清偿其全部债务时，当事人才能对被申请人所欠剩余款项向另一地方法院提出执行申请。两个法院先后对仲裁裁决执行的总款项，应当以裁决载明的款项为限。

7. 人民法院撤销香港特别行政区仲裁裁决的主要情形

依据国际条约、仲裁所适用的法律，经当事人申请，人民法院应当对下列香港特别行政区仲裁裁决予以撤销：（1）被申请人没有得到指定仲裁员或者进行仲裁程序的通知，由于仲裁机构的过错导致被申请人丧失上述权利的，或者仲裁机构拒绝说明原因或者未证明属于被申请人的原因的；但由当事人推荐或者共同推荐仲裁员名册外的人员担任仲裁员，且不违反我国法律禁止性规定的，经仲裁机构负责人确认同意，选定的仲裁员符合《仲裁法》规定的聘任条件，且选定程序符合仲裁规则的除外。（2）香港特别行政区仲裁送达不符合最高人民法院《关于内地与香港特别行政区法院相互委托送达民商事司法文书的安排》规定，也不符合仲裁协议所约定的合同履行中相互通知使用的方式、语言和通讯地址送达，按照当事人约定的仲裁规则送达和其他约定送达情形的，当事人主张未适当通知或者致使当事人未能陈述意见的。（3）仲裁庭的组成或者仲裁程序推进与仲裁规则不符，可能影响对案件公正裁决的；但适用合并仲裁、友好仲裁方式仲裁的，经当事人书面同意，不违反我国法律的强制性规定，且仲裁裁决符合仲裁规则的除外。（4）仲裁裁决事项超出仲裁协议约定的范围、属于依法或由当事人选择的不可仲裁事项、裁决内容超出当事人仲裁请求范围，以及作出仲裁裁决的仲裁机构非仲裁协议所约定的。（5）当事人合同约定提起仲裁，仲裁庭认定合同无效并作出裁决，但未对合同无效后果予以释明的；或者当事人依据中外合作合同订立的仲裁协议提起仲裁，仲裁庭对合营公司与当事人之间的争议作出裁决的；或者仲裁庭对解散公司、债权人行使撤销权、代位权等事项作出裁决的；以及其他构成超裁或者无权仲裁的情形。

香港特别行政区作出仲裁裁决后，人民法院认定该仲裁裁决所依据的仲裁协议无效的、涉案财产性质特殊可能无法执行的、其他不足以影响我国根本性社会公共利益的，不得认定为对我国公共政策的违反。

8. 当事人申请认可和执行香港特别行政区仲裁裁决的期限，以及向人民法院申请认可和执行仲裁裁决应当提交的材料

当事人应当在二年的期限内向人民法院申请认可和执行仲裁裁决，申请认可和执行时效的中止、中断的规定，适用我国法律有关诉讼时效中止、中断的规定。申请期限的起算日为仲裁裁决中所载明的履行期的最后一日；通过分期方式履行仲裁裁决的，每次履行期间的最后一日为期间的起算日；没有规定履行期间的，从仲裁裁决送达当事人的次日起算。

申请认可和执行仲裁裁决，应当向人民法院提交下列材料：（1）执行申请书；（2）申请人主体资格的证明及授权委托书等；（3）仲裁协议；（4）必要的证据；（5）仲裁裁决书。依照法律规定需要办理公证、认证的材料，申请人应当履行公证、认证手续的办理。申请人提交的材料属于外文材料时，除了提交该外文材料外，还应当同时提供与之相对应的中文译本。其中，申请执行的内容应包括：（1）申请人为自然人的，该自然人的姓名、地址；申请人为法人或者其他组织的，该法人或其他组织的名称、地址及法定代表人姓名；（2）被申请人为自然人的，该自然人的姓名、地址；被申请人为法人或者其他组织的，该法人或其他组织的名称、地址及法定代表人姓名；（3）申请人为法人或者其他组织的，应当提交企业注册登记的副本。申请人是外国籍法人或者其他组织的，应当提交相应的公证和认证材料；（4）申请执行的理由与请求的内容，被申请人的财产所在地及财产状况；执行申请书应当以中文文本提出，仲裁裁决书或者仲裁协议没有中文文本的，申请人应当提交正式证明的中文译本。

9. 人民法院对申请认可和执行香港特别行政区仲裁裁决的审查，以及人民法院不予认可和执行仲裁裁决的主要情形

对申请认可和执行香港特别行政区仲裁裁决的，人民法院依照法定的认可程序予以审查，作出认可的裁定后，执行程序由享有法定管辖权的人民法院推进。申请人直接将申请执行仲裁裁决的申请书提交给人民法院，人民法院应当告知其同时向法院申请认可该仲裁裁决的效力；拒绝提出认可申请的，人民法院应当裁定予以驳回。收到申请人的申请后，人民法院应当在 7 日内审查决定是否立案受理。人民法院决定受理后 2 日内将案卷材料移送相关部门审查。当事人直接向人民法院执行部门提出不予执行的，应当在收到申请材料后 5 日内将申请材料移送人民法院立案部门，并由立案部门在受理后两日内将案卷材料移送法院相关部门进行审查。

对于以下情况，人民法院应作出拒绝认可和强制执行的裁定：（1）根据对其适用的法律规定，仲裁协议的一方不具有民事行为能力；或者该仲裁协议根据双方商定的准据法而无效；或没有明确规定哪一项法律为纠纷处理的依据，仅规定以仲裁裁决所在地的法律为准时为无效。（2）指派仲裁员的通知未送达被申请人，或由于其他理由丧失陈述和答辩机会。（3）仲裁裁决解决的争端并非提交仲裁的标的，或其不属于仲裁协定的条款约定的内容；在可以将已提交的仲裁事项与尚未提交的仲裁事项分开的情况下，对已提交的仲裁事项的裁定部分，不应予以执行。（4）仲裁庭的构成或仲裁程序不符合双方达成的协定，或当缺乏约定时违反仲裁地的法律。（5）该裁决对当事方不具拘束力，或已被仲裁地法院或依仲裁地法律予以撤销或者停止执行；或者有关法院认为依执行地相关法律，争议事项不能通过仲裁解决，或者当在内地执行该仲裁裁决将会损害社会公共利益，或者当事人主张仲裁裁决不具有终局性或者以仲裁事项违反可仲裁性。（6）承认并实施一项仲裁结果，可能违反我国法律的基本原则，侵犯我国主权，危害公共安全，违背善良风俗，以及存在其他严重危害我国根本公共利益的风险，但香港特别行政区仲裁机构或者临时仲裁庭作出仲裁裁决后，人民法院认定该仲裁裁决所依据的仲裁协议无效、涉案财产性质特殊，可能导致无法执行，以及其他不足以对我国社会根本性基础性公共利益形成威胁的除外。人民法院裁定不予认可的仲裁裁决，申请人再次提出申请的，人民法院应当裁定不予受理。申请人向人民法院申请执行香港特别行政区仲裁裁决的，应当根据执行地法院有关诉讼收费缴纳办法的规定交纳执行费用。

10. 股权回购款和对赌协议效力的司法认定与处理

申请人与目标公司的股东或关联人员约定股权回购，股权转让协议本身具有高风险、高回报的性质。认定案涉股权回购条款（对赌协议）是否有效，要依相关法律规定进行审查。香港特别行政区法律以及内地法律均未禁止投资者与目标公司股东约定股权回购，故浙江省台州市中级人民法院支持仲裁庭认定对赌协议有效的做法。对于认定对赌协议有效是否违反内地的社会公共利益，该院认为，本案申请人与被申请人高风险、高回报的商业投资行为系双方真实意思表示，认定以公司上市为条件的对赌协议有效，不当然鼓励有对赌协议的公司上市，人民法院关于对赌协议合同效力的裁判对行政监管机关的上市审批行为不发生影响，人民法院依据合同法认定对赌协议的效力，维持或取缔当事人之间设定的民事法律关系，督促民事主体诚实可信，其根本目的是促进和保障市场经济的良性发展。因此，本案认定对赌协议有效，恰恰可以督促民事主体诚实可信，自负风险，不会损害内地社会公共利益。对于股权回购款是否可执行，案涉仲裁裁决的第一项内容涉及股权回购问题，被申请人提出本案中回购股权的标的公司系在萨摩亚国登记注册的外国公司，不具有执行可能性。浙江省台州市中级人民法院认为，这实际上是执行操作层面及回购款履行后股权变更的问题，涉案仲裁的四项裁决均具有金钱给付内容，不存在不能执行的情形。至于被申请人履行完毕支付义务后，对相关股权的变更，并不影响涉案仲裁裁决的执行，因此本案的股权回购款可以执行。从香港特别行政区法律以及内地法律来看，均未禁止投资者与目标公司股东约定股权回购，且对赌协议的有效性并未违背内地的社会公共利益，故对赌协议有效，所约定的股权回购款项具有金钱给付内容的，人民法院可以执行。

11. 对不予认可和执行香港特别行政区仲裁裁决的，人民法院审查的逐级报核流程

香港特别行政区仲裁司法审查案件由中级人民法院或专门人民法院办理，作出的审查结果为仲裁协议无效、不予认可和不予执行仲裁裁决时，应当向其所属的高级人法院报请复核。高级人法院对该报核结果进行审查之后同意的，还应向最高人民法院进一步报核。最高人民法院作出最终的审核意见之后，由该法院参考最高人民法院审核意见并最终作出裁定。

实践思考：

1. 结合本案，分析香港特别行政区法律以及内地法律均未禁止投资者与目标公司股东约定股权回购，对香港特别行政区裁决的认可与执行有何影响？

2. 香港特别行政区裁决的认可与执行需要向哪个人民法院提出，提交哪些材料？人民法院如何审查和处理？

3. 假设你是香港特别行政区裁决认可与执行申请人的委托代理人，请代申请人撰写一份认可与执行仲裁裁决的申请书。

4. 假设你是本案主审法官，应当如何审查申请人的认可与执行申请？结合本案审查情况撰写一份裁定书。

【拓展阅读】

1. 李广辉、林泰松：《仲裁法学》，北京，中国法制出版社 2019 年版；

2. 李乾贵、胡弘、吕振宝：《现代仲裁法学研究》，北京，中国政法大学出版社 2018 年版；

3. 邹东俊：《我国涉外仲裁司法监督制度的反思与完善》，《宁夏大学学报》（人文社会科学版）2007 年第 4 期；

4. 顾维遐：《香港与内地仲裁裁决司法审查制度的借鉴与融合》，《法学家》2009 年第 4 期；

5. 张圣翠：《论我国仲裁裁决承认与执行制度的矫正》，《上海财经大学学报》2013 年第 1 期；

6. 宋秀梅：《中国内地与香港商事仲裁制度比较研究》，《外交学院学报》2003 年第 3 期。

我国台湾地区仲裁裁决*

【学习要点】了解和掌握申请认可与执行我国台湾地区仲裁裁决所依据的规范基础、申请认可和执行台湾地区的仲裁裁决的具体规定、应提交的材料、管辖法院的确定、人民法院不予认可与执行的具体事由，以及对不予认可与执行仲裁裁决的报核流程等基本知识。重点围绕我国台湾地区仲裁裁决的认可与执行这一主题，理解申请认可与执行我国台湾地区仲裁裁决是有关常设仲裁机构及临时仲裁庭在台湾地区，按照台湾地区仲裁规定作出的仲裁裁决，包括仲裁判断、仲裁和解和仲裁调解。深刻把握申请人申请认可台湾地区仲裁裁决的，应当提供相关证明文件。申请人可以申请人民法院通过海峡两岸调查取证、司法互助，查明台湾地区仲裁裁决的真实性；确有必要时，人民法院可以依职权向台湾地区调查取证。明确最高人民法院《关于认可和执行台湾地区仲裁裁决的规定》，并按照我国《民事诉讼法》规定程序办理仲裁裁决的认可与执行。

【核心概念】台湾地区仲裁裁决；认可和执行；司法审查

【问题导向】申请认可与执行我国台湾地区仲裁裁决所依据的规范基础是什么？申请认可和执行我国台湾地区的仲裁裁决有哪些具体规定？当事人请求认可与执行仲裁裁决，管辖人民法院应当如何确定？申请我国台湾地区仲裁裁决的认可与执行需要提交哪些材料？人民法院不予认可和执行台湾地区仲裁裁决的有哪些情形？对不予认可与执行台湾地区仲裁裁决是否需要报核？如何报核？

【案情简介】申请人和华（海外）置地有限公司；被申请人凯歌（厦门）高尔夫球俱乐部有限公司。

申请人和华（海外）置地有限公司（以下简称和华公司）与凯歌（厦门）高尔夫球俱乐部有限公司（下文简称为凯歌公司）之间的债权债务争议案件，根据合同中的争议管辖条款，已由我国台湾地区仲裁机构审理并作出仲裁裁决，该仲裁裁决书已送达各方当事人。根据最高人民法院（1998）法释11号《关于人民法院认可台湾地区有关法院民事判决的规定》，特向厦门市中级人民法院提出，对台湾地区中华仲裁协会裁决的效力予以认可的申请。

【法院裁判】裁决事项：和华公司申请对台湾地区中华仲裁协会的裁决予以认可。

裁决理由：2003年11月4日，我国台湾地区中华仲裁协会作出的（2002）仲声仁字第135号仲裁裁决，符合"一个中国"原则和我国宪法和法律的基本原则，并且并不会对社会公共利益造成损害，满足最高人民法院（1998）法释11号《关于人民法院

　＊　本案来源于北大法宝（https：//www.pkulaw.com），案号：福建省厦门市中级人民法院（2004）民认字20号。

认可台湾地区有关法院民事判决的规定》的要求，作出认可该仲裁裁决书的效力的裁定。

裁决结果：依法裁定认可台湾地区中华仲裁协会（2002）仲声仁字第 135 号仲裁裁决。

【案例解析】最高人民法院于 1998 年 5 月颁布了《关于人民法院认可台湾地区有关法院民事判决的规定》，凡其住所地、经常居住地或被执行财产在另一省的，均可依照该规定，请求人民法院认可台湾地区有关法院的民事判决。按照我国《民事诉讼法》的规定，由申请执行人的居住地、经常居住地、被执行财产所在地的中级人民法院予以受理，并进行相应的处理。2015 年 6 月，最高人民法院出台了《关于认可和执行台湾地区仲裁裁决的规定》，就仲裁裁定的范围、审查时限及内部报审程序、不予认可仲裁裁定的事由以及拒绝认可后的救济方式等作出明确的规定，对及时、公正地解决纷争，降低纠纷化解成本，持续改善双方关系，保障两岸民众的民事权益意义重大。

1. 申请认可与执行台湾地区仲裁裁决的依据，以及申请认可与执行台湾地区仲裁裁决的主要情形

根据最高人民法院《关于认可和执行台湾地区仲裁裁决的规定》，我国台湾地区的裁决可以向大陆地区法院申请认可，并依我国《民事诉讼法》规定的程序办理，这成为当事人申请认可与执行我国台湾地区仲裁裁决的法律依据。申请承认与执行的台湾地区仲裁裁决，由相关常设仲裁机关和临时性仲裁庭依照我国台湾地区仲裁规定作出，具体包括仲裁判断、仲裁和解以及仲裁调解。

2. 申请认可台湾地区的仲裁裁决的管辖法院的确定

申请认可我国台湾地区的仲裁裁决结果，应向申请人的住所地、经常居住地或被申请人的住所地、经常居住地及财产所在地之中级人民法院及专门人民法院提出。申请人向两个以上有管辖权的人民法院提起确认申请的，应当以第一个受理的法院为准。申请人向被申请人财产所在地法院申请认可台湾地区的仲裁裁决时，应当提供相关的证据，以证实财产的存在。申请承认台湾地区仲裁裁决的，应提交相关书面的证明材料。申请认可台湾地区仲裁裁决的，须提交有关证明材料。申请人可以申请人民法院通过海峡两岸调查取证、司法互助，查明台湾地区仲裁裁决的真实性；确有必要时，人民法院可以依职权向台湾地区调查取证。

3. 申请认可与执行台湾地区的仲裁裁决，需要向人民法院提交的材料

申请认可和执行我国台湾地区的仲裁裁决，应当向人民法院提交执行申请书、申请人主体资格证明及授权委托书等、仲裁协议、必要的证据和仲裁裁决书。依照法律规定需要办理公证、认证的材料，申请人应当完成公证、认证手续的办理。申请人提交的材料用语如属于外文的，应该在同一时间提交相应的中文翻译件。其中，申请执行书应载明如下内容：申请人是自然人的，提供自然人的名称和地址；申请人是法人或其他组织的，应当提供其名称、地址和法定代表人的名称；被申请人是自然人的，应提供其姓名和住址；被申请人是法人或其他组织的，应当提供其名称、地址和法定代表人的名称；申请单位是公司或其他机构的，需提供公司的工商登记证明复印件。如申请人为境外法人或其他组织，须提供有关证明文件；申请强制执行的原因和内容、被申请人的财产线索和财产情况；申请执行的文件必须用中文，如果裁决、仲裁协议等文件无中文版本，还必须提供中文翻译的文件。

4. 人民法院不予认可与执行台湾地区仲裁裁决的主要情形

对申请认可和执行的台湾地区仲裁裁决，被申请人提出证据证明有下列情形之一的，经审查核实，裁定不予认可：仲裁协议一方当事人依对其适用的法律在订立仲裁协议时属于无行为能力的；或者依当事人约定的准据法，或当事人没有约定适用的准据法而依台湾地区仲裁规定，该仲裁协议无效的；或者当事人之间没有达成书面仲裁协议的，但申请认可台湾地区仲裁调解的除外；被申请人未接到选任仲裁员或进行仲裁程序的适当通知，或者由于其他不可归责于被申请人的原因而未能陈述意见的；裁决所处理的争议不是提交仲裁的争议，或者不在仲裁协议范围之内；或者裁决载有超出当事人提交仲裁范围的事项的决定（但裁决中超出提交仲裁范围的事项的决定与提交仲裁事项的决定可以分开的，裁决中关于提交仲裁事项的决定部分可以予以认可）；仲裁庭的组成或者仲裁程序违反当事人的约定，或者在当事人没有约定时与台湾地区仲裁规定不符的；裁决对当事人尚无约束力，或者已经台湾地区法院撤销或者驳回执行申请的。依据法律，该争议事项不能以仲裁解决的，或者认可该仲裁裁决将违反一个中国原则等国家法律的基本原则或损害社会公共利益的，法院应当裁定不予认可。但对我国台湾地区仲裁机构或者临时仲裁庭作出仲裁裁决后，人民法院认定该仲裁裁决所依据的仲裁协议无效的；涉案财产性质特殊，可能无法予以执行的，以及其他不会损害根本的社会公共利益的除外。人民法院经审查能够确认台湾地区仲裁裁决真实，且不具有上述情形的，裁定认可其效力；不能确认该仲裁裁决真实性的，裁定驳回申请。人民法院作出不予认可台湾地区仲裁裁决的裁定，申请人再次提出申请的，法院应当裁定不予受理。

5. 对不予认可和执行台湾地区仲裁裁决的，人民法院审查的逐级报核流程

台湾地区仲裁司法审查案件由中级人民法院或专门人民法院办理，作出的审查结果为仲裁协议无效、不予认可和不予执行仲裁裁决时，应当向其辖区内所属的高级人民法院报请复核。高级人民法院对报核结果进行审查之后若同意的，还应向最高人民法院进一步报核。待最高人民法院作出最终的审核意见之后，该法院以该审核意见作出相应裁定。

实践思考：

1. 结合本案，分析申请认可和执行台湾地区裁决需要向哪个法院提出，应提交哪些材料？人民法院如何审查和处理？

2. 假设你是台湾地区裁决认可与执行申请人的委托代理人，请代申请人撰写一份认可与执行仲裁裁决的申请书。

3. 假设你是本案主审法官，应当如何审查申请人的认可与执行申请？结合本案审查情况撰写一份裁定书。

【拓展阅读】

1. 李乾贵、胡弘、吕振宝：《现代仲裁法学研究》，北京，中国政法大学出版社2018 年版；

2. 邹东俊：《我国涉外仲裁司法监督制度的反思与完善》，《宁夏大学学报》（人文社会科学版）2007 年第 4 期；

3. 王克玉：《涉外仲裁协议案件中的司法剩余权及法院地法的谦抑性》，《法律科学》（西北政法大学学报）2015 年第 6 期；

4. 刘想树：《涉外仲裁裁决执行制度之评析》，《现代法学》2001 年第 4 期。

外国仲裁裁决[*]

【学习要点】 了解和掌握我国法院承认和执行的外国仲裁裁决的范围，当事人如何向人民法院申请承认与执行，需要提交的材料、人民法院的审查方式、人民法院作出不予承认和执行外国仲裁裁决的主要情形等基本知识。重点围绕外国仲裁裁决的承认与执行这一主题，理解依照我国缔结或者参加的国际条约，或者按照互惠原则对外国仲裁裁决进行司法审查。人民法院适用《承认及执行外国仲裁裁决公约》审查当事人申请承认和执行外国仲裁裁决案件时，被申请人以仲裁协议无效为由提出抗辩的，人民法院应当依照该公约第 5 条第 1 款（甲）项的规定，确定确认仲裁协议效力应当适用的法律。明确人民法院认定执行该仲裁裁决违背社会公共利益的情形。

【核心概念】 外国仲裁裁决；承认与执行；仲裁机构；司法审查

【问题导向】 我国人民法院承认和执行的外国仲裁裁决有哪些？外国仲裁裁决作出后，当事人如何申请承认与执行？申请时需要提交哪些材料？人民法院对此应当如何审查？人民法院在哪些情形下，应当作出不予承认和执行外国仲裁裁决的裁定？仲裁庭的组成方式与当事人约定不符，是否构成《纽约公约》中规定的撤销或者不予执行仲裁裁决的情形？对不予承认与执行仲裁裁决是否需要报核？如何报核？

【案情简介】 申请人来宝资源国际私人有限公司；被申请人上海信泰国际贸易有限公司。

2014 年 10 月 29 日，来宝资源国际私人有限公司（以下简称来宝公司）作为卖方，上海信泰国际贸易有限公司（以下简称信泰公司）作为买方，双方以电子邮件的方式签订了《铁矿石买卖合同》，电子合同中达成由来宝公司销售铁矿石给信泰公司的合意。该合同进一步约定，铁矿石按照《global ORE 标准铁矿石贸易协议》（以下简称《标准协议》）L24 版的第 2 部分的条款和条件进行销售和交货，并引用了其中的仲裁条款《标准协议》L24 版第 2 章第 16 条"争端"：16.1 关于买卖及/或本协定产生或涉及买卖及/或本协定的所有争端及主张，包括关于买卖及/或本协定的存在、效力或终止的所有问题，均须按照新加坡国际仲裁庭的《仲裁规则》，向新加坡提出仲裁，这些规则被认为是通过引用而纳入了本协定。16.1.1 仲裁庭中仲裁员的人数应为三名。双方在后期合同履行过程中出现纠纷，来宝公司于 2015 年 1 月 14 日依据《标准协议》中的仲裁条款向新加坡国际仲裁中心（以下简称 SAC）提出仲裁申请，主张信泰公司构成根本违约，要求信泰公司承担违约赔偿责任，同时申请仲裁程序按照快速程序进行。2015 年 1 月 16 日，SAC 致函信泰公司，要求其对来宝公司提出的快速程序申请提出意见。信泰公司分别于 1 月 29 日、2 月 5 日、2 月 6 日回函，明确表示不同意快速程

---

[*] 本案来源于最高人民法院参考性案例第 65 号。

序申请，并要求由三名仲裁员组成仲裁庭。2 月 17 日，SAC 通知双方当事人，称该中心主席已批准了来宝公司关于快速程序的申请，决定对该案依据快速程序由独任仲裁员仲裁。2 月 27 日，信泰公司再次致函 SAC，再次表明其反对简易程序和独任仲裁，要求组成三人仲裁庭。同时表示，如仲裁中心忽略其提议，则拒绝接受该中心仲裁。同年 4 月 20 日，SAC 依据其《2013 年第五版仲裁规则》，以双方当事人未就快速程序下独任仲裁员人选达成合意为由，指定独任仲裁员审理该案，信泰公司缺席该案审理。2015 年 8 月 26 日，仲裁庭作出 2015 年 005 号最终裁决，支持了来宝公司的全部仲裁请求。该仲裁裁决作出后，信泰公司未履行裁决项下的义务。2016 年 2 月，来宝公司向上海市第一中级人民法院申请承认并执行该仲裁裁决。被申请人信泰公司要求不予承认与执行案涉仲裁裁决，主要抗辩理由如下：双方未就涉案裁决所处理的争议事项达成书面仲裁协议；案涉仲裁庭的组成方式与当事人约定不符，构成《承认与执行外国仲裁裁决公约》（以下简称《纽约公约》）第 5 条第 1 款（丁）项规定的不予承认与执行仲裁裁决的情形。《标准协议》第 16.1.1 条规定"仲裁庭应当由三名仲裁员组成"，但所涉仲裁裁决由独任仲裁员作出。信泰公司从未以任何方式同意变更仲裁庭的组成，且对独任仲裁提出强烈反对。SIAC 有关"快速程序"的仲裁规则不适用于本案。SIAC 根据其仲裁规则强行启动快速程序，将《标准协议》明定的三人仲裁变更为独任仲裁，违反了正当程序原则，且本案是在信泰公司缺席、未进行任何答辩的情形下作出。另 SIAC《2013 年第五版仲裁规则》第 51 条规定，存在下列情形之一的，在仲裁庭组建完成之前，当事人可以向主簿提出采用快速程序进行书面仲裁申请，具体包括全部争议总金额（仲裁请求、反请求以及任何抵消辩护构成的全部争议金额）不得超过五百万新币；双方同意在仲裁中使用快速程序；或者遇到紧急情况。该规则第 52 条同时规定，如果一方已根据本细则第 51 条向主簿提出了迅速裁决的请求，而主簿在考虑了双方的意见之后，认为可以采用快速程序时，则该仲裁程序应依照以下条款进行：主簿有权对本规则中的任何期限进行缩减；案件通常由独任仲裁员进行审理，除非主席有特别的安排。

【法院裁判】裁决事项：申请人来宝公司请求承认与执行新加坡国际仲裁中心作出的仲裁裁决。

裁决理由：本案《铁矿石买卖合同》约定了《标准协议》L24 第 2 部分中的条款，由于《标准协议》第 2 部分中包含了仲裁条款，故仲裁条款已被纳入买卖合同中，且已在双方之间形成了一项有效的、以书面形式存在的仲裁条款。该仲裁条款第 16 条第 1 款明确规定，争议及请求将在新加坡根据新加坡仲裁院的规定进行，仲裁院由 3 名仲裁员组成，且信泰公司明确表示了对独立仲裁的反对意见，但新加坡国际仲裁中心仍按照其《2013 年第五版仲裁规则》，采用独立仲裁员的做法，显然违背了《纽约公约》第 5 条第 1 款（C）项的规定，属于"仲裁机构的构成或者仲裁程序不符合各方之间的约定"的情形。

裁决结果：依法裁定不予承认和执行新加坡国际仲裁中心所作 2015 年 005 号仲裁裁决。

【案例解析】根据《纽约公约》第 5 条第 1 款（丁）项规定，应当尊重当事人就仲裁庭组成达成的协议，在当事人没有就仲裁庭组成达成协议时适用仲裁地法。其旨在尊重和保障当事人之间的意思自治。但是，当事人间的约定不能违反有关公平和正当程序的强制性规定，否则存在因违反社会公共利益而推翻当事人间协议的风险。那么，如何处理当事人之间就该仲裁程序达成协议与共同选定仲裁机关的仲裁规则中仲裁程序不一致的情形？虽然二者均为当事人意思自治的表现，但当事人就仲裁程序达成的协议应属于特别约定，该特别约定的效力与当事人就适用仲裁机关的仲裁规则达成的一般约定相比具有更为优先的效力，即仲裁规则中关于仲裁程序的相关规定适用于当事人未明确约定之情形。换言之，当事人之间既有关于仲裁程序的相关约定，也有关于仲裁机关的相关约定时，该仲裁程序的约定优先于当事人之间共同选定仲裁机关而导致间接选定该仲裁机关的仲裁规则所规定的仲裁程序的约定。除非双方当事人之间就仲裁庭的组成方式达成了新合意。

1. 我国法院承认和执行的外国仲裁裁决的情形，以及外国仲裁裁决作出后，当事人申请承认与执行的流程

我国法院承认和执行的仲裁裁决是指由合同、侵权或者根据有关法律规定而产生的经济上的权利义务关系，例如货物买卖、财产租赁、工程承包、加工承揽、技术转让、合资经营、合作经营、勘探开发自然资源、保险、信贷、劳务、代理、咨询服务和海上、民用航空、铁路、公路的客货运输以及产品责任、环境污染、海上事故和所有权争议等，但不包括外国投资者与东道国政府之间的争端。申请我国法院承认和执行在另一缔约国领土内作出的仲裁裁决，应当由申请仲裁裁决的一方当事人提出。被执行人为自然人的，由其户籍所在地或者居所地中级人民法院管辖；被执行人为法人的，由其主要办事机构所在地中级人民法院管辖；被执行人在我国无住所、居所或者主要办事机构，但有财产在我国境内的，由其财产所在地中级人民法院管辖。外国仲裁裁决与人民法院审理的案件存在关联，被申请人住所地、被申请人财产所在地均不在我国内地，申请人申请承认外国仲裁裁决的，由受理关联案件的人民法院管辖。受理关联案件的人民法院为基层人民法院的，申请承认外国仲裁裁决的案件应当由该基层人民法院的上一级人民法院管辖。受理关联案件的人民法院是高级人民法院或者最高人民法院的，由上述人民法院决定自行审查或者指定中级人民法院或者专门人民法院审查。外国仲裁裁决与我国内地仲裁机构审理的案件存在关联，被申请人住所地、被申请人财产所在地均不在我国内地，申请人申请承认外国仲裁裁决的，由受理关联案件的仲裁机构所在地的中级人民法院或者专门人民法院管辖。外国仲裁裁决与人民法院审理的案件存在关联是指外国仲裁裁决与人民法院审理的案件属同一法律关系、同一法律事实或者指向同一标的物；外国仲裁裁决结果与人民法院审理的案件的当事人有法律上的利害关系；外国仲裁裁决与人民法院审理的案件结果互为影响，以及具有其他关联性等情形。

2. 当事人申请我国法院承认和执行的外国仲裁裁决需要提交材料，人民法院对此的审查路径

申请承认与执行外国仲裁裁决，应当向人民法院提交下列材料：执行申请书、申请人主体资格的证明及授权委托书等、仲裁协议、必要的证据和仲裁裁决书。依照法律规定需要办理公证、认证的材料，申请人应当办理公证、认证手续。申请人提交的材料如系外文，应当同时提供相应的中文译本。其中，执行申请书的内容应当载明下列事项：申请人为自然人的，该自然人的姓名、地址；申请人为法人或者其他组织的，该法人或其他组织的名称、地址及法定代表人姓名；被申请人为自然人的，该自然人的姓名、地址；被申请人为法人或者其他组织的，该法人或其他组织的名称、地址及法定代表人姓名；申请人为法人或者其他组织的，应当提交企业注册登记的副本。申请人是外国籍法人或者其他组织的，应当提交相应的公证和认证材料；申请执行的理由与请求的内容，被申请人的财产所在地及财产状况。执行申请书应当以中文文本提出，仲裁裁决书或者仲裁协议没有中文文本的，申请人应当提交正式证明的中文译本。对相关材料的公证、认证或者其他证明手续、翻译，适用民事诉讼法及相关司法解释的规定。申请人未按照上述相关规定提交材料和文件，在人民法院进行释明之后再次提交的文件仍然不满足相关规定的要求的，人民法院应当对其作出不予受理的裁定。申请人未按照关于管辖相关的规定提出确认申请的，人民法院应当告知申请人向有管辖权的法院申请确认，申请人拒绝变更申请确认的人民法院的，人民法院应当作出不予受理的裁定。申请承认和执行外国仲裁裁决的，人民法院应当按照承认程序进行审查，裁定承认后，由有管辖权的人民法院执行。申请人直接申请执行的，人民法院应当告知其一并提交承认申请；坚持不申请承认的，人民法院应当裁定驳回其申请。收到申请人的申请后，人民法院应当在 7 日内审查决定是否立案受理。人民法院决定受理后 2 日内将案卷材料移送相关部门进行审查。当事人直接向人民法院执行部门提出不予执行外国仲裁裁决申请的，执行部门应当在收到申请材料后 5 日内将申请材料移送法院立案部门，并由立案部门在受理后 2 日内将案卷材料移送人民法院相关部门进行审查。人民法院受理案件后，应当在 5 日内向申请人和被申请人发出通知书，告知其案件受理情况及相关的权利义务。对其不予受理的案件，裁定说明理由。人民法院立案受理后，被申请人对管辖权有异议的，应当自收到人民法院通知书之日起 15 日内提出。被申请人提出异议的，人民法院应当审查并作出裁定。在我国领域内没有住所的被申请人对人民法院的管辖权有异议的，应当自收到法院通知之日起 30 日内提出。当事人提出不予执行抗辩的，人民法院应当按照我国缔结的有关国际条约的规定审查或按照互惠原则办理。对于当事人未提出不予承认和执行抗辩的，且争议事项可以仲裁解决，以及进行仲裁裁决不会导致与我国法律基本准则和社会公共利益相抵触，人民法院应当作出承认和执行的裁定。申请对《纽约公约》缔约国所作出的仲裁裁决予以承认和执行的，以该公约中的相关规定为准。申请承认和执行的文书为其他国家所作出的仲裁裁决的，适用该国与我国签订的司法协助约定；该国与我国没有司法协助协定的，按照互惠原则办理。法院受理一方当事人的申请后，对不具有《纽约公约》第 5 条第（1）（2）两项所列情形的，法院应当裁定承认其效力，并且依照民事诉讼法规定的程序执行。（1）对仲裁庭邮寄仲裁员的任命、诉状、传讯等文件，邮件已"投递至合法接收人"，不属于《纽约公约》第 5 条第 1 款乙项中"适当通知"的要求并因而导致其"未能申辩"之情形；（2）经各方当事人书面同意，适用合并仲裁、友好仲裁方式仲裁的，不违反我国法律强制性规定，且仲裁裁决符合仲裁规则的；（3）当事人推荐或者共同推荐仲裁员名册外的人员担任仲裁员的，经仲裁机构负责人确认同意，不违反我国法律的禁止性规定，选定的仲裁员符合我国《仲裁法》规定的聘任条件，且选定程序符合仲裁规则的；（4）仲裁机构有权仲裁的部分与超裁部分可以区分的，对有权裁决的部分。人民法院应当对执行标的暂缓处分，但不停止对被执行人的财产采取查封、冻结、扣押等强制措施。申请执行人为了保障执行顺利进行而提供相应担保的，人民法院应当据此裁定继续执行。一方向某地人民法院申请执行，而另一方又向别地法院提出撤销仲裁裁决的，则被执行人可以通过提供足够的担保而申请中止执行。有以下情形，人民法院应在满足提供担保条件下作出中止执行裁定：仲裁裁决已经被生效的判决、裁定所撤销的，执行法院裁定执行终结，且不再继续执行；当撤销仲裁裁决的申请遭到驳回时，仲裁裁决的执行力不受影响，执行法院在撤销申请被驳回之后恢复对原仲裁裁决的执行。当事人依据其他人民法院已受理撤销仲裁裁决案件申请的法律文书可以向执行法院申请中止执行。人民法院裁定不予承认外国仲裁裁决的，申请人再次提出申请的，人民法院应当裁定不予受理。

3. 人民法院不予承认和执行外国仲裁裁决的主要情形

人民法院裁定不予承认和执行外国仲裁裁决有：（1）仲裁协议当事人依对其适用的法律属于无民事行为能力的情形；或者该项仲裁协议依约定的准据法无效；或者未指明以何种法律为准时，依仲裁裁决地的法律是无效的。（2）被申请人未接到指派仲裁员的适当通知或者因其他原因未能陈述意见的。（3）仲裁裁决所处理的争议不是交付仲裁的标的或者不在仲裁协议条款之内，或者仲裁裁决载有关于交付仲裁范围以外事项的决定的，或者交付仲裁事项的决定可与未交付仲裁的事项划分时，仲裁裁决中关于交付仲裁事项的决定部分应当不予执行。（4）仲裁庭的组成或者仲裁程序与当事人之间的协议不符，或者在有关当事人没有该协议时与仲裁地的法律不符的。（5）裁决对当事人无约束力，或者业经仲裁地的法院或者按仲裁地的法律撤销或者停止执行的；或者有关法院认定依执行地法律，争议事项不能以仲裁解决的，或者人民法院认定在内地执行该仲裁裁决违反社会公共利益的，或者当事人主张仲裁裁决不具有终局性或者以仲裁事项违反可仲裁性的。（6）承认和执行外国商事仲裁裁决将导致违反我国法律基本原则、侵犯我国国家主权、危害公共安全、违反善良风俗等足以影响我国根本性社会公共利益的，但对外国仲裁机构或者临时仲裁庭作出仲裁裁决后，人民法院认定该仲裁裁决所依据的仲裁协议无效的；涉案财产性质特殊，可能无法执行的，以及其他不足以影响我国根本性社会公共利益的情形除外。

4. 仲裁庭的组成方式与当事人约定不符，构成《纽约公约》中规定的撤销或者不予执行仲裁裁决情形的理解与适用

我国《仲裁法》第 30 条至第 32 条规定，仲裁庭可以由 3 名仲裁员或者 1 名仲裁员组成。仲裁庭的组成为 3 名仲裁员时，在 3 名仲裁员中设置 1 名首席仲裁员。当事人之间合意约定由 3 名仲裁员组成仲裁庭时，其中的两名仲裁员由双方自行选定或者各自委托仲裁委主任指定，第 3 名即首席仲裁员的产生需由双方共同选定或者共同委托仲裁委主任指定。当双方当事人所选定的仲裁庭由 1 名仲裁员组成时，该仲裁员应当出自双方当事人的协商合意确定或者由双方一起委托仲裁委主任指定。在仲裁规则约定的期限以后仍未对仲裁方式、仲裁庭的组成形成当事人之间的共同约定的，仲裁委主任应当加以指定。上述规定明确了仲裁员的选任规则。实践中，仲裁机关审理仲裁裁决、人民法院审查是否承认及执行外国仲裁裁决时，应当遵守当事人就仲裁程序达成的协议，共同选定的仲裁机构所遵循的仲裁规则中的有关仲裁程序，缺乏对二者的合意约定时则通过适用仲裁地法的程序规定进行兜底。对以"仲裁机关之组成与仲裁各造间协议不符"理由，申请不予承认及执行外国仲裁裁决的当事人来说，首先，应当证成双方存在有效的关于仲裁程序的协议，具体要求包括合法有效的签章、合同原件或经公证的复印件等；其次，应当向人民法庭提供《纽约公约》第 5 条第 1 款（丁）项之规定；最后，根据对方的答辩准备相应补充的证据和辩论。而对于另一方当事人，其想推翻对方的申请理由，可以从双方关于仲裁程序的协议违反有关公正和正当程序的强制性规定或双方对仲裁庭组成方式，达成了新的合意，从而进行变更等方面进行举证和反驳。

5. 对不予承认与执行外国仲裁裁决的，人民法院审查的逐级报核流程

对不予承认与执行外国仲裁裁决的，按照最高人民法院《关于仲裁司法审查案件报核问题的有关规定》，应当向本辖区高级人民法院报核；待高级人民法院审核后，依据高级人民法院的审核意见作出裁定。高级人民法院经审查拟同意报核人民法院倾向性意见的，应当在受理之日起 30 日内报请最高人民法院核准。下级人民法院报请上级人民法院审核的案件，应当将书面报告和案件卷宗材料一并上报。书面报告应当写明审查意见及具体理由。报核人民法院呈请高级人民法院的报核请示书面报告，应该包括当事人的基本情况、案件由来、当事人申请及答辩理由、案件的基本事实和审查意见五个部分。高级人民法院呈请最高人民法院的报核请示书面报告，应该包括当事人的基本情况、当事人申请及答辩理由、案件的基本事实、报核人民法院审查意见和高级人民法院审查意见五个部分。上级人民法院收到下级人民法院的报核申请后，认为案件相关事实不清的，可以询问当事人或者退回下级人民法院补充查明事实后再报。上级人民法院应当以复函的形式将审核意见答复下级人民法院。

实践思考：

1. 结合本案，分析外国仲裁裁决的承认与执行，如申请确认外国仲裁协议效力、管辖法院的确定、重点审查范围、撤销或者不予执行的情形、司法审查以及报核等具体路径。

2. 结合本案，分析外国仲裁裁决的承认与执行需要向哪个法院提出，以及提交哪些材料？人民法院如何审查和处理？

3. 假设你是外国裁决的承认与执行申请人的委托代理人，请代申请人撰写一份承认与执行仲裁裁决的申请书。

4. 假设你是本案主审法官，应当如何审查申请人的承认与执行申请？结合本案审查情况撰写一份裁定书。

【拓展阅读】

1. 马德才：《仲裁法学》，南京，南京大学出版社 2016 年版；

2. 李广辉、林泰松：《仲裁法学》，北京，中国法制出版社 2019 年版；

3. 北京仲裁委员会、北京国际仲裁中心组：《北京仲裁》，北京，中国法制出版社；

4. ［美］博恩：《国际仲裁 法律与实践》，白麟、陈福勇、李汀洁、魏奎楠、许如清、赵航、赵梦伊等译，北京，商务印书馆 2015 年版；

5. 赵秀文：《论涉外仲裁条款的解释》，《法学》2004 年第 2 期；

6. 张圣翠：《论我国仲裁裁决承认与执行制度的矫正》，《上海财经大学学报》2013 年第 1 期；

7. 王菊：《论我国涉外仲裁的监督机制》，《国际商务研究》2000 年第 4 期。

外国仲裁裁决的事实[*]

【学习要点】了解和掌握外国仲裁裁决事实的界定、包括的主要内容，以及人民法院是否可以对所有仲裁裁决事实进行审查处理等基本知识。重点围绕外国仲裁裁决事实的判定这一主题，理解人民法院应当依法对当事人申请撤销仲裁裁决的事由和提交的证据进行审查，申请人未主张的事由，人民法院不予审查，但仲裁裁决违反社会公共利益的除外。明确当事人以不属于我国《仲裁法》第58条，《民事诉讼法》第237条、第274条所规定的事由，或者以仲裁裁决中举证责任分配、事实的认定等实体裁决事项错误为由，申请撤销仲裁裁决的，人民法院不予支持。

【核心概念】外国仲裁；程序事实；实体事实；司法审查

【问题导向】何谓外国仲裁裁决事实？外国仲裁裁决的事实主要包括哪些内容？人民法院是否可以对所有仲裁裁决事实进行审查处理？

【案情简介】申请人 A-one 公司；被申请人达意隆公司、华运公司。

2011年7月3日，A-one公司与达意隆公司、华运公司签署了编号为 TI110703 的买卖合同，约定 A-one 公司向达意隆公司、华运公司购买24000BPH含气灌装生产线。在合同履行过程中，双方产生争议。2016年1月22日，A-one公司向中国国际经济贸易仲裁委员会提交仲裁申请，请求就双方之间由于上述合同项下的争议进行仲裁。2016年6月8日，中国国际经济贸易仲裁委员会组成仲裁庭审理本案。2016年12月6日，中国国际经济贸易仲裁委员会仲裁院函告双方当事人，因仲裁程序进行的需要，经仲裁庭申请，中国国际经济贸易仲裁委员会仲裁院院长同意将本案裁决作出的期限延长至2017年6月8日。2017年5月22日，中国国际经济贸易仲裁委员会就本案作出裁决，具体裁决内容为：（1）被申请人向申请人偿付费用41 173美元。（2）申请人向被申请人支付《买卖合同》10%余款714 357.90美元。（3）申请人向被申请人支付以714 357.90美元为基数、自2014年3月23日起至实际支付日止、按照中国人民银行公布的同期美元存款利率计算的利息。（4）申请人向被申请人支付工程技术人员报酬150 000美元。（5）申请人向被申请人支付律师费人民币450 000元。（6）驳回申请人的其他仲裁请求。（7）驳回被申请人的其他仲裁反请求。（8）本案仲裁请求的仲裁费152 187美元，由申请人承担98%，即149 143.26美元；由被申请人承担2%，即3043.74美元；仲裁反请求仲裁费人民币224 609元，由申请人承担70%，即人民币157 226.30元；由被申请人承担30%，即人民币67 382.70元。前述金额已分别与双方当事人预缴的金额冲抵，故被申请人应向申请人支付3043.74美元，申请人应向被申请人支付人民币157 226.30元，以补偿对方垫付的仲裁费用。（9）本案杨某宜仲裁员

---

[*] 本案来源于中国裁判文书网（https://wenshu.court.gov.cn），案号：（2018）京04民特4号。

的特殊报酬及实际费用共计 25 578 美元，全部由申请人承担。该等费用与申请人向仲裁委员会预缴的 25 640.21 美元冲抵后，尚余 62.21 美元，由仲裁委员会退还申请人。（10）本案庭审翻译人员费用共计人民币 3 900 元，全部由申请人承担。该等费用与申请人向仲裁委员会预缴的人民币 7 500 元冲抵后，尚余人民币 3 600 元，由仲裁委员会退还申请人。A-one 公司称，仲裁庭模糊了合同中约定的质量标准规定、仲裁庭对初始检验的事实认定不清、仲裁庭对 A-one 公司履行检验和通知义务的认定存在错误、仲裁庭对于 A-one 公司储存货物方式的认定存在瑕疵、仲裁庭对当事人权利义务的认定错误；另外，仲裁裁决违反了我国适用法律的基本原则，即以事实为依据，以法律为准绳，其认定的事实不符合客观实际，适用的法律也存在不合理之处。达意隆公司、华运公司称，A-one 公司的申请无法律依据，其提出的撤销事由不属于法律规定撤销涉外仲裁裁决的事由。

【**法院裁判**】裁决事项：申请人 A-one 公司申请对中国国际经济贸易仲裁委员会作出的仲裁裁决予以审查。

裁决理由：A-one 公司认为，仲裁庭对案件的相关事实认定错误，实质为仲裁庭就仲裁案件实体内容的认定和处理，不属于人民法院撤销涉外仲裁裁决的法定事由。

裁决结果：人民法院依法裁定不予审查。

【**案例解析**】从《纽约公约》第 5 条和我国《仲裁法》第 70 条、《民事诉讼法》第 274 条的规定来看，经司法审查裁定撤销的事由主要限于程序性事项。实践中，相关案例也印证了这一点。例如，在"最高人民法院关于北京康卫医药咨询服务中心有限公司申请撤销中国国际经济贸易仲裁委员会仲裁裁决案件的请示的复函"中，最高人民法院认为，北京市第一中级人民法院关于"本案仲裁裁决对相关合同效力的认定与先前生效的人民法院判决以及 268 号仲裁裁决的认定不同，违反了一裁终局原则而应予撤销"的意见，实质上是对本案仲裁裁决的实体结果是否正确进行审查，违背了程序性审查原则，缺乏法律依据。本案中，人民法院认为，事实认定错误不属于人民法院撤销外国仲裁裁决的法定事由，故不予审查的做法是正确的。

1. 外国仲裁裁决事实的界定及其涵盖的主要内容

外国仲裁裁决事实是指在外国仲裁案件中，当事人主张权利或要求对方当事人承担义务及仲裁庭作出仲裁裁决所依据的客观情况。外国仲裁裁决事实由程序事实和实体事实两部分构成。

2. 人民法院对裁决事实进行审查的边界

人民法院的审查应限于程序性事项，不能对实体事项进行审查。原因有二：一是仲裁与诉讼的显著区别之一在于，当事人意思自治的表达存在较大差异，仲裁当事人的意思自治会更为充分。从任职条件看，仲裁员是从事仲裁律师、审判等工作年限较长且有丰富经验的人，或是具有法律研究、教学高级职称的专家、学者，理论素养深厚。此外，"一裁终局"制度的现实基础是由当事人意思自治的充分体现和具备较好法律素养的仲裁员共同构成的。基于这一点，应该尽量避免对双方基于自身意愿选择的仲裁进行司法介入。二是在界定司法监督的范畴时，谨防司法监督成为仲裁的"二审程序"。尤其是如果将与仲裁裁决相关的事实认定和法律适用也列入司法监督的范畴，就会导致司法监督成为仲裁的"二审程序"，既不利于仲裁的发展，也会抑制其活力。故人民法院应当依法对当事人申请撤销仲裁裁决的事由和提交的证据进行审查，申请人未主张的事由，人民法院不予审查。但仲裁裁决违反社会公共利益的除外。当事人以不属于我国《仲裁法》第 58 条，《民事诉讼法》第 237 条、第 274 条规定的事由，或者以仲裁裁决中举证责任分配、证据的认证、事实的认定等实体裁决事项错误为由，申请撤销仲裁裁决的，人民法院不予支持。

实践思考：

1. 结合本案，分析仲裁机关如何作出裁决事实的判断、司法如何审查外国仲裁裁决事实，以及作出裁定的具体路径。

2. 结合本案，分析外国仲裁裁决事实审查需要向哪个法院提出，以及提交哪些材料？人民法院如何审查和处理？

3. 假设你是外国仲裁裁决事实审查申请人的委托代理人，请代申请人撰写一份外国仲裁裁决事实审查的申请书。

4. 假设你是本案主审法官，应当如何审查申请人的外国仲裁裁决事实审查的申请？结合本案审查情况撰写一份裁定书。

【拓展阅读】

1. 乔欣：《仲裁法学》（第三版），北京，清华大学出版社 2020 年版；

2. 王克玉：《涉外仲裁协议案件中的司法剩余权及法院地法的谦抑性》，《法律科学》（西北政法大学学报）2015 年第 6 期；

3. 刘想树：《涉外仲裁裁决执行制度之评析》，《现代法学》2001 年第 4 期；

4. 李广辉：《仲裁裁决撤销制度之比较研究——兼谈我国仲裁裁决撤销制度之完善》，《河南大学学报》（社会科学版）2012 年第 4 期。

外国仲裁裁决中的超裁*

【学习要点】了解和掌握外国仲裁裁决超裁的界定、超裁的主要表现形式、对超裁的司法审查与处理方式等基本知识。重点围绕外国仲裁裁决中超裁的司法判定这一主题，理解外国仲裁裁决超裁主要包括裁决超出仲裁争议、裁决超出当事人请求的范围、裁决当事人与之未签有仲裁协议的第三人之间的争议事项三种情形。仲裁裁决事项超出仲裁协议范围，人民法院应当撤销仲裁裁决中超裁部分；超裁部分与其他仲裁裁决部分不可分的，人民法院应当撤销该仲裁裁决。仲裁机构追加第三人参加仲裁，追加第三人的依据和程序符合仲裁规则、被追加的第三人明确接受仲裁的意思表示和同意接受该仲裁庭仲裁、涉案仲裁当事人同意第三人参与仲裁的，人民法院不得以超裁为由，撤销该仲裁裁决。明确仲裁当事人应该知晓仲裁庭对关联合同进行审查认定，但未作出相关仲裁裁定裁决，不属于超出仲裁范围的情形，当事人以此为由申请撤销或者不予仲裁裁决的，人民法院应予驳回。

【核心概念】外国仲裁；裁决超裁；撤销裁决；不予执行

【问题导向】如何界定外国仲裁裁决超裁？外国仲裁裁决超裁主要有哪些情形？人民法院应当如何审查？对当事人请求撤销仲裁裁决，经人民法院审查确认的，通常如何处理？

【案情简介】申请人 Bright Morning Limited；被申请人宜兴乐祺纺织集团有限公司。

申请人 Bright Morning Limited（以下简称 BM 公司）申请：承认和执行新加坡国际仲裁中心 2011 年第 130 号（ARB130/11/MJL）最终裁决。被申请人宜兴乐祺纺织集团有限公司（以下简称乐祺集团公司）辩称：（1）裁决第（1）（2）（3）（4）项均超出双方当事人仲裁条款的范围（以下简称超裁）；（2）仲裁庭的组成违反仲裁规则；（3）裁决事项不可仲裁解决；（4）裁决侵犯我国司法主权，违背了我国的公共政策。故涉案最终裁决存在《纽约公约》第 5 条第 1 款（丙）项、（丁）项，第 2 款（甲）项、（乙）项所规定的拒绝承认和执行的情形，应当不予承认执行。法院经审理查明：2005 年 12 月 26 日，乐祺集团公司与 BM 公司签订《斜纹布合资合同》，合资设立宜兴新乐祺纺织印染有限公司（以下简称新乐祺公司）。2011 年 11 月 14 日，BM 公司针对乐祺集团公司就《斜纹布合资合同》下的争议，提交新加坡国际仲裁中心仲裁，请求仲裁庭裁决乐祺集团公司向 BM 公司支付，因违约和不当行为造成的所有金钱损害赔偿、支付因非法侵占 BM 公司在新乐祺公司利益造成的金钱损害赔偿、偿还新乐祺公司被侵占或被转移资产中获取的全部利润，以及支付所有法律费用及上述损害赔偿的利息损失，并禁止乐祺集团公司采取任何违反合同的进一步行动。乐祺集团公司请求驳

＊ 本案来源于中国裁判文书网（https://wenshu.court.gov.cn），案号：（2016）苏 02 协外认 1 号。

回 BM 公司的全部主张并提出反请求，主张 BM 公司向其支付因违约而遭受的损失，金额介于 2 920 万美元至 3 640 万美元之间，并承担所有法律费用及利息。2015 年 8 月 26 日，新加坡国际仲裁中心作出最终裁决：（1）乐棋集团公司违反了《斜纹布合资合同》；（2）受下文第（4）分段的限制，斜纹布合资合同终止；（3）乐棋集团公司应向 BM 公司支付 3 840 万美元，作为其违反《斜纹布合资合同》的损害赔偿金；（4）在本裁决作出之日起的 14 日内，乐棋集团公司应向 BM 公司支付损害赔偿金 3 840 万美元；（5）仲裁庭认定乐棋集团公司应负担本仲裁费用的 100%；（6）就法律和专家费用、实际支付开支和垫付费用，BM 公司有权从乐棋集团公司处获得 BM 公司上述费用的 100%，即 3 214 599.86 美元。乐棋集团公司主张裁决第（1）项至第（4）项超裁的理由是：第（1）项裁决乐棋集团公司违反了合资合同，但 BM 公司从未提出要求宣告乐棋集团公司违约。第（2）项裁决 BM 公司在收到赔偿金后终止合资合同，但 BM 公司和乐棋集团公司从未提出过终止合同的仲裁请求和反请求。第（3）项裁决给 BM 公司的 3 840 万美元赔偿金中包含的 1 100 万美元额外赔偿是其他主体在另外两份《营销协议》及《技术许可协议》项下的利益，超出了本案合资合同项下仲裁条款的范围，且不可分。仲裁庭已将 BM 公司在合资合同项下的最大利益即 25% 股权的估值上限 2 740 万美元作为违约赔偿金裁决给 BM 公司，而基于"50/50 为基础分享利益"的安排额外裁决的 1 100 万美元，则完全是《营销协议》及《技术许可协议》项下 BP 公司和 Galey 集团的利益，该两份合同也分别约定了各自的仲裁条款，非本案仲裁下的争议标的。第（4）项裁决禁止 BM 公司主张其在斜纹布合资公司的股东权利，并以此作为 BM 公司获得赔偿金的前提条件。仲裁庭处理了股东与公司、其他相关主体在公司法项下的法律关系，超出了《斜纹布合资合同》项下股东之间的合资争议及涉案仲裁条款的范围。BM 公司则认为第（1）（2）（3）（4）项裁决均不存在超裁情形。理由在于：（1）BM 公司提出的第（1）项仲裁请求是支付因违约和其他不当行为造成的所有金钱损失。显然，仲裁庭就该项仲裁请求作出裁决的前提是判断被申请人是否存在违约行为。（2）鉴于乐棋集团公司自身反请求仲裁庭宣告合资合同终止，最终裁决第（2）项显然不存在超裁情形。（3）最终裁决中关于损害赔偿金的裁决针对的仅是乐棋集团公司因违约行为而需支付的损害赔偿，没有涉及该仲裁案之外的其他当事人，也没有判断乐棋集团公司在任何其他合同项下是否存在违约行为。至于如何具体计算损害赔偿金额，属于仲裁庭的自由裁量权限范围。该等计算方法正确与否，也非《纽约公约》第 5 条规定的不予承认和执行的情形。事实上，仲裁庭确定的损害赔偿金额也是适当的。（4）关于股东权利限制的法律安排仅适用于 BM 公司全数获得乐棋集团公司支付的损害赔偿金的情形，当然属于涉案仲裁条款约定的仲裁事项范围内。退一步讲，即使最终裁决的部分内容超出当事人请求的范围，其余部分包括金钱损害赔偿部分仍可被承认和执行。

【**法院裁判**】裁决事项：申请人 Bright Morning Limited 请求承认和执行新加坡国际

仲裁中心 2011 年第 130 号（ARB130/11/MJL）最终裁决。

裁决理由：涉案最终裁决第（1）（3）项并未具有《纽约公约》第 5 条第 1 款（丙）项规定的超裁情形。理由是：虽然 BM 公司未明确提出确认乐棋集团公司违约这一仲裁请求，但是其请求损害赔偿的前提条件即确认违约，故裁决第（1）项"确认违约"并未超出双方当事人交付仲裁的范围。综观涉案仲裁裁决的说理过程，其处理的仍然是围绕 BM 公司与乐棋集团公司关于合资合同履行及违约的相关争议，虽然在确定赔偿数额时仲裁庭基于《斜纹布合资合同》及其他两份协议项下"50/50 为基础分享利益"的安排额外裁决了 1 100 万美元，但不论其自由裁量的依据正确与否，其处理的仍然是 BM 公司与乐棋公司间关于违约及赔偿的事宜，并未涉及其他合同当事人，也未处理另外两份协议项下的争议。最终裁决第（2）（4）项具有《纽约公约》第 5 条第 1 款（丙）项规定的情形，而不能被承认和执行。理由是：首先，股东权利是基于公司法律制度而产生的法定权利，并非约定权利。仲裁庭解决的争议仅限于合资双方围绕合资合同发生的争议，而不能将其管辖延伸至合资公司本身。其次，BM 公司与乐棋公司在仲裁中均未提出有关 BM 公司在合资公司中的股权问题。仲裁庭为平衡双方利益，避免 BM 公司获取所谓"双倍赔偿"，主动干预 BM 公司在斜纹布合资公司的股东权利，作出裁决第（4）项既超出双方交付仲裁的争议范围，也超出了双方交付仲裁决定的事项范围。因第（2）项与第（4）项裁决内容具有关联性，应当一并不予执行。至于超裁的第（2）（4）项与其他裁项是否可分的问题，裁决第（1）项认定乐棋公司违约，第（3）项确定了乐棋公司应向 BM 公司支付违约损害赔偿金的金额，从裁决主文看，并未反映出第（2）（4）项与第（1）（3）项具有不可分割的关联性。第（3）项作为单独一项裁决，是对乐棋公司因违约所应承担损害赔偿金额的确定，不能因为裁决正文在说理过程中将违约损害赔偿与股东权利的限制联系起来，而认定第（3）项与第（2）（4）项不可划分。仲裁庭对裁决理由的分析和阐述，涉及案件的实体问题，不属于《纽约公约》规定的审查内容，因此，裁决第（2）（4）项与第（1）（3）项具有可分性。裁决第（5）（6）项涉及仲裁费及其他费用的分担问题，亦可与超裁的第（2）（4）项进行划分。

裁决结果：依法裁定承认和执行新加坡国际仲裁中心 2011 年第 130 号仲裁裁决第（1）（3）（5）（6）项，不予承认和执行第（2）（4）项。

【案例解析】无论是从《纽约公约》的宗旨出发，还是从仲裁的基本理论出发，人民法院判断"仲裁协议的范围"均以当事人真实表示为前提，同时考量仲裁条款的规定、合同目的和当事人选择商事仲裁意愿等因素进行裁判。我国人民法院在审查 BM 公司案时，将超裁部分作为可以分割的裁决部分拒绝承认和执行，对于剩余部分的裁决予以承认和执行；该做法符合法律规定。

1. 外国仲裁裁决超裁的界定及其涵盖的主要情形

仲裁裁决超裁，又称越权，是指仲裁庭超越权限作出裁决，即仲裁庭作出的裁决超出了当事人申请裁决的范围。例如，主合同中签订仲裁条款，从合同中未签订仲裁条款或者从合同无仲裁条款，也没有约定依据主合同条款的解决争议方式或者其他选择仲裁途径解决纷争的，依据主合同的争议解决方式对从合同作出仲裁裁决的，或者仲裁裁决仅以仲裁申请人在庭审中的某些主张为基础进行裁决，人民法院应认定为超裁。外国仲裁裁决超裁主要有以下情形：（1）仲裁裁决了当事人之间约定提交仲裁争议以外的事项。仲裁庭无权审理当事人约定在仲裁协议范围之外的争议事项，并作出裁决。若争议问题超出了仲裁协定的范畴，则说明各方并无将争议事项授权给仲裁庭裁决的意愿。在此情况下，仲裁庭自然不能违反当事人的意愿，自行作出仲裁裁决。（2）仲裁裁决事项在仲裁协议范围内，但不属于当事人的请求范围。基于尊重当事人的意思自治和仲裁的目的考量，仲裁庭只能根据当事人的仲裁请求，作出相应的裁决。对当事人没有请求的事项，仲裁庭不能主动审理并作出裁决，否则就是侵害了当事人的处分权。（3）仲裁裁决了当事人与之未签有仲裁协议的第三人之间的争议事项：裁决涉及案外第三人利益。仲裁庭超越了仲裁协议的授权或者超出了仲裁请求范围，意味着将案外人第三人牵扯进来，可能损及案外第三人的权益。

2. 人民法院对当事人请求确认外国仲裁裁决超裁的审查和处理路径

人民法院对当事人请求确认外国仲裁裁决超裁，主要从以下五个方面进行审查：（1）结合当事人约定内容和争议事项确定合理的仲裁范围，当事人概括约定仲裁事项为合同争议的，基于合同成立、效力、变更、转让、履行、违约责任、解释、解除等产生的纠纷，均可以认定为仲裁事项所确定的审查理念。（2）考量纠纷形成的复杂性和查明事实的不可分性，重点关注仲裁裁决事项是否构成超裁。（3）依法审查仲裁事项的可仲裁性，不得扩大解释。对非合同争议或者与合同有关的侵权等纠纷，在有约定的情况下，应受合同中有效仲裁条款的限制，不得认定超裁。（4）对当事人以仲裁裁决事项超出仲裁协议范围为由，申请撤销仲裁裁决，经审查属实的，人民法院应撤销仲裁裁决中的超出仲裁协议范围部分。但该超裁部分与其他裁决部分不可分的，人民法院应当撤销仲裁裁决。对当事人签订主从合同的情形，在主合同中签订仲裁条款，但从合同未签订仲裁条款的，依据主合同条款确定审查从合同有无明确表示解决争议的方式依据，视为选择仲裁途径解决纷争；从合同既无仲裁条款，也无约定依据主合同条款解决争议的方式，以及无其他书面形式证明其选择仲裁途径解决纷争的，则认定主合同仲裁条款对从合同无约束力，仲裁裁决从合同属于超裁；对仲裁庭追加当事人之外的第三人进行仲裁，关键审查追加第三人的依据和程序、被追加第三人是否明确接受仲裁的意思表示和同意接受该仲裁庭仲裁，以及涉案仲裁当事人是否均同意第三人通过仲裁方式并在该仲裁庭仲裁，符合上述情形的则不得以超裁为理由撤销仲裁。（5）无论仲裁庭是否向当事人释明，若当事人坚持其仲裁请求，仲裁庭虽可考虑在仲裁庭意见部分对相关事实作出认定，但不宜在裁决主文部分作出与其仲裁请求范围不一致的裁决。否则，存在撤销或者不予执行仲裁裁决的风险。仲裁请求的范围应以仲裁申请书载明的具体请求为准，当事人在庭审中的主张不属于仲裁请求的范畴。仲裁裁决是否完全回应庭审中申请人的相关主张，并非法定判断仲裁程序是否违法的标准。仲裁裁决仅以仲裁申请人在庭审中的某些主张为基础进行裁决，而置书面仲裁申请书中具体仲裁请求于不顾，反而有违反法定程序和超裁之嫌。

实践思考：

1. 结合本案，分析外国仲裁裁决中，申请承认与执行仲裁裁决与当事人仲裁请求、仲裁裁决间的关系。

2. 分析外国仲裁裁决超裁的判断标准及其法律后果。

3. 假设你是本案申请人的委托代理人，请代申请人撰写一份承认与执行仲裁裁决的申请书。

4. 假设你是本案主审法官，应当如何审查申请人申请外国仲裁裁决承认与执行？并结合本案审查情况撰写一份裁定书。

【拓展阅读】

1. 乔欣：《仲裁法学》（第三版），北京，清华大学出版社 2020 年版；

2. 毛晓飞：《仲裁的司法边界——基于中国仲裁司法审查规范与实践的考察》，北京，中国市场出版社 2020 年版；

3. 张春良：《论涉外仲裁撤裁依据的竞合适用及其厘正——以仲裁协议为中心的实证考察》，《政法论丛》2021 年第 3 期；

4. 沈伟：《我国仲裁司法审查制度的规范分析——缘起、演进、机理和缺陷》，《法学论坛》2019 年第 1 期；

5. 王好：《外国仲裁裁决司法审查中"超裁"认定的实证分析》，《法律适用》（司法案例）2019 年第 4 期；

6. 赵秀文：《论〈纽约公约〉裁决在我国的承认与执行——兼论我国涉外仲裁立法的修改与完善》，《江西社会科学》2010 年第 2 期。

互联网仲裁裁决的执行*

【学习要点】了解和掌握互联网仲裁的内涵界定，遵循的裁决规则及司法审查的重点等基本知识。重点围绕互联网仲裁裁决的司法审查这一主题，理解互联网仲裁作为一种新兴的仲裁方式，虽然具有方便、快捷的优势，但是也存在诸如难以达成仲裁协议或者调解协议，受技术影响较大，裁决执行具有不确定性，以及仲裁裁决的合法性和权威性易受质疑等弊端。明确根据仲裁机构在线仲裁规则，人民法院重点审查在线仲裁协议的有效性和合法性两个方面。其中，对我国《仲裁法》中所规定的当事人申请回避、提供证据和答辩等基本的程序权利未予保障的，应当被认定为"仲裁庭的组成或者仲裁的程序违反法定程序"的情形。

【核心概念】互联网仲裁；仲裁程序；当事人权利保障；司法审查

【问题导向】互联网仲裁的内涵界定及其应遵循规则有哪些？人民法院对互联网仲裁的审查重点主要有哪些方面？

【案情简介】申请执行人史某某；被执行人卢某某。

2018 年 4 月 4 日，被执行人通过在线的方式与出借人签订《借款及居间服务协议》，被执行人收取了《借款及居间服务协议》约定的款项后，未按期还款，申请执行人向珠海仲裁委员会提交了《借款及居间服务协议》，作为证据申请仲裁。珠海仲裁委员会依据上述证据受理了申请执行人的仲裁申请，指定独任仲裁员组成仲裁庭进行书面审理后作出裁决。被执行人未提交答辩意见，也未提交任何证据和书面质证意见。

【法院裁判】裁决事项：申请执行人史某某申请强制执行珠仲网字（2019）第 366 号仲裁裁决。

裁决理由：在线签订的《借款及居间服务协议》是由申请执行人单方提供，仲裁机构依照该格式合同项下的条款，采取不开庭的方式审理。在审理过程中，依据申请执行人提供的双方电子邮箱或手机号以邮件或短信的方式完成审理过程的交流，包括提供证据、质证、提交答辩意见、组庭，送达仲裁通知书、仲裁申请书、相关证据材料及仲裁裁决书，且未能确认被执行人收悉。在仲裁过程中，显然未保障当事人申请仲裁员回避、提供证据、答辩等我国《仲裁法》规定的基本程序权利，应当认定为《民事诉讼法》第 237 条第 2 款第（3）项规定的"仲裁庭的组成或者仲裁的程序违反法定程序"的情形。

裁决结果：依法裁定不予执行珠海仲裁委员会珠仲网字（2019）第 366 号裁决。

【案例解析】最高人民法院《关于仲裁机构"先予仲裁"裁决或者调解书立案、

---

* 本案来源于中国裁判文书网（https://wenshu.court.gov.cn），案号：（2019）粤 09 执 604 号。

执行等法律适用问题的批复》规定，涉案仲裁裁决存在"未保障当事人申请仲裁员回避、提供证据、答辩等我国《仲裁法》规定的基本程序权利的"，属于"《民事诉讼法》第237条第2款第（3）项规定的'仲裁庭的组成或者仲裁的程序违反法定程序'的情形"。可见，该批复是对"仲裁庭的组成或者仲裁的程序违反法定程序"的内容进一步的细化和丰富。

1. 互联网仲裁的内涵界定及其应遵循的规则

互联网仲裁源于20世纪90年代后期。早在1995年，美国环球仲裁与调解协会率先提供网上仲裁服务，充当了网上仲裁的先锋。1996年3月，美国的三个ODR试验项目之一，Vitual Magistrate Project正式建立，成为早期最著名的网上仲裁服务提供者。其后，网上仲裁逐渐引起人们的关注。近年来，世界上出现了数十个网上仲裁机构，一些传统仲裁机构也纷纷推出其网上仲裁服务。较有影响的网上仲裁机构和常规仲裁机构有Vitual Magistrate、Resolution forum、Ere solution、Web dispute、Cyber Tribunal、Noba forum、世界知识产权组织仲裁与调解中心、美国仲裁协会与国家仲裁论坛、中国国际经济贸易仲裁委员会等。在网络时代，在线仲裁克服了传统仲裁的弊端，填补了传统仲裁的空缺，适应了形势发展的客观需要。

互联网仲裁也称在线仲裁，是指仲裁程序的全部或主要环节均在网上进行，即向仲裁庭提出仲裁申请（包括仲裁协议的订立），以及其他仲裁程序（如仲裁案件的立案、答辩或者反请求、仲裁员的指定和仲裁庭的组成、仲裁审理和裁决的作出）均在网上进行。第一，在线仲裁受地域等因素影响较小。它可以解决一些跨区域甚至是跨国的纷争，保证案件当事人受到公正对待。第二，效率因素决定了在线仲裁的产生。随着经济社会的快速发展和贸易纠纷的大量增加，在传统纠纷解决机制下，当事人往往需要耗费大量的时间，而在线方式恰好弥补了传统仲裁方式的不足。第三，网络空间的虚拟性迫切需要在线仲裁给予回应。网络环境下，信息非对称性特征较为明显，不良商家与消费者处于不平等的地位，消费者维权面临的现实障碍较多。针对网上产生的一些纠纷，在线仲裁可以通过信息加密技术、数字证书认证、安全的云储存服务等方式，保障案件处理的公平与公正。第四，由于仲裁较之于诉讼等其他争议解决途径受案范围较小，但在线仲裁正如其依靠的在线技术一样，适应能力较强，其本质仍是仲裁，如果运用得当，它将比传统仲裁更加便捷，其发展前景随着互联网技术的推进也将不可估量。第五，在线仲裁根据效力分为约束性在线仲裁和非约束性在线仲裁，随着网络的不断发展，在一定程度上淡化了"一裁终局"性，使民众选择较为放心。诸如此类的显性特质，使在线仲裁有了前所未有的生存空间和发展机遇。然而，作为一种新兴事物，在线仲裁最大的缺陷在于，难以保证其"真实性"。首先，在线仲裁的大部分甚至全过程均发生在线上，当事人之间、当事人与仲裁员之间只能在线交流，有些仲裁机构则默认在线仲裁为书面审理，这无疑剥夺了当事人举证、质证以及辩论的权利。其次，对电子证据的"真实性"

认定，需要依托技术的支持。目前，虽然已有"区块链"技术保障电子证据的真实性，但是这些新技术还不够成熟，难以确保证据不被篡改；且有些技术的研发公司尚未得到国家及法律的全面认可，其存证和固证效力如何？目前难以把握。实践中，互联网仲裁在我国发展势头强劲，北京仲裁委员会、中国国际经济贸易仲裁委员会、广州仲裁委员会等多个仲裁机构均已开展了在线仲裁业务。由于各仲裁机构的在线仲裁规则不同，也给司法审查带来了障碍。为此，仲裁机构有必要依照我国《仲裁法》和《民事诉讼法》的规定，完善相应的在线仲裁规则，以此保障当事人的基本程序权利。

2. 人民法院对互联网仲裁裁决审查的重点

根据仲裁机构的在线仲裁规则，人民法院对互联网仲裁裁决重点审查以下两个方面内容：一方面，审查在线仲裁协议的有效性。（1）审查协议签署的过程。传统仲裁协议的签订一般是面对面进行的，或者一方签署后，再交由另一方签署；其签署过程发生在物理空间，而且有时会存在时间和空间上的不一致。而网上仲裁协议的签订主要在网上进行，以电子邮件等数据电文形式订立，并以电子签名来保证其有效性，其签署是在虚拟的网络空间进行的电子数据交换的过程。为此，需要审查电子仲裁协议，包括当事人在纠纷发生前后达成的纸质或者电子仲裁协议，以及在纸质或者电子合同中约定的仲裁条款；当事人运用电子签名或者通过点击、勾选等能够确认为本人或者其授权主体作出的行为对仲裁协议的认可，以及互联网交易平台用户之间可以通过分别与平台服务提供者达成协议的方式订立仲裁协议。（2）审查协议的信息载体。网上仲裁协议与传统仲裁协议之间的本质区别在于其信息传输与交换载体的不同。传统仲裁协议的信息载体以纸面为主，人们通过视觉和触觉可以直观地感受到协议的内容。网上仲裁协议的信息则以数据化形态通过互联网传送，其载体一般表现为电子邮件、电子数据交换等数据电文形式。传统的纸面载体被电子载体取代，向网络化、无纸化发展。正是由于信息载体的不同，才使得网上仲裁协议的订立更为方便、快捷。因此，需要审查当事人或者其他仲裁参与人是否通过仲裁云平台或者其他能够与仲裁云平台对接的方式进行线上仲裁活动，是否将相关材料同步提交至仲裁云平台。其他平台数据与仲裁云平台的实时数据存在差异的，以仲裁云平台的实时数据为准。根据当事人申请或者案件审理需要，仲裁机构或仲裁庭可以决定在线下完成部分仲裁活动，但应将相关记录上传至仲裁云平台。（3）审查协议的签订主体。互联网环境下，双方当事人往往无从知晓对方的真实年龄、精神健康状况，也就难以判断其是否具备相应的行为能力。因此，对于限制民事行为能力人或者无民事行为能力人所签订的网上仲裁协议的效力，应当结合具体情况进行分析。人民法院审查在线仲裁协议的有效性时，应先行审查协议签订的主体是否合法，其中包括双方当事人的民事行为能力、真实的身份证明、电子签名的有效性。关于电子签名以及身份证明的问题，目前是通过严密的电子签名技术控制的，即其依赖于公钥密码技术进行加密。虽然多数情况下电子签名会在法庭被接受为证据，但有些签名标记无法提供证据，缺乏安全性，易引起争议。因此，在电子签名的审查方面，人民法院应着重审查当事人信息系统所采用的数据电文或者电子签名的生成与传输方式、接收方的接收方式与验签方式，以及这些方式是否满足《电子签名法》规定的数据电文的真实性条件。根据电子签名和电子合同有效成立的法律要件，人民法院有必要完全审查并确认举证义务方提供的数据电文、电子签名在产生、传输和接收中的可靠性。此外，审查在线仲裁协议有效的实质要件，包括审查仲裁协议选择的机构是否明确，仲裁协议是否为双方当事人真实、明确的意思表示，是否具备明确约定的仲裁事项等，还要审查约定的仲裁事项是否合法，以及是否具有可仲裁性。另一方面，审查在线仲裁程序的合法性。与传统仲裁不同，在线仲裁程序未经我国《仲裁法》确认，各仲裁机构的在线仲裁程序是否合法的判断标准尚不明确。实践中，有些仲裁机构制定的在线仲裁规则规定了在线仲裁程序的最低权利保障标准。因此，人民法院在审查在线仲裁程序的合法性的过程中，应注重审查仲裁是否满足了该最低程序标准。对于仲裁机构的特色规则，应当结合实际，在不违反我国《仲裁法》强制性规定的前提下可以予以支持。仲裁庭在线仲裁时，全程录音录像，人民法院在审查时，认为有必要的，可调取该录音录像进行审查。

实践思考：

1. 结合本案，分析互联网仲裁遵循的基本规则，以及该规则对仲裁裁决结果的影响。

2. 简述互联网仲裁司法审查的标准。

3. 当事人申请撤销或者不予执行互联网仲裁裁决，应向哪个法院提出，应提交哪些材料？人民法院如何审查和处理？

4. 假设你是申请撤销或不予执行互联网仲裁裁决申请人的委托代理人，请代申请人撰写一份申请撤销或不予执行互联网仲裁裁决的申请书。

5. 假设你是本案主审法官，应当如何审查申请人撤销或不予执行互联网仲裁裁决的申请，并结合本案审查情况撰写一份裁定书。

【拓展阅读】

1. 马德才：《仲裁法学》，南京，南京大学出版社 2016 年版；

2. 黄良友：《互联网环境下的仲裁制度研究》，北京，法律出版社 2011 年版；

3. 魏沁怡：《互联网背景下在线仲裁的适用机制研究》，《法律适用》2021 年第 11 期；

4. 余涛：《互联网金融仲裁制度的逻辑及其完善》，《安徽大学学报》（哲学社会科学版）2016 年第 2 期。

第五章　仲裁裁决不予执行的司法审查

仲裁员的回避[*]

【学习要点】了解和掌握当事人如何申请仲裁员回避，仲裁机构对此的处理方式对"与本案当事人、代理人有其他关系，可能影响公正仲裁的"的判断；以及对当事人提出回避申请，仲裁机构未予以处理的后果等基本知识。重点围绕仲裁员回避的审查与处理这一主题，理解仲裁员的选任直接关系到当事人能否平等地行使仲裁权利，直接关系到仲裁案件能否得到公正裁决。明知选定仲裁员，未在仲裁程序中提出回避申请的，应视为其权利的放弃，以示对仲裁的公正性与独立性的信任。

【核心概念】回避申请；回避条件；审查处理

【问题导向】当事人如何申请仲裁员回避？仲裁机构对此应当如何处理？如何判断与适用"与本案当事人、代理人有其他关系，可能影响公正仲裁的"情形？对当事人提出回避申请，仲裁机构未予以处理，是否属于"可能影响案件公正裁决的情形"？

【案情简介】申请人（被执行人）湖南六建机电安装有限责任公司；被申请人（申请执行人）香河乐光光伏能源有限公司。

申请人湖南六建机电安装有限责任公司（以下简称六建公司）称：仲裁裁决程序违法，确实影响本案公正裁决。（1）首席仲裁员的产生程序违法。西安仲裁委员会在重新确定首席仲裁员时直接由主任指定，剥夺了六建公司选择或推荐首席仲裁员的法定权利。（2）仲裁的程序违法。庭审中，六建公司向仲裁庭提出申请首席仲裁员来某鹏和仲裁员支某阳回避。首席仲裁员来某鹏当即回复：是否回避由仲裁委员会主任决定。但是，仲裁庭未休庭处理回避事宜，而是直接要求双方当事人继续庭审至庭审结束。仲裁员支某阳是否享有仲裁权利至今仍处于不确定状态。西安仲裁委员会无视这一明显的程序违法情形，径直作出裁决，损害了六建公司的合法权益。（3）仲裁庭未组织对案涉工程已完工部分进行鉴定，属程序违法。（4）田某强律师、宋某强律师均为西安仲裁委员会现任仲裁员，依据《律师与律师事务所违法行为处罚办法》第7条规定，二者均不具有在西安仲裁委员会担任香河乐光光伏能源有限公司（以下简称香河乐光公司）代理人的资格。香河乐光公司向仲裁机构隐瞒了足以影响公正裁决的证

＊　本案来源于中国裁判文书网（https：//wenshu.court.gov.cn），案号：（2020）湘01执异142号。

据。裁决结果明显枉法。被申请人香河乐光公司辩称：关于"仲裁裁决程序违法，确实影响本案公正裁决"的问题。（1）本案首席仲裁员产生程序合法。（2）本案仲裁的程序合法。（3）是否对专门问题进行鉴定，属于仲裁庭的权限，在裁决书中，对不予鉴定问题，已作出了说明，故本案不鉴定不违反法定程序。（4）田某强、宋某强具有担任香河乐光公司委托代理人资格。根据最高人民法院《关于人民法院办理仲裁裁决执行案件若干问题的规定》第14条第1款的规定，对仲裁不予执行审查中的仲裁程序违法问题，应当以《仲裁法》《西安仲裁委员会仲裁规则》为限，进行程序性审查。田某强、宋某强担任香河乐光公司代理人并不违反上述规定。香河乐光公司并未向仲裁机构隐瞒足以影响公正裁决的证据。本案六建公司并未提供生效的法律文书或者纪律处分决定证明本案存在枉法裁决，其主张无事实和法律依据。

【法院裁判】裁决事项：申请人六建公司请求裁定不予执行西仲裁字（2018）第2502号仲裁裁决书。

裁决理由：申请人六建公司申请不予执行西仲裁字（2018）第2502号裁决主要有四个方面的事由，本庭结合相关证据认定如下：（1）关于仲裁庭组成是否违法。西安仲裁委员会主任指定仲裁员翟某明担任首席仲裁员，并向双方当事人发布了组庭通知，六建公司在仲裁庭首次开庭前申请首席仲裁员翟某明回避，西安仲裁委员会主任决定仲裁员翟某明回避时，虽然未向六建公司下达书面决定并告知其回避的理由，程序上存在瑕疵，但是西安仲裁委员会主任指定和决定更换仲裁员来某鹏担任首席仲裁员会后，重新向六建公司发布了通知，且指定仲裁员来某鹏担任首席仲裁员仍属于组庭程序的继续，故西安仲裁委员会主任指定来某鹏担任首席仲裁员并不违反《西安仲裁委员会仲裁规则》规定的程序。（2）关于仲裁程序是否违法。该问题主要涉及三方面内容：西安仲裁委员会对六建公司申请首席仲裁员来某鹏及仲裁员支某阳回避的处理是否合法，仲裁庭未组织对案涉工程已完工部分进行鉴定是否合法；以及仲裁庭认可田某强、宋某强律师担任香河乐光公司代理人是否符合法律规定。其中，关于西安仲裁委员会对六建公司申请首席仲裁员来某鹏及仲裁员支某阳回避的处理是否合法的问题，根据我国《仲裁法》第35条和36条，西安仲裁委员会《仲裁规则》第25条的规定，六建公司申请首席仲裁员来某鹏和仲裁员支某阳回避，属于在法定期限内提出的回避申请，西安仲裁委员会对此应依法予以处理。西安仲裁委员会于2019年9月25日作出西仲决字（2018）第2502号《决定书》，驳回了六建公司对首席仲裁员来某鹏的回避申请，但对六建公司提出的对仲裁员支某阳的回避申请未予以处理，属于程序违法。对于是否需要对已完成部分的工作进行造价鉴定，属于仲裁庭的裁量权限，仲裁庭在其作出的西仲裁字（2018）第2502号裁决书中，已对不予支持六建公司提出的工程造价鉴定请求进行了理由的阐述，符合法定程序。田某强、宋某强在本案仲裁阶段担任香河乐光公司委托代理人不违反《律师执业管理办法》的规定，仲裁庭认可田某强、宋某强的代理资格并无不当。（3）关于香河乐光公司是否向仲裁机构隐瞒了足以影响公正裁决的证据的问题。根据《关于人民法院办理仲裁裁决执行案件若干问题的规定》第 16 条的规定，人民法院认定《民事诉讼法》第 237 条第 2 款第（5）项规定的"对方当事人向仲裁机构隐瞒了足以影响公正裁决的证据的"情形，应当符合下列条件：该证据属于认定案件基本事实的主要证据，该证据仅为对方当事人掌握，但未向仲裁庭提交；仲裁过程中知悉存在该证据，且要求对方当事人出示或者请求仲裁庭责令其提交，但对方当事人无正当理由未予出示或者提交。本案六建公司并无证据证明其在仲裁过程中，要求香河乐光公司提交上述证据或者请求仲裁庭责令香河乐光公司提交上述证据，本案不符合"向仲裁机构隐瞒了足以影响公正裁决的证据"的情形。（4）关于本案裁决结果是否属枉法裁决。根据最高人民法院《关于审理仲裁司法审查案件若干问题的规定》第 18 条、《仲裁法》第 58 条第 1 款第（6）项和《民事诉讼法》第 237 条第 2 款第（6）项之规定，本案六建公司并未提供生效刑事法律文书或者纪律处分决定证明本案存在枉法裁决行为，其主张本案裁决结果属枉法裁决，无事实依据。

裁决结果：依法裁定不予执行西仲裁字（2018）第 2502 号仲裁裁决书。

【案例解析】仲裁员的选任直接关系到当事人能否平等地行使仲裁权利，直接关系到仲裁案件能否得到公正仲裁，仲裁员回避是仲裁制度的重要组成部分。根据我国《仲裁法》第 34 条、第 36 条和西安仲裁委员会《仲裁规则》第 25 条规定，人民法院认为，"西安仲裁委员会于 2019 年 9 月 25 日作出西仲决字（2018）第 2502 号《决定书》，驳回了六建公司对首席仲裁员来某鹏的回避申请，但对六建公司提出的对仲裁员支某阳的回避申请未予以处理"。基于此认定，本案似乎违反我国《仲裁法》和《仲裁规则》的有关规定。那么，仲裁委员会对当事人提出的回避申请未予以处理，是否属于"可能影响案件公正裁决"的情形？北京市高级人民法院在《关于审理请求裁定仲裁协议效力、申请撤销仲裁裁决案件的若干问题的意见》中指出，仲裁程序是仲裁法律制度的核心。违反法定程序对当事人的直接法律后果是剥夺其法定权利，在法律上的意义应该高于某一具体案件的处理结果，可兹参照。在本案中，人民法院认为，"仲裁员支某某与香河乐光公司的两位代理人具有直接的管理与被管理的关系，支某某担任本案的仲裁员后，应主动披露这一信息""西安仲裁委员会在本案中对六建公司提出的对仲裁员支某某的回避申请未予处理，违反法定程序，未能保障当事人在仲裁程序上的基本权利"，值得肯定。

1. 当事人申请仲裁员回避，仲裁机构对此的主要处理方式

我国《仲裁法》规定了仲裁员应当回避的情形，同时也赋予当事人提出回避申请的权利。这些回避情形主要包括仲裁员与本案的当事人或者当事人的代理人有亲属关系；仲裁员与本案存在利害关系；仲裁员与本案的当事人或者代理人有其他关系，可能影响公正仲裁；仲裁员私自会见当事人或者代理人，或者接受他们的请客送礼。仲裁员是否需要回避，由仲裁委员会主任作出决定；仲裁委员会主任担任仲裁员的，其是否回避由仲裁委员会集体决定。

2. 对"其他关系"的理解与适用

实践中，对"与本案当事人、代理人有其他关系，可能影响公正仲裁"的认识与理解存在较大争议。争论焦点在于，对于其他关系的内涵和外延应该如何判断？从文义解释角度来看，"其他关系"应是指除了近亲属关系、利害关系之外的关系。从实践情况来看，有些仲裁委员会在内部的《仲裁员行为考察规定》中，对可能构成"其他关系"的范围进行了更为详细的说明。但是，不同仲裁委员会在对"其他关系"的具体解释上未有统一的标准。例如，在（2019）湘05民特15号民事裁定书中，人民法院引用了《邵阳仲裁委员会仲裁规则》第38条关于"其他关系"的解释，最终认定仲裁员与本案代理人有"其他关系"，仲裁庭组成违反法定程序。而在（2019）京04民特638号民事裁定书中，人民法院认为，当事人对仲裁员的选任有异议，应按照我国《仲裁法》第35条的规定，在仲裁庭首次开庭前提出。除此之外，对"其他关系"的认定，还须提供证据证明符合仲裁员与一方当事人之间存在利害关系，影响了公正仲裁。在（2019）京04民特547号民事裁定书中，进一步说明不支持认定存在"其他关系"的理由，即在明知选定的仲裁员由何人担任的情况下，却未在仲裁程序中提出回避申请，应视为对对方选定的仲裁员予以接受，并对其仲裁的公正性与独立性予以信任。从以上仲裁机构和人民法院裁判的观点来看，目前对"其他关系"的认定标准还需要进一步规范。

3. 当事人提出回避申请，仲裁机构未予以处理的，是否属于"可能影响案件公正裁决"

违反法定程序主要表现为对仲裁庭的组成、仲裁员选任、送达、披露、回避、通知、答辩及合理答辩期、举证质证、出示证据、调查取证、鉴定、开庭、中止申请、陈述与辩论、仲裁员意见陈述等方面的违反。对仲裁庭的组成、仲裁员选任中违反法定程序的情形，重点审查仲裁委是否提供仲裁员名册、发送仲裁通知，是否发送仲裁庭的组成情况书面通知，以及按照仲裁规则给予的选定、委托指定仲裁员的时间；仲裁员组成、人数、首席仲裁员设定是否有违反当事人约定或者仲裁规则规定的情形；仲裁员组成仲裁庭时，当事人共同选定或者共同委托主任指定仲裁员、首席仲裁员，当事人推荐仲裁员、仲裁委员会提供候选仲裁员、主任指定仲裁员、重新选任仲裁员的程序是否违反仲裁法、仲裁规则以及当事人选任仲裁员的权利是否得到合理保障；仲裁委员会对当事人未约定仲裁庭的组成方式或者选定仲裁员情形的认定，以及指定仲裁庭组成方式、程序是否合法。违反法定程序并非必然导致仲裁裁决的撤销，审查中重点关注的是对当事人的权利有无实质性影响。对足以达至违反法定程序，可能影响案件的公正裁决时，方可导致撤销仲裁裁决的结果。本案中，仲裁员支某某与香河乐光公司的两位代理人具有直接的管理与被管理的关系，支某某担任本案的仲裁员后，应当主动披露这一信息，仲裁庭对六建公司提出的对仲裁员支某某的回避申请未予以处理，属于违反法定程序，"可能影响案件公正裁决"的情形。

实践思考：

1. 仲裁员接受选定或指定时，有义务书面披露的可能引起当事人对其公正性或独立性产生合理怀疑的任何事由，应当包括哪些？是否需要作出进一步规定？

2. 申请人六建公司申请不予执行仲裁裁决，应当向哪个人民法院提起，提交哪些材料，人民法院应当如何审查？

3. 假设你是本案申请人六建公司的委托代理人，请代申请人六建公司撰写一份申请某仲裁员回避的申请书。

【拓展阅读】

1. 乔欣：《仲裁法学》（第三版），北京，清华大学出版社 2020 年版；

2. 李广辉、林泰松：《仲裁法学》，北京，中国法制出版社 2019 年版；

3. 张圣翠：《仲裁司法审查机制研究》，上海，复旦大学出版社 2020 年版；

4. 李乾贵、胡弘、吕振宝：《现代仲裁法学研究》，北京，中国政法大学出版社 2018 年版；

5. 江伟、肖建国：《仲裁法》，北京，中国人民大学出版社 2016 年版；

6. 杜焕芳、李贤森：《仲裁员选任困境与解决路径——仲裁员与当事人法律关系的视角》，《武大国际法评论》2020 年第 2 期。

仲裁通知的违法送达*

【学习要点】了解和掌握仲裁通知送达的内涵、仲裁通知送达的法律后果、仲裁通知送达的类型、仲裁通知违法送达的主要表现形式、我国《民事诉讼法》的相关规定可否成为当事人判断仲裁送达违法的依据，以及仲裁机构能否采用公告送达等基本知识。重点围绕仲裁通知违法送达情形的判定这一主题，理解仲裁通知一经送达，即产生一定的法律后果，包括程序法上的后果和实体法上的后果。明确当事人主张仲裁庭未按照我国《仲裁法》或仲裁规则规定的方式送达仲裁文书，导致其未能参加仲裁活动的后果。人民法院从送达回证、被申请人是否有机会和时间进行抗辩等方面进行审查，综合分析和判定是否属于瑕疵送达的情形。

【核心概念】仲裁通知；违法送达；法律后果；司法审查

【问题导向】什么是仲裁通知送达？仲裁通知送达产生什么法律后果？仲裁通知送达的类型主要有哪些？仲裁通知违法送达有何法律后果？我国《民事诉讼法》的相关规定可否成为当事人判断仲裁送达违法的依据？仲裁机构能否采用公告方式予以送达？

【案情简介】申请人（被执行人）北京船洋商业管理有限公司；被申请人（申请执行人）北京睿意德商业股份有限公司。

中国国际经济贸易仲裁委员会于 2018 年 8 月 20 日作出〔2018〕中国贸仲京裁字第 0984 号裁决书（以下简称 0984 号仲裁裁决书）。北京睿意德商业股份有限公司（以下简称睿意德公司）依据 0984 号仲裁裁决书向北京市第三中级人民法院申请强制执行。该院以（2018）京 03 执 919 号立案执行。0984 号裁决书对应的仲裁案件编号为 DSC20180332，DSC20180332 案件所适用的仲裁规则为 2015 年 1 月 1 日施行的《中国国际经济贸易仲裁委员会仲裁规则》。该规则第 8 条规定，有关仲裁的一切文书、通知、材料等均可采用当面递交、挂号信、特快专递、传真或仲裁委员会、仲裁院或仲裁庭认为适当的其他方式发送。上述仲裁文件应发送至当事人或其仲裁代理人自行提供的或当事人约定的地址；当事人或其仲裁代理人没有提供地址或当事人对地址没有约定的，按照对方当事人或者其仲裁代理人提供的地址发送。在仲裁程序中，北京船洋商业管理有限公司（以下简称船洋商业公司）未向中国国际经济贸易仲裁委员会提交送达地址，船洋商业公司也未与睿意德公司约定送达地址，睿意德公司向中国国际经济贸易仲裁委员会提供船洋商业公司的送达地址为"北京市通州区运河东大街 50 号 11 幢 1 层 102 室"及"北京市通州区新华大街 222 号北京 one 营销中心"。中国国际经济贸易仲裁委员会先后按照上述两地址向船洋商业公司寄送了仲裁通知及其附件。后在（2018）京 03 执 919 号案件中，亦以"北京市通州区新华大街 222 号北京 one 营销

---

*　本案来源于中国裁判文书网（https：//wenshu.court.gov.cn），案号：（2018）京 03 执异 502 号。

中心"为地址,向船洋商业公司寄送执行通知书等材料,船洋商业公司予以签收。在审理过程中,船洋商业公司提交《招商工作计划表》,但其未在仲裁程序中要求睿意德公司出示或者请求仲裁庭责令睿意德公司提交《招商工作计划表》。船洋商业公司以仲裁机构未按照《仲裁法》或仲裁规则规定的方式向申请人送达法律文书,导致申请人未能参与仲裁活动;对方当事人向仲裁机构隐瞒了足以影响公正裁决的证据,对方向中国国际经济贸易仲裁委员会隐瞒了《招商计划表》,以及执行该裁决显失公平为由,请求人民法院依法不予执行0984号裁决书。睿意德公司以中国国际经济贸易仲裁委员会已按照我国《仲裁法》或仲裁规则规定的方式向船洋商业公司送达相关通知、法律文书等其应收取的全部仲裁文件;其不存在向仲裁委隐瞒足以影响公正裁决的证据,以及执行该裁决不存在对船洋商业公司显失公平的情形为由,请求驳回申请人请求。

【法院裁判】裁决事项:申请人(被执行人)船洋商业公司申请不予执行中国国际经济贸易仲裁委员会〔2018〕中国贸仲京裁字第0984号裁决书。

裁决理由:在船洋商业公司既未向中国国际经济贸易仲裁委员会提供送达地址,也未与睿意德公司就送达地址进行约定的情况下,中国国际经济贸易仲裁委员会已按照《2012贸仲仲裁规则》的规定,根据睿意德公司提供的送达地址向船洋商业公司寄送了仲裁通知等材料,故对于船洋商业公司提出的仲裁机构未按照我国《仲裁法》或仲裁规则规定的方式向申请人送达法律文书的理由,不予采信;船洋商业公司于庭审中提交了《招商工作计划表》,现没有证据表明睿意德公司刻意隐瞒此证据,且因船洋商业公司自身原因其并未参加仲裁程序,致其未能在仲裁程序中承担举证质证义务,故其应该就此承担不利后果。船洋商业公司提出的执行该裁决对其显失公平的主张,并非不予执行仲裁裁决的法定事由,应当不予采纳。

裁决结果:依法裁定驳回船洋商业公司不予执行的申请。

【案例解析】最高人民法院《关于人民法院办理仲裁裁决执行案件若干问题的规定》第14条第1款规定,法定程序为我国《仲裁法》规定的仲裁程序、当事人选择的仲裁规则和当事人特别约定仲裁程序。针对实践中争议较大的文书送达方式,该规定第14条第2款明确规定:仲裁庭按照《仲裁法》或者仲裁规则、当事人约定的方式送达的,即便当事人主张其违反我国《民事诉讼法》有关规定的,亦不属于违反法定程序的情形。在本案中,《2012贸仲仲裁规则》第8条规定,有关仲裁的一切文书、通知、材料等均可采用当面递交、挂号信、特快专递、传真或仲裁委员会秘书处或仲裁庭认为适当的其他方式发送。上述仲裁文件应发送至当事人或者其仲裁代理人自己提供的地址或双方约定的地址;当事人或者其仲裁代理人未提供地址或者未约定地址的,应当发送至对方或者其仲裁代理人提供的地址。如果无法将仲裁文件亲自送达收件人,或发送到收件人的营业地、注册地、住所、经常居住地或邮寄地址,或者经另一方合理询问后仍无法找到上述任何一个地点的,仲裁委员会秘书处应当通过挂号信、快递或者其他能够提供送达记录的方式,将文件送达收件人最后为人所知的营业地、注册地、住所、经常居住地或者邮寄地址。该规则规定的期限自当事人收到或者应当收到仲裁委员会秘书处发给他们的文件、通知、材料等之日起计算。人民法院经审查认为，中国国际经济贸易仲裁委员会按照仲裁规则交付了法律文书，符合程序法定要求。因此，航运公司主张仲裁机构未按照我国《仲裁法》或者仲裁规则规定的方式，向申请人交付法律文书，导致申请人在没有事实依据的情况下，未能参与仲裁活动的主张不成立。

1. 仲裁通知送达的界定及其法律后果

仲裁通知送达是指仲裁机构按照法定程序和方式，将仲裁通知送交收件人的行为，旨在使收件人了解送达通知的内容，以参与仲裁活动，行使仲裁权利，履行仲裁义务。送达方式具体包括直接送达、留置送达、公告送达、委托送达、邮寄送达等。仲裁通知一经送达即产生一定的法律后果，包括程序法上的后果和实体法上的后果。前者是指当事人及其他仲裁参与人必须按照送达的仲裁通知规定的期间行使某项仲裁权利，履行某项仲裁义务，完成某项仲裁行为，否则要承担相应的法律后果；后者是指当事人应当按仲裁通知的具体要求，行使权利履行义务，否则要承担相应的法律责任。

2. 仲裁通知送达的主要方式，以及仲裁通知违法送达导致的法律后果

仲裁通知送达通常包括以下方式：所有与仲裁有关的文件、通知、材料等可以以挂号信、快递、传真或仲裁委员会秘书处或者仲裁庭认为适当的其他方式提交。上述仲裁文件应送达当事人或其代理人提供的地址或双方约定的地址；当事人或其代理人未提供地址或者双方未约定地址的，应当送达收件人的营业地、注册地、住所、经常居住；经另一方合理询问仍无法找到上述任何一个地点的，仲裁委员会秘书处可以通过其它能够提供送达记录的方式，将文件送达收件人最后为人所知的营业地、注册地、住所、经常居住地或邮寄地址，以上均视为有效送达。仲裁规则规定的期限自当事人收到或者应当收到仲裁委员会秘书处送交的文件、材料等之日起计算。仲裁通知送达直接关乎仲裁程序的有序推进，对于因违法送达而影响仲裁活动，甚至导致仲裁裁决结果错误作出的，可以成为当事人申请撤销或不予执行裁裁决的法定事由。

3. 公告送达的理解与适用

实践中，一种观点认为，仲裁机构采用公告送达方式，表明仲裁机构对外披露了仲裁案件存在的事实，与仲裁的保密性原则相冲突，故不宜直接采用公告送达方式；另一种观点认为，公告送达是一种拟制送达方式，仲裁程序完全可以采取拟制送达的方式，从而兼顾程序公正和仲裁保密性的要求。对此，笔者认为，当事人主张未按照我国《仲裁法》或者仲裁规则规定的送达方式送达仲裁文书，造成其未参与仲裁活动，可能影响公正裁决的，人民法院应重点审查的是仲裁送达是否违反法定程序，是否采取有效送达方式，以保障当事人参与仲裁活动的权利，以及对送达地址、送达途径、送达方式、送达期限、送达材料、送达后的确认工作等内容，审查属实的，人民法院应当支持。当事人以送达程序违反我国《民事诉讼法》相关规定为由，主张确认违反法定程序的，人民法院不予支持。最高人民法院《关于人民法院办理仲裁裁决执行案件若干问题的规定》第 14 条第 2 款明确规定，对于不符合《民事诉讼法》的送达行为，若符合我国《仲裁法》、仲裁规则或当事人约定送达的，不应视为程序违法。对仲裁规则通过参引性规范引入了《民事诉讼法》的规定的，《民事诉讼法》仍可作为判断送达程序合法性的依据。保密性是仲裁制度的优势之一，故仲裁规则不宜直接设置公告送达程序。而在仲裁规则未规定、当事人未作特殊约定的情况下，仲裁庭也不宜参照适用我国《民事诉讼法》规定的公告送达程序。参考现行实践，仲裁程序中完全可以采取其他拟制送达的方式，从而兼顾程序公正和保密性的要求。如《贸仲规则》（2015）第 8 条第 3 款等规定，将仲裁文书投递到最后一个为人所知的地址视为送达，即是一种有益的借鉴。

实践思考：

1. 结合本案，分析仲裁通知违法送达与仲裁裁决结果、当事人申请撤销或者不予执行仲裁裁决之间的关系。

2. 分析仲裁通知违法送达的判断标准及其法律后果。

3. 假设你是本案申请人的委托代理人，请代申请人撰写一份以仲裁通知违法送达为由，撤销或者不予执行仲裁裁决的申请书。

4. 假设你是本案主审法官，应当如何审查申请人以仲裁通知违法送达为由，撤销或者不予执行仲裁裁决的申请书？结合本案审查情况撰写一份裁定书。

【拓展阅读】

1. 毛晓飞：《仲裁的司法边界——基于中国仲裁司法审查规范与实践的考察》，北京，中国市场出版社 2020 年版；

2. 张卫平：《民事诉讼法》，北京，法律出版社 2019 年版；

3. 曲昇霞：《民事送达的目的观转向与制度修正——从偏重通知义务履行到保障受通知权的并重》，《比较法研究》2018 年第 6 期；

4. 陈　莉：《民事诉讼中受送达的义务属性及其制度建构》，《法律适用》2017 年第 21 期；

5. 章剑生：《再论对违反法定程序的司法审查——基于最高人民法院公布的判例（2009—2018）》，《中外法学》2019 年第 3 期；

6. 占善刚：《民事诉讼中的程序异议权研究》，《法学研究》2017 年第 2 期。

仲裁公告送达失当[*]

【学习要点】 了解和掌握仲裁公告送达不当的界定，以及仲裁公告送达不当的司法审查要点等基本知识。重点围绕仲裁公告送达不当的审查这一主题，理解仲裁机构将仲裁文书以张贴、刊登、播放等方式送达当事人，经过一定期间后，即视作送达。公告未按法定程序送达当事人，使当事人未能出庭参加仲裁活动，损及我国《仲裁法》所规定的当事人的基本程序权利，属于违反法定程序的情形。

【核心概念】 公告送达；送达不当；法律后果；司法审查

【问题导向】 仲裁公告送达不当如何界定？对仲裁公告送达不当，司法应当如何审查与处理？

【案情简介】 异议人（被执行人）熊某某、樊某某；申请执行人大庆市日昇昌融资担保有限公司。

2020年4月13日，大庆仲裁委员会作出（2020）庆仲（裁）字第（181）号裁决书，认定熊某某、樊某某未按该裁决书履行给付义务。大庆市日昇昌融资担保有限公司（以下简称日昇公司）即向孝感市中级人民法院提出执行申请。该院于2020年9月7日立案，于2020年9月18日向被执行人熊某某、樊某某送达（2020）鄂09执161号执行通知书，被执行人熊某某、樊某某收到执行通知书后提出执行异议。熊某某、樊某某称：孝感市中级人民法院（2020）鄂09执161号执行案件，要求熊某某、樊某某履行大庆仲裁委员会作出的（2020）庆仲（裁）字第（181）号裁决书所确定的内容，案件执行费1 277元、仲裁费4 037元由熊某某、樊某某共同承担，并冻结了樊某某的存款。熊某某、樊某某认为，日昇公司违规利用中介公司扣除异议人费用，异议人实际并不欠日昇公司63 194.42元。同时，异议人熊某某、樊某某未收到仲裁书，仲裁庭也未通知异议人出庭，剥夺了异议人的抗辩权，异议人熊某某、樊某某均有固定的住所和联系方式，但日昇公司和仲裁庭未依法通知异议人熊某某、樊某某出庭，是有意规避事实，违法仲裁。异议人请求不予执行大庆仲裁委员会作出的（2020）庆仲（裁）字第（181）号裁决书。日昇公司答辩称：大庆仲裁委员会通过公告方式通知了熊某某参加开庭，同时通过公告方式送达了大庆仲裁委员会（2020）庆仲（裁）字第（181）号裁决书，熊某某未参加仲裁庭的庭审并未违反程序。

【法院裁判】 裁决事项：熊某某、樊某某请求不予执行（2020）庆仲（裁）字第（181）号裁决书。

裁决理由：仲裁送达是仲裁得以顺利进行的基石，仲裁送达应兼具考虑送达的公正与效率，对当事人仲裁权利的保护和仲裁程序的顺利进行，而我国《仲裁法》和

---

* 本案来源于中国裁判文书网（https：//wenshu.court.gov.cn），案号：（2020）鄂09执异95号。

《大庆市仲裁委员会仲裁规则》均没有公告送达开庭通知的规定。现大庆仲裁委员会未能保障异议人熊某某、樊某某申请回避、提供证据、答辩等《仲裁法》规定的基本程序权利，其采取公告送达开庭通知的方式，而不采取直接送达或法律规定的其他送达方式，符合最高人民法院《关于仲裁机构"先予仲裁"裁决或者调解书立案、执行等法律适用问题的批复》的情形，应当认定为仲裁的程序违反法定程序。对熊某某、樊某某的异议申请本院依法予以支持。

裁决结果：不予执行大庆仲裁委员会作出的（2020）庆仲（裁）字第（181）号裁决。

【案例解析】我国《仲裁法》和《仲裁法解释》规定，违反法定程序是指违反《仲裁法》规定的仲裁程序和当事人选择的仲裁规则，可能影响案件正确裁决的情形。最高人民法院在《关于仲裁机构"先予仲裁"裁决或者调解书立案、执行等法律适用问题的批复》中指出，仲裁机构在仲裁程序推进中，未保障当事人申请仲裁员回避、提供证据、答辩等基本程序权利，亦构成违反法定程序。本案例中，《大庆仲裁委员会仲裁规则》第58条仅规定"除当事人另有约定或者仲裁庭另有要求外，仲裁文书、通知、材料可以直接送达当事人、代理人，或者以邮寄、传真、电报等方式送达当事人、代理人"。故该仲裁机构并未规定公告送达的送达方式，"未保障当事人申请仲裁员回避、提供证据、答辩等《仲裁法》规定的基本程序权利"，属于违反法定程序的情形。

1. 仲裁公告送达不当的界定

《关于人民法院办理仲裁裁决执行案件若干问题的规定》第14条规定，"当事人主张未按照仲裁法或仲裁规则规定的方式送达法律文书导致其未能参与仲裁……经审查属实的，人民法院应当支持；仲裁庭按照仲裁法或仲裁规则以及当事人约定的方式送达仲裁法律文书，当事人主张不符合民事诉讼法有关送达规定的，人民法院不予支持"。即使仲裁规则规定了公告送达的送达方式，一般认为，也应当是在采取其他方式均无法有效送达的情形下才能适用。例如，在（2016）黑01民特221号民事裁定书中，哈尔滨市中级人民法院认为，"在未穷尽送达手段的情况下，即向天雨爱广告公司公告送达仲裁文书，违反法定程序""哈尔滨仲裁委员会未能合理通知天雨爱广告公司参加仲裁程序，表面上仅是违反了通知的义务，实则剥夺了天雨爱广告公司参与仲裁程序、充分陈述案件情况和抗辩冰灯博览中心主张的权利，违背了仲裁最低正当程序要求"。不公开进行是仲裁相对于诉讼的一项特点，也是一项优势。我国《仲裁法》第40条的规定，意味着公告送达与仲裁不公开进行的要求之间存在一定的张力。总体而言，规定公告送达这一送达方式的仲裁规则相对较少，多数仲裁规则采用"最后一个为人所知的地址"的标准。例如，《国际商事仲裁示范法》第3条规定，"任何书面通讯，经当面递交收件人，或投递到收件人的营业地点、惯常住所或通信地址的，或经合理查询不能找到上述任一地点而以挂号信或能提供作过投递企图的记录的其他任何方式投递到收件人最后一个为人所知的营业地点、惯常住所或通信地址的，视为已经收到"。中国国际经济贸易仲裁委员会《仲裁规则》第8条规定，"向一方当事人或其仲裁代理人发送的仲裁文件，如经当面递交收件人或发送至收件人的营业地、注册地、住所地、惯常居住地或通讯地址，或经对方当事人合理查询不能找到上述任一地点，仲裁委员会仲裁院以挂号信或特快专递或能提供投递记录的包括公证送达、委托送达和留置送达在内的其他任何手段投递给收件人最后一个为人所知的营业地、注册地、住所地、惯常居住地或通讯地址，即视为有效送达"。

2. 仲裁公告送达不当属于仲裁程序违法的情形

根据《关于人民法院办理仲裁裁决执行案件若干问题的规定》第 14 条的规定，违反法定程序是指违反我国《仲裁法》规定的仲裁程序、当事人选择的仲裁规则或者当事人对仲裁程序的特别约定，可能影响案件公正裁决的情形。实践中，对违反法定程序的理解主要有两种：一种是违反《仲裁法》规定的仲裁程序，不利于对案件作出正确裁决；另一种是不采用当事人选择的仲裁规则，可能不利于对案件作出正确裁决。结合本案，仲裁程序中的公告程序不符合《仲裁法》第 42 条第 2 款 "被申请人经书面通知，无正当理由不到庭或者未经仲裁庭许可中途退庭的，可以缺席裁决" 和《大庆市仲裁委员会仲裁规则》第 58 条 "除当事人另有约定或者仲裁庭另有要求外，仲裁文书、通知、材料可以直接送达当事人、代理人，或者以邮寄、传真、电报等方式送达当事人、代理人" 的规定，属于仲裁程序违法的情形。

实践思考：

1. 结合本案，分析仲裁公告送达不当，对仲裁程序运行和仲裁裁决的影响。

2. 仲裁公告送达不当司法审查的判断标准。

3. 当事人认为仲裁通知的公告送达不当，应该向哪个法院申请撤销或不予执行仲裁裁决？需要提交哪些材料？人民法院应如何审查和处理？

4. 假设你是申请撤销或不予执行仲裁裁决申请人的委托代理人，请代申请人撰写一份撤销或不予执行仲裁裁决的申请书。

5. 假设你是本案主审法官，应当如何审查申请人以仲裁公告送达不当为由，撤销或不予执行仲裁裁决的申请？结合本案审查情况撰写一份裁定书。

【拓展阅读】

1. 李广辉、林泰松：《仲裁法学》，北京，中国法制出版社 2019 年版；

2. 章剑生：《再论对违反法定程序的司法审查基于最高人民法院公布的判例（2009—2018）》，《中外法学》2019 年第 3 期；

3. 沈伟：《我国仲裁司法审查制度的规范分析——缘起、演进、机理和缺陷》，《法学论坛》2019 年第 1 期；

4. 张卫平：《现行仲裁执行司法监督制度结构的反思与调整——兼论仲裁裁决不予执行制度》，《现代法学》2020 年第 1 期；

5. 李广辉：《仲裁裁决撤销制度之比较研究——兼谈我国仲裁裁决撤销制度之完善》，《河南大学学报》（社会科学版）2012 年第 4 期。

仲裁审理期限的界定*

【学习要点】了解和掌握仲裁审理期限的界定；仲裁审理期限应当遵循的规定；仲裁审理期限对于仲裁裁决结果的影响；仲裁庭延长裁决期限确有必要且理由正当，并书面通知了双方当事人，是否构成程序违法等基本知识。重点围绕仲裁审理期限的界定这一主题，理解仲裁审理期限应当遵循我国《仲裁法》与仲裁规则的规定。明确仲裁庭延长裁决期限确有必要且理由正当，并书面通知了双方当事人，程序并无违法及不当之处；但仲裁庭在延期通知中未说明延期裁决的理由和必要的，则属于程序违法。

【核心概念】仲裁程序；审理期限；延期裁决；司法审查

【问题导向】什么是仲裁审理期限？仲裁审理期限主要有哪些类型？仲裁审理期限对仲裁裁决结果有什么影响？仲裁裁决延期符合仲裁规则的规定，是否构成对仲裁程序的违反？

【案情简介】申请人（被执行人）易步关联传媒广告（北京）有限公司、李某；被申请人（申请执行人）芜湖瑞业股权投资基金（有限合伙）、单某。

中国国际经济贸易仲裁委员会根据芜湖瑞业股权投资基金（有限合伙，以下简称芜湖瑞业基金）、单某与易步关联传媒广告（北京）有限公司（以下简称易步关联公司）、李某于2011年3月5日签署的《关于易步关联传媒广告（北京）有限公司的增资协议》《关于易步关联传媒广告（北京）有限公司的增资协议之补充协议》中的仲裁条款，以及芜湖瑞业基金、单某于2012年12月25日提交的书面仲裁申请，受理了上述协议项下的增资协议纠纷一案。2013年4月26日，仲裁庭开庭审理此案。因仲裁程序进行的需要，经仲裁庭申请并经仲裁委员会秘书长同意并决定，此案裁决作出的期限延长至2014年5月27日。对此，中国国际经济贸易仲裁委员会已向双方当事人送达了《延长裁决作出期限的通知》。经审理，仲裁庭于2014年5月13日作出（2014）中国贸仲京裁字第0423号裁决。裁决内容如下：（1）易步关联公司向芜湖瑞业基金、单某支付现金补偿，其中向芜湖瑞业基金支付人民币15 323 742元；向单某支付人民币3 830 936元；李某对易步关联公司的上述支付义务承担无限连带责任。（2）李某按20%的年化投资收益率回购芜湖瑞业基金持有的易步关联公司17.3913%股权（股权转让款的计算自芜湖瑞业基金于2011年4月13日向易步关联公司支付增资款之日起算、截至李某实际支付股权转让款之日）。（3）李某按20%的年化投资收益率回购单某持有的易步关联公司4.3478%股权（股权转让款的计算自单某于2011年5月10日向易步关联公司支付增资款之日起算、截至李某实际支付股权转让款之日）。（4）李某向芜湖瑞业基金、单某支付律师费人民币12万元。（5）驳回芜湖瑞业基金、单某的其他仲裁

---

*　本案来源于中国裁判文书网（https：//wenshu.court.gov.cn），案号：（2014）二中执异字第00923号。

请求。（6）本案仲裁费为人民币 419 364 元，全部由易步关联公司、李某承担。其中，易步关联公司承担 80%，即人民币 335 491.20 元；李某承担 20%，即人民币 83 872.80 元。上述费用与芜湖瑞业基金、单某已经全额预缴的仲裁预付金相冲抵后，易步关联公司还应向芜湖瑞业基金、单某支付人民币 335 491.20 元，李某还应向芜湖瑞业基金、单某支付人民币 83 872.80 元，以补偿芜湖瑞业基金、单某为其垫付的仲裁费。上述裁决应支付的款项，易步关联公司、李某应于裁决作出之日起 30 日内支付完毕。裁决书后附有首席仲裁员刘某海的不同意见。裁决书同时载明：根据《仲裁规则》第 47 条第 5 款的规定，刘某海仲裁员的不同意见不构成裁决书的组成部分。后易步关联公司、李某以仲裁程序违反法定程序；芜湖瑞业基金、单某在仲裁过程中多次以案外事由干扰仲裁活动，仲裁庭对此未予制止；本案仲裁程序方面存在的违法情形表明，仲裁员可能存在受贿及枉法裁决行为；芜湖瑞业基金、单某恶意干扰合同履行，造成其违约，以此达到获取高额赔偿的目的；裁决适用法律错误；裁决认定事实错误；以及刘某作为本案首席仲裁员，其补充了不同于仲裁结果的意见，该意见与其的主张一致为由请求依法不予执行该裁决。芜湖瑞业基金、单某认为，根据仲裁规则，延期事项属于仲裁庭和仲裁委员会的内部管理事项，由仲裁庭和仲裁委员会依仲裁权决定，仲裁规则并未要求仲裁庭必须向仲裁双方告知理由及必要性。且仲裁庭每次延长仲裁期限均通知了仲裁双方当事人，仲裁双方当事人对此也未提出异议，现易步关联公司、李某以仲裁庭延期作出裁决为由主张程序违法，缺乏法律依据。

【法院裁判】 裁决事项：易步关联公司、李某申请不予执行〔2014〕中国贸仲京裁字第 0423 号仲裁裁决。

裁决理由：易步关联公司、李某提出的仲裁裁决认定事实错误、适用法律错误的不予执行抗辩理由，不属于法律规定的不予执行仲裁裁决的法定情形，对此不予支持。仲裁规则明确规定，经仲裁庭请求，仲裁委员会秘书长认为确有正当理由和必要的，可以延长审理期限。本案仲裁庭无法在仲裁规则规定的期限内作出裁决，故请求仲裁委员会秘书长延长裁决作出的期限。仲裁委员会秘书长经研究认为，仲裁庭要求延长裁决作出期限的请求确有必要且理由正当，故同意并决定将本案裁决作出的期限最终延长至 2014 年 5 月 27 日，并书面通知了双方当事人。上述程序并无违法及不当之处。易步关联公司、李某认为仲裁庭违反法定程序，无故拖延裁决，缺乏事实依据，其以裁决书页数作为判断裁决所需时间的观点亦毫无依据。易步关联公司、李某认为，其选择的仲裁员与芜湖瑞业基金、单某选择的仲裁员意见一致系对方人为干扰、左右仲裁员意见所致，缺乏事实依据。易步关联公司、李某提出的芜湖瑞业基金、单某多次干扰仲裁庭的正常审理、隐瞒足以影响公正裁决的证据，以及仲裁员存在受贿及枉法裁决行为的抗辩理由，未提供证据予以证实，对此不予支持。《仲裁规则》规定，由 3 名仲裁员组成的仲裁庭审理的案件，裁决依全体仲裁员或者多数仲裁员的意见作出，少数仲裁员的意见虽附在裁决书之后，但不构成裁决书的组成部分。本案仲裁庭根据多数仲裁员的意见作出了仲裁裁决，易步关联公司、李某以少数仲裁员的意见作为不予执行仲裁裁决的理由，该请求明显不能成立。

裁决结果：依法驳回易步关联公司、李某不予执行〔2014〕中国贸仲京裁字第0423号仲裁裁决的请求。

【案例解析】根据最高人民法院《关于人民法院办理仲裁裁决执行案件若干问题的规定》的规定，违反我国《仲裁法》规定的仲裁程序、当事人选择的仲裁规则或者当事人对仲裁程序的特别约定，可能影响案件公正裁决，经人民法院审查属实的，应当认定为《民事诉讼法》第237条第2款第（3）项规定的"仲裁庭的组成或者仲裁的程序违反法定程序的"情形。当事人以仲裁违反法定程序等事由进行申请，人民法院应当按照我国《仲裁法》的规定、案涉仲裁委员会或者当事人间约定的仲裁规则，调取仲裁案卷，结合案情进行分析判断。本案中，《贸仲规则》第69条规定，仲裁庭应在组庭后4个月内作出裁决书，经仲裁庭请求，仲裁委员会秘书长认为确有正当理由和必要的，可以延长该期限。程序中止的期间不计入裁决期限。经审查，人民法院认定审理期限的延长已经仲裁委员会秘书长的同意，程序上并无不当之处。

1. 仲裁审理期限的界定、主要类型及其对仲裁裁决结果的影响

仲裁审理期限是指仲裁机构、当事人及其他仲裁参与人各自进行或者完成某项仲裁行为必须遵守的时间。该期限包括法定期限、机构规则规定的期限和指定期限。我国《仲裁法》规定了审查受理的期限、请求补正裁决书瑕疵的期限、申请撤销仲裁裁决的期限、申请撤销仲裁裁决案件的审理期限等。在各个仲裁机构的仲裁规则中，通常还规定了送达申请书及答辩书副本的期限、开庭日期的通知期限、裁决作出的期限等。此类期限在于保障仲裁程序中各方当事人及时行使其权利、履行相应义务，保障仲裁程序的有序展开。对于仲裁期限的计算，依据仲裁机构的仲裁规则，并参照我国《民事诉讼法》的相关规定进行。

2. 仲裁裁决延期符合仲裁规则的规定的，不构成对仲裁程序的违反

仲裁裁决延期符合仲裁规则的规定，不构成对仲裁程序的违反，仲裁裁决超期作出的，不一定构成撤销仲裁裁决的事由。例如，在（2017）鄂08民特12号案件中，荆门市中级人民法院认为，仲裁审理期限的设定，旨在提高仲裁程序效率。换言之，超过法定仲裁期限影响的是程序效率，而非影响案件正确裁决的作出；仲裁审理期限设定系为防止程序过分拖沓，增加当事人维权成本。试想，若以超过仲裁期限为由，再撤销终局裁决，岂非进一步增加了程序运行期间，损害了当事人的时间成本？这相当于用仲裁机构所犯错误来惩罚当事人，这与仲裁审理期限设定的意义相悖，故仲裁审理超出法定期限不属于可撤销仲裁裁决的法定情形。咨询、鉴定、审计、评估及庭外和解、庭外调解等时间不计入审理期限。例如，《重庆市仲裁委员会仲裁规则》第72条规定，仲裁庭应当在组庭之日起120日内作出裁决。有特殊情况需要延长的，由仲裁庭报经本会批准。回避、鉴定、中止、重新组庭、管辖异议、双方共同申请延期、协商和解及送达不能等情形所需要的时间不包含在审理期限内。提出反请求或者变更仲裁请求的，从答辩期限届满之次日起重新计算审理期限。此外，《仲裁法解释》仅将重新仲裁起始时间明确为人民法院通知重新仲裁日期起的 30 日内，至于仲裁案件的审理期限由人民法院自由裁量。由于法律对重新仲裁案件审限规定的模糊，使之缺乏可操作性，造成实践中仲裁庭对重新仲裁案件的审限把控较为随意，以至于重新仲裁案件有可能久拖不决。在我国《仲裁法》修订时应该予以考虑。

实践思考：

1. 结合本案，阐述仲裁审理期限的主要类型，分析仲裁审理期限与仲裁裁决之间的关系，以及对案件裁决结果的影响。

2. 分析仲裁审理期限及违反审理期限规定的法律后果。

3. 当事人认为仲裁审理超期，应当如何寻求救济？

4. 假设你是本案申请人的委托代理人，请代申请人撰写一份以仲裁审理期限超期为由，撤销或者不予执行仲裁裁决的申请书。

5. 假设你是本案主审法官，应当如何审查申请人以仲裁审理期限超期为由，撤销或者不予执行仲裁裁决的申请？结合本案审查情况撰写一份裁定书。

【拓展阅读】

1. 张卫平：《民事诉讼法》，北京，法律出版社 2019 年版；

2. 田有赫：《国内仲裁法律适用》，北京，法律出版社 2018 年版；

3. 张卫平：《现行仲裁执行司法监督制度结构的反思与调整——兼论仲裁裁决不予执行制度》，《现代法学》2020 年第 1 期；

4. 马占军：《论我国仲裁裁决的撤销与不予执行制度的修改与完善——兼评〈最高人民法院关于适用〈中华人民共和国仲裁法〉若干问题的解释〉的相关规定》，《法学杂志》2007 年第 2 期；

5. 韩红俊：《仲裁裁决不予执行的司法审查研究》，《河北法学》2010 年第 7 期；

6. 章剑生：《再论对违反法定程序的司法审查基于最高人民法院公布的判例（2009—2018）》，《中外法学》2019 年第 3 期；

7. 柴靖静：《论审限制度约束行为的主体》，《法律适用》2014 年第 8 期。

案外人执行异议[*]

【学习要点】了解和掌握仲裁裁决损及案外人利益时，案外人寻求救济的途径；案外人向人民法院申请不予执行仲裁裁决的条件；适格当事人的确定；案外人提起执行异议的时间限度；案外人执行异议与申请不予执行仲裁裁决、案外人提起执行异议之诉和案外人申请再审的区别等基本知识。重点围绕案外人执行异议的判定这一主题，理解案外人执行异议既是案外人实体权利的保障和救济途径，也是保障仲裁裁决公正的手段。明确案外人执行异议、申请不予执行与执行异议之诉的功能在于，排除对执行标的的强制执行。在仲裁裁决作出以后，案外人发现其实体权利可能受到实质性影响时，有权以此方式维护其法益，但权利的行使应当符合法律规定的程序、期限、顺序等要求。

【核心概念】案外人；执行异议；权利救济；申请期限

【问题导向】仲裁裁决损及案外人利益时，案外人如何寻求救济途径？案外人向人民法院申请不予执行仲裁裁决，应符合哪些条件？适格当事人如何确定？案外人提出执行异议的期限如何确定？案外人执行异议与申请不予执行仲裁裁决、案外人提起的执行异议之诉和案外人申请再审有何区别？

【案情简介】异议人（被执行人）龙某1、刘某某；申请执行人湘潭企业融资担保有限公司；被执行人湖南万福龙便利店管理有限公司。

异议人龙某1称：被申请人以追偿权纠纷为由向湘潭仲裁委员会申请仲裁，湘潭仲裁委员会在申请人缺席的情况下作出了（2017）潭仲裁字第60号裁决。申请人在2014年11月5日曾签订《最高额保证反担保合同》，该合同第12条约定争议交由债权人所在地人民法院裁决。2015年3月31日的仲裁协议，申请人不知情也未签字，该仲裁协议内容对申请人无效。根据我国《仲裁法》及湘潭仲裁委员会仲裁规则的规定，申请人与被申请人之间的追偿权纠纷不适用仲裁方式解决，湘潭仲裁委员会作出的裁决书中涉及申请人的部分应予以撤销。申请执行人湘潭企业融资担保有限公司（以下简称湘潭融资公司）辩称：2014年11月5日，申请人与被申请人签订了《最高额保证反担保合同》，由龙某1、刘某某、龙某2三人对湖南万福龙便利店管理有限公司（以下简称万福公司）进行担保，被申请人龙某1在合同最后一页签字、按手印并留了相应的送达地址，后变更争议解决方式及仲裁委员会开庭时均已向该地址送达了相应材料，故申请人认为该裁定对被申请人龙某1有效力。

【法院裁判】裁决事项：异议人龙某1就湘潭融资公司申请执行（2017）潭仲裁字第60号裁决提起异议。

---

[*] 本案来源于中国裁判文书网（https：//wenshu.court.gov.cn），案号：（2021）湘03执异20号。

裁决理由：湘潭融资公司与龙某1、刘某某、龙某2签订的《最高额保证反担保合同》未订立仲裁条款。2015年3月31日签订的《协议书》虽然约定了仲裁管辖，但是龙某1并未在该协议书上签字。且湘潭融资公司向湘潭仲裁委员会申请仲裁后，龙某1一直未到庭参与仲裁，故湘潭融资公司与龙某1在合同中未订立仲裁条款，且事后未达成书面仲裁协议。龙某1自执行通知书送达之日起15日内，提出不予执行仲裁裁决的书面申请，符合法律规定。湘潭仲裁委员会（2017）潭仲裁字第60号裁决的龙某1承担连带清偿责任的事项应不予执行。据此，依照我国《民事诉讼法》第154条第1款第（11）项、第237条第2款第（1）项，最高人民法院《关于适用〈中华人民共和国民事诉讼法〉的解释》第477条，以及最高人民法院《关于人民法院办理仲裁裁决执行案件若干问题的规定》第8条第1款、第19条第1款的规定，裁定如下：不予执行（2017）潭仲裁字第60号裁决的龙某1承担连带清偿责任的事项。

裁决结果：依法裁定驳回申请执行人湘潭融资公司对被执行人龙某1、刘某某的执行申请。

【案例解析】案外人执行异议是案外人向执行法院主张对执行标的具有实体性权利，进而要求人民法院不予执行仲裁裁决，保护其对执行标的的实体权利。执行异议和执行异议之诉是案外人异议制度的一体两面，分别对应程序性救济和实体性救济。执行异议的原理在于，通过执行权内部的分权与制衡实现执行裁决权对执行实施权的监督和约束；执行异议之诉则属于外部的监督机制，即通过诉权对执行权形成有效的制约。两者相辅相成，各有侧重，均将司法公正内化于执行程序中，对于保护案外人的正当权益起着不可或缺的作用。本案中，异议人龙某1、刘某某向人民法院申请终止执行仲裁裁决，人民法院对事实依法认定，湘潭融资公司于2021年1月14日向人民法院申请执行（2017）潭仲裁字第60号裁决书，超过了法律规定的申请执行期间，由此人民法院作出裁定依法驳回执行申请，维护了案外人的合法权益。

1. 仲裁裁决损及案外人利益时，案外人寻求救济的途径

对于因仲裁当事人恶意串通、骗取仲裁裁决损害案外人利益时，案外人的救济途径有两种：一是提出执行异议，参照《民事诉讼法》第225条及第227条的相关规定，案外人可以对执行行为和执行标的提出书面异议，从而引发执行中止。二是提起新的诉讼，参照《民事诉讼法》第227条的规定，人民法院裁定驳回案外人的书面异议的，案外人可以自裁定送达之日起15日内向人民法院提起诉讼。诉权的行使对于当事人的程序权利保障更为充分，案外人得以在执行异议之诉中享有权利主张、进行抗辩，从而实现排除强制执行的请求。上述规定也与2013年最高人民法院理论研究室《关于仲裁委员会及案外人能否作为申请撤销仲裁裁决主体问题的研究意见》的观点一致。在实践中，"执行异议——执行异议之诉"是最为普遍适用的案外人救济方式。然而，仲裁裁定仅涉及对金钱债务的支付，而不涉及对实物的交付。对于执行标的的异议，恐怕很难获得人民法院的支持。故在进行权利救济途径的选择时，应注意强制执行依据的具体内容，选择适当的救济方式。

2. 案外人向人民法院申请不予执行仲裁裁决的条件及适格当事人的确定

案外人向人民法院申请不予执行仲裁裁决或者仲裁调解书的，应当提交申请书以及证明其请求成立的证据材料，并符合下列条件：（1）有证据证明仲裁案件当事人恶意申请仲裁或者虚假仲裁，损害其合法权益；（2）案外人主张的合法权益所涉及的执行标的尚未执行终结；（3）自知道或者应当知道人民法院对该标的采取执行措施之日起 30 日内提出。申请一方的当事人确定为申请人，对方当事人确定为被申请人。因为仲裁具有保密性的特点，以不公开审理为原则，以公开审理为例外，实践中案外人对仲裁案件一般很难知晓。如果恶意串通的双方当事人选择自行履行生效仲裁裁决书或者仲裁调解书的内容，案外人通常无法知晓财产已通过仲裁而转移，因而赋予案外人申请撤销仲裁裁决的权利十分必要，但需要严格把握申请撤销仲裁的案外人的范围和标准，既避免因范围过宽而导致大量案外人申请撤销案件涌入人民法院，也避免范围过窄而导致案外人的合法权益得不到救济。具体来说，适格当事人应当满足以下要求：一是案外人应当是与仲裁裁决结果有利害关系的人，即仲裁裁决或仲裁调解书损害了其权益。二是该权益应当是实体利益，而不是精神利益或者预期可得利益。三是该利益应当是直接利益，间接利益或损失不在此限。人民法院在受理此类案件时，应当从上述三个方面对案外人的主体资格进行判定。

3. 案外人执行异议、执行异议之诉、申请不予执行与申请再审之间的区别

如前所述，案外人执行异议是在执行进行过程中，案外人对执行标的提出不同意见，并主张全部或部分的权利。该制度利于实现对仲裁程序公正的事后监督，进而对多方利益主体的权利提供更为完善的保障和救济。案外人执行异议之诉是指在执行过程中，案外人主张对执行标的享有足以排除强制执行的实体权利。案外人作为原告提起的执行异议之诉，称为案外人执行异议之诉。执行异议之诉的直接功能在于排除对执行标的的强制执行。案外人所主张的实体法律关系是异议权的先决问题，执行异议之诉中须对此问题先予解决，否则难以作出是否排除执行的判决。执行异议之诉作为案外人权利救济的方式，由于其特殊的性质，法律为案外人执行异议之诉确立了特殊的起诉条件。由于仲裁制度的自治性和保密性特点，常常会发生仲裁当事人虚假仲裁或者恶意仲裁侵害案外人利益的情形，而案外人无法参与其中，或者即便知晓也无法阻却侵害结果的发生，导致案外人缺乏救济途径。案外人申请不予执行仲裁裁决是对案外人法益保护的救济途径。最高人民法院《关于人民法院办理仲裁裁决执行案件若干问题的规定》创设了该制度，并确立了具体的审查标准、审查程序及处理方式，为案外人权益保护提供了可行性操作流程。案外人申请再审是案外人认为原裁判错误，损害其民事权益，依照审判监督程序申请再审。可见，案外人执行异议、执行异议之诉、申请不予执行与案外人申请再审的区别在于对象方面，前两者针对的是执行所指向的执行标的，而后两者指向的是已发生法律效力的判决、裁定、调解书。由于前两者的诉讼标的（执行标的）为执行程序中新产生的争议，与生效裁判无关，故案外人提及的执行异议、执行异议之诉、申请不予执行与案外人申请再审之间不会产生重叠适用的情形。在（2018）最高法民申 2419 号陆海啸与博兴公司、东兰公司执行异议之诉一案，表达了《民事诉讼法司法解释》第 305 条规定的"原判决、裁定"宜解释为含仲裁机关发生法律效力的、依法应当由人民法院执行的裁决书、调解书等在内的法律文书的观点。但是，最高人民法院认为，由于陆海啸的权利主张与仲裁裁决内容冲突，其无权提起执行异议之诉。由于仲裁裁决不适用再审，基于案外人权益保护的考虑，根据《仲裁裁决执行规定》赋予其在裁定作出后一定期限内申请不予执行仲裁裁决的权利。对案外人的权利主张与仲裁裁决内容不冲突的情形，案外人是通过执行异议还是申请不予执行制度寻求救济呢？结合目前司法实践中案外人滥用诉权一些现象，为避免损害司法权威并造成诉累，笔者认为，从保护案外人法益、发挥上述制度在监督虚假仲裁方面的功效、利于案外人的诉权行使和维护司法权威的角度出发，应当在我国《民事诉讼法》及其司法解释中给予关注。

实践思考：

1. 结合本案，分析案外人提起执行异议、执行异议之诉、申请不予执行与申请再审对仲裁裁决结果的影响。

2. 案外人提起执行异议需要向哪个法院提出，应提交哪些材料？人民法院如何审查和处理？

3. 假设你是案外人的委托代理人，请代案外人撰写一份案外人执行异议的申请书。

4. 假设你是本案主审法官，应当如何审查案外人提起执行异议？结合本案审查情况撰写一份裁定书。

【拓展阅读】

1. 司伟：《执行异议之诉裁判思路与裁判规则》，北京，法律出版社 2020 年版；

2. 毛晓飞：《仲裁的司法边界——基于中国仲裁司法审查规范与实践的考察》，北京，中国市场出版社 2020 年版；

3. 张亮、孙恬静：《案外人执行异议之诉中债权人与隐名股东保护的价值衡量——兼论商事外观主义在强制执行程序中的运用边界》，《法律适用》2021 年第 8 期；

4. 黄忠顺：《案外人排除强制执行请求的司法审查模式选择》，《法学》2020 年第 10 期；

5. 王毓莹：《案外人执行异议之诉的裁判要点》，《人民司法》2020 年第 14 期；

6. 邓和军、罗娜：《论案外人执行异议之诉的证明责任》，《海南大学学报》（哲学社会科学版）2018 年第 5 期。

7. 周克文：《厘清第三人申请再审与案外人撤销之诉的关系》，《法律适用》2020 年第 9 期；

8. 李浩：《第三人撤销之诉抑或审判监督程序——受害债权人救济方式的反思与重

构》,《现代法学》2020 年第 5 期;

    9. 李昌超:《论仲裁案外人权利救济》,《甘肃理论学刊》2013 年第 6 期;

    10. 韦伟强:《〈仲裁法〉的修改与完善——从一起仲裁执行异议之诉案件所进行的实证分析》,《社会科学家》2018 年第 5 期;

    11. 宋连斌、陈曦:《仲裁案外人权利救济制度的反思与再造——从案外人申请不予执行仲裁裁决制度切入》,《安徽大学学报》(哲学社会科学版) 2021 年第 2 期;

    12. 邓和军、罗娜:《论案外人执行异议之诉的证明责任》,《海南大学学报》(哲学社会科学版) 2018 年第 5 期。

社会公共利益的违反*

【学习要点】了解和掌握社会公共利益的界定，判定违反社会公共利益的主要考量因素，以及人民法院对违反社会公共利益的仲裁裁决的司法审查要点等基本知识。重点围绕违反社会公共利益的识别与处理这一主题，理解仲裁裁决是否违背社会公共利益，需要从公共利益的公共性、多数性和普遍性三个层面考量。违反法律强制性规定是否应视为违反公共利益，重点关注的是该强制性规定所保护的客体是特定主体利益还是涉及整个社会的一般利益，以及仲裁裁决内容是否对该客体造成实际侵害等。

【核心概念】社会公共利益；判断标准；司法审查

【问题导向】什么是社会公共利益？违反社会公共利益的判定主要考量哪些因素？人民法院对违反社会公共利益的仲裁裁决应当如何审查？

【案情简介】申请人中国科学院地理科学与资源研究所；被申请人北京瑞富德投资有限公司。

北京瑞富德投资有限公司（以下简称瑞富德公司）与中国科学院地理科学与资源研究所（以下简称地理研究所）仲裁纠纷一案中，地理研究所申请不予执行北京仲裁委员会作出的（2016）京仲裁字第 0326 号裁决。理由在于：（1）地理研究所与瑞富德公司签订的《房屋转让合同》违反了国家法律强制性规定，该合同无效；（2）裁决书违背了社会公共利益，如执行将造成国有资产的重大流失；（3）无法办理权属转移的主要原因是瑞富德公司不愿意承担土地政策变动增加的土地出让金；（4）裁决书不具备任何可操作性；（5）地理研究所一直按照合同约定履行义务，并无仲裁裁决中所述履行不适当的情形。瑞富德公司以瑞富德公司与地理研究所之间签订的《房屋转让合同》经双方真实意思表示一致，且并未违反相关法律法规规定，属合法有效；本案并不存在地理研究所所称的"裁决违背社会公共利益，如执行将造成国有资产重大流失"的情况；本案系平等交易主体之间的合同关系，本案所涉商业配套房转让行为属于地理研究所与瑞富德公司的自愿交易行为，属于对私权利的处分行为，合同本身并未对公共利益造成损害；以及地理研究所《执行异议书》中所列的其他理由亦不属于我国《民事诉讼法》第 225 条中规定的"执行行为违反法律规定"的情况为由，请求驳回申请人申请。

【法院裁判】裁决事项：申请人地理研究所申请不予执行（2016）京仲裁字第 0326 号裁决。

裁决理由：本案系平等交易主体之间的合同关系，本案所涉商业配套房转让行为

---

* 本案来源于中国裁判文书网（https：//wenshu.court.gov.cn），案号：（2016）京 03 执异 68 号。

属于地理研究所与瑞富德公司的自愿交易行为，属于对私权利的处分行为，合同本身并未对社会公共利益造成损害。因政策调整导致土地出让金提高属于合同履行过程中产生的客观情况，不能因地理研究所事业单位的性质而认定其产生的损失系对社会公共利益的损害。而地理研究所也未提供证据证明该交易行为存在其他违反社会公共利益的情形。此外，《房屋转让合同》是否存在其他导致合同无效的法定事由，属于仲裁庭实体审查范畴，不属于司法审查范围。

裁决结果：裁定驳回申请人不予执行仲裁裁决的请求。

【案例解析】何谓社会公共利益？最高人民法院多次通过复函的形式，对个案裁决是否存在违背社会公共利益的情形作出指导性规定，在最高人民法院《关于申请人Castel Electronics Pty Ltd. 申请承认和执行外国仲裁裁决一案请示的复函》中，最高人民法院认为，违反公共政策的情形是指承认和执行外国仲裁裁决将导致违反我国法律基本原则、侵犯我国国家主权、危害社会公共安全、违反善良风俗等足以危及我国根本社会公共利益的情形。在最高人民法院《关于对海口中院不予承认和执行瑞典斯德哥尔摩商会仲裁院仲裁裁决请示的复函》中，最高人民法院认为，对于行政法规和部门规章中强制性规定的违反，并不当然构成对我国公共政策的违反。然而，就无涉外因素的国内仲裁裁决而言，公共利益的适用显示出一定的随意性，国内裁决的司法审查亟待规范和统一。本案的典型意义在于对社会公共利益的界定。人民法院不宜将是否违反社会公共利益的审查扩大至仲裁裁决未评判的事项；对仲裁裁决事项所依据的基础法律关系损害社会公共利益，进而间接造成仲裁裁决实际损害公共利益时，人民法院可以有限度地对仲裁裁决未评判的事项进行审查。

1. 社会公共利益界定，判定违反社会公共利益的主要考量因素

一般认为，社会公共利益涉及整个社会的一般利益。其主体是社会公众，内容具有普遍性。裁决结果构成对社会公共利益的违反，则有可能构成撤销或者不予执行仲裁裁决的法定事由。违背社会公共利益主要的表现是违反我国法律的基本原则、违背社会和经济生活的基本价值取向，以及社会的基本道德和伦理等。判断仲裁裁决是否违背社会公共利益，通常考量如下几个方面：第一，公共性，即属于社会全体成员的利益。第二，多数性，即从私人利益中抽象出来的能够满足共同体中全体或大多数成员的公共需要。第三，普遍性，即涉及社会最根本的法律、道德的一般利益。本案中，地理研究所与瑞富德公司签订的《房屋转让合同》是双方作为平等主体之间的合同约定。本案所涉商业配套房转让行为是双方之间的自愿交易行为，合同履行过程中出现的客观情况导致的损失，不能因地理研究所属于事业单位而认定为损害了社会公共利益。

2. 人民法院对违反社会公共利益的仲裁裁决的审查方式

最高人民法院《关于审理仲裁司法审查案件若干问题的规定》尽管对"社会公共利益"的抽象意涵作出了相对具体的规定，但实践中的具体认定标准仍存在差异。归结起来，主要体现在以下几类案件中：一是严重扰乱金融管理秩序，甚至涉嫌犯罪的。例如，毕节市中级人民法院（2019）黔 05 执 109 号汇中利通投资管理（北京）有限公司申请执行杨静民间借贷纠纷一案，当事人不具备从事发放贷款业务资质，但实际收取高额费用变相发放贷款的；又如，大庆市中级人民法院（2018）黑 06 民特 8 号案件中，相关方涉嫌"套路贷"犯罪已被逮捕，从而影响合同效力的。二是涉及先予仲裁协议，如在毕节市中级人民法院（2018）黔 05 执 27 号和（2018）黔 05 执 62 号、忻州市中级人民法院（2018）晋 09 执异 8 号案件中，仲裁庭未实质审理即出具仲裁裁决的。三是仲裁裁决结果与生效判决结果存在利害冲突的，如抚顺市中级人民法院（2018）04 民初 75 号案件。由此需要明确的是，违反我国法律强制性规定的，是否应当视为违反社会公共利益？人民法院是否应对仲裁裁决未评判的事项加以审查？在北京市第四中级人民法院（2018）京 04 民特 250 号维景公司与渤海公司申请撤销仲裁裁决案中，仲裁裁决事项不涉及合同效力问题，而仅涉及工程款给付问题，因而人民法院未论证案涉合同是否需要招投标，仅以仲裁裁决不涉及违背社会公共利益为由，裁定驳回当事人撤销仲裁裁决的申请。而在东营市中级人民法院（2016）鲁 05 民特 9 号案中，人民法院认为，招投标法关于强制招标规定的立法目的在于，保护国家利益、社会公共利益和招标投标活动当事人的合法权益，因涉案工程作为商品住宅施工工程，关涉社会公共利益和公众安全，依法应当进行招投标，否则施工合同应为无效，故仲裁裁决认定合同违背社会公共利益，应当予以撤销。还有的人民法院无法认定和区分诉争财产是否为国有或者集体财产，或者诉争利益是否为公共利益。以本案为例，申请人地理研究所申请称："（1）地理研究所与瑞富德公司签订的《房屋转让合同》违反了国家法律强制性规定无效。涉诉的 7 号楼未依照《中央级事业单位国有资产处置管理暂行办法》履行法定手续，未遵循公开原则处置国有资产，手续不合法，违反了国家法律强制性规定。"但其所主张的"违反社会公共利益"未得到人民法院的支持。由此可见，人民法院注重的是双方交易行为的自愿性，而且对诉争财产的法律性质并没有认定。申请人已经提出，诉争房屋乃国有资产，需符合法定条件才可以交易，而人民法院认为只要是双方自愿交易的标的就无须认定其是国有的私有的。笔者认为这种认定非常草率，虽然这在一定程度上保障了交易的顺利进行，但无疑对以公共财产为代表的社会公共利益造成了一定程度的损害。其次，在判定是否侵害社会公共利益时，人民法院多以"缺乏足够的事实和理由"为由驳回申请，亦显得草率。鉴于司法实践中的这种情形，需要对"社会公共利益"的认定提出具体明确的判断标准。人民法院在认定是否违反社会公共利益时，应当秉持审慎原则，这不仅因为社会公共利益具有特殊性和抽象性，而且还在于并非所有法律强制性规定，均是从保护社会公共利益的角度设定的。当然，对违反我国法律基本原则、侵犯我国领土完整和国家主权、危害我国国家和社会公共安全、违背公序良俗等情形，人民法院应该严格适用社会公共利益条款进行审查，从而维护我国的根本利益。

实践思考：

1. 结合本案，明确社会公共利益的界定，分析社会公共利益的违反对仲裁裁决结果有哪些影响？

2. 分析违反社会公共利益的判定标准。

3. 假设你是本案申请人的委托代理人，请代申请人撰写一份以裁决违反社会公共利益为由，撤销或者不予执行仲裁裁决的申请书。

4. 假设你是本案主审法官，应当如何审查申请人以裁决违反社会公共利益为由，请求撤销或者不予执行仲裁裁决的申请书？结合本案审查情况撰写一份裁定书。

【拓展阅读】

1. 毛晓飞：《仲裁的司法边界——基于中国仲裁司法审查规范与实践的考察》，北京，中国市场出版社 2020 年版；

2. 李广辉、林泰松：《仲裁法学》，北京，中国法制出版社 2019 年版；

3. 江国华：《PPP 模式中的公共利益保护》，《政法论丛》2018 年第 6 期；

4. 刘光华、张广浩：《祛魅公共利益：基于"价值——工具"法律利益分类范式》，《现代法学》2020 年第 1 期；

5. 张圣翠：《论我国仲裁裁决撤销制度的完善》，《上海财经大学学报》2012 年第 1 期。